股票实盘高阶尊享班

辅导用书

树帆教研组　编著

中国宇航出版社
·北京·

内 容 提 要

本书内容包括龙头股操盘技巧、游资操盘手法、龙虎榜追踪以及量价分析、波段套利、仓位控制、解套技巧、止盈与止损策略等，涉及股票交易的全过程。对于投资者捕捉龙头股、跟随趋势获利，同时规避主力和游资布下的陷阱，都有一定的指导作用。本书一共包含24课，每课课后都配有练习题，可以帮助读者学习和巩固重要知识点，加深对内容的理解和应用。

图书在版编目（CIP）数据

股票实盘高阶尊享班辅导用书 / 树帆教研组编著. 北京 : 中国宇航出版社, 2025. 8. -- ISBN 978-7-5159-2588-2

Ⅰ. F830.91

中国国家版本馆CIP数据核字第2025VC2133号

责任编辑 卢　珊　　**封面设计** 李海蓝

出　版
发　行 中国宇航出版社

社　址 北京市阜成路8号　**邮　编** 100830
（010）68768548

网　址 www.caphbook.com

经　销 新华书店

发行部 （010）68767386　（010）68371900
（010）68767382　（010）88100613（传真）

零售店 读者服务部　（010）68371105

承　印 三河市中晟雅豪印务有限公司

版　次 2025年8月第1版
2025年8月第1次印刷

规　格 787×1092

开　本 1/16

印　张 15.5

字　数 219千字

书　号 ISBN 978-7-5159-2588-2

定　价 89.00元

本书如有印装质量问题，可与发行部联系调换

本书编委会

掌控先机，志在巅峰

诸位高阶同道，见字如晤。能踏入此“实盘高阶尊享班”者，皆为历经淬炼、志在巅峰之士。此非寻常课堂，而是直抵市场核心、于真实战场锤炼而生的“绝技”。

本课将尊享秘钥倾囊相授——非纸上谈兵，乃实盘血火中淬炼出的真知、未公开的模型与实盘风控之道。

此程之重，在于“真”与“锐”：剖析主力资金运作，拆解游资庄家目的，于瞬息万变间锻造实盘决策能力。尊享之秘，在于洞悉本质，掌控先机。

诸位已备登高之志，本课倾力相授，助尔等融汇贯通，于高阶之境，铸就绝对实力，执市场牛耳！

同道同行，共驭风云！

目录 CONTENTS

目录 CONTENTS

目录 CONTENTS

目录 CONTENTS

第一课 画龙点睛定方向

一、认清龙头概念

条件一 龙头股具有市场号召力和资金凝聚力，能够带动板块股票，甚至整个大盘上涨，形成共振。

条件二 涨停是龙头股的标志。除了少部分超级大盘股之外，龙头股必须是涨停股，而且出现在上涨初期，这个条件可以排除80%的股票。

条件三 价格低。龙头股启动时的价格比较低，一般不会高于20元，且市值较小。

条件四 所属行业出现重大利好，带动行业高景气发展。

1. 龙头股的基本认知逻辑

在高景气上升行业板块中寻找低价龙头股

（1）找领涨股 【问财：涨停时间最早；XX行业；非ST】。

（2）看行业 【景气度高且处于上升通道的行业，涨股比越高的行业，走势越好】。

（3）需涨停 【非涨停股无法成为行业的领涨龙头】。

（4）是低价 【低股价（10元或20元以下）、低市值是龙头股的关键特征】。

平时在选股时，不仅要关注个股的K线走势图，还要学习看个股所属行业的K线走势图。

行业指数走势如下图所示。

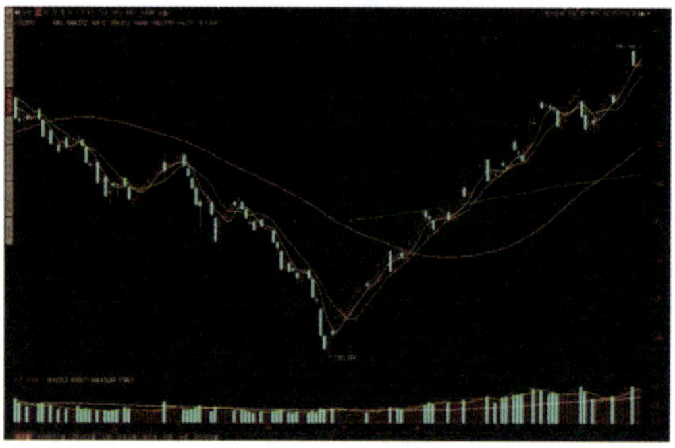

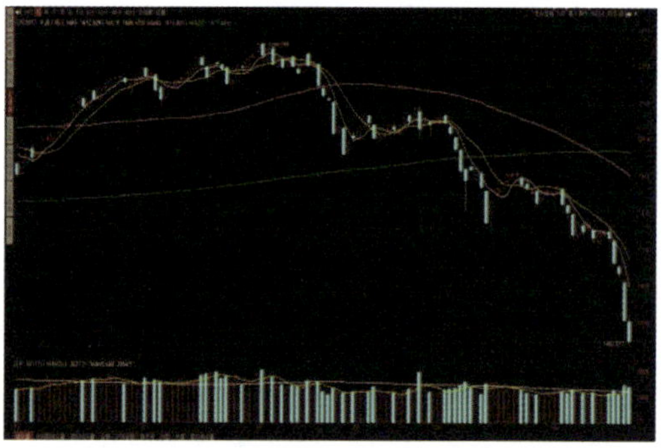

很明显，第一个指数走的好，且是上升趋势，第二个指数是下跌趋势，除非看到企稳突破，才能去参与。

如果只看个股的走势，无视个股的行业指数走势，是不全面的，风险也更大一些。

2.涨股比

一个行业中上涨的股票数量占该行业股票总数量的比值

涨股比计算：上涨家数÷（上涨家数+下跌家数）× 100%

（1）手机算涨股比。

打开同花顺APP，点击底部的【行情】，再点击【板块】，接着点击板块中间的【更多】，选择行业板块，对行业进行【涨幅排名】，看前3名是哪些行业，从中选取2个数据，1个是上涨数，1个是这个行业总的股票数（涨家数+跌家数），就能算出来了。

涨股比=行业中的上涨家数 ÷ 行业中的股票总数 × 100%

手机算涨股比

（2）电脑算涨股比。

打开同花顺软件，点击【板块】，对板块进行【涨幅排名】，看前3名是哪些板块，从中选取2个数据，1个是上涨数，1个是这个行业总的股票数（涨家数+跌家数），就能算出来了。

涨股比=行业中的上涨家数 ÷ 行业中的股票总数 × 100%

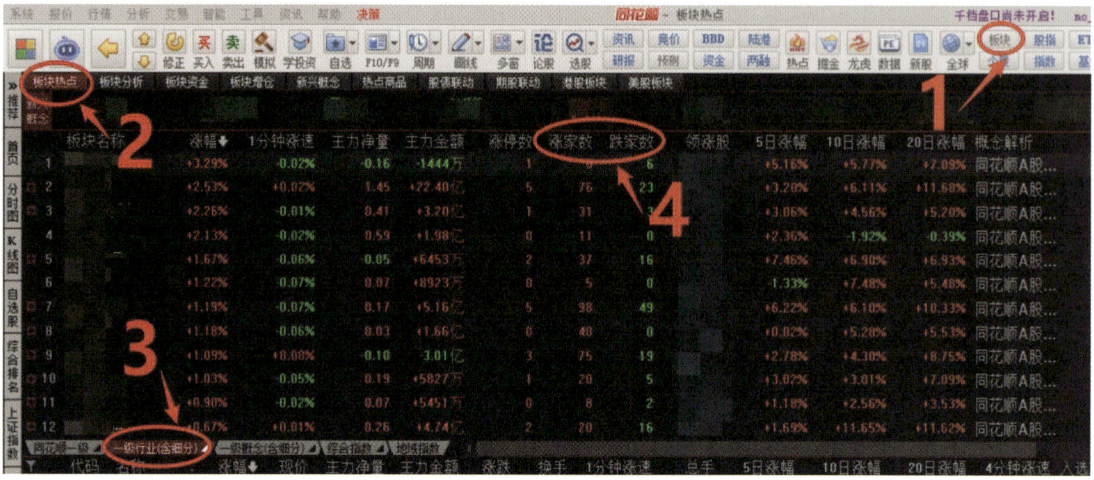

电脑算涨股比

二、构建属于自己的龙头股备选池

1. 热点首板龙

i问财：首板；股价低于10元；非ST；行业

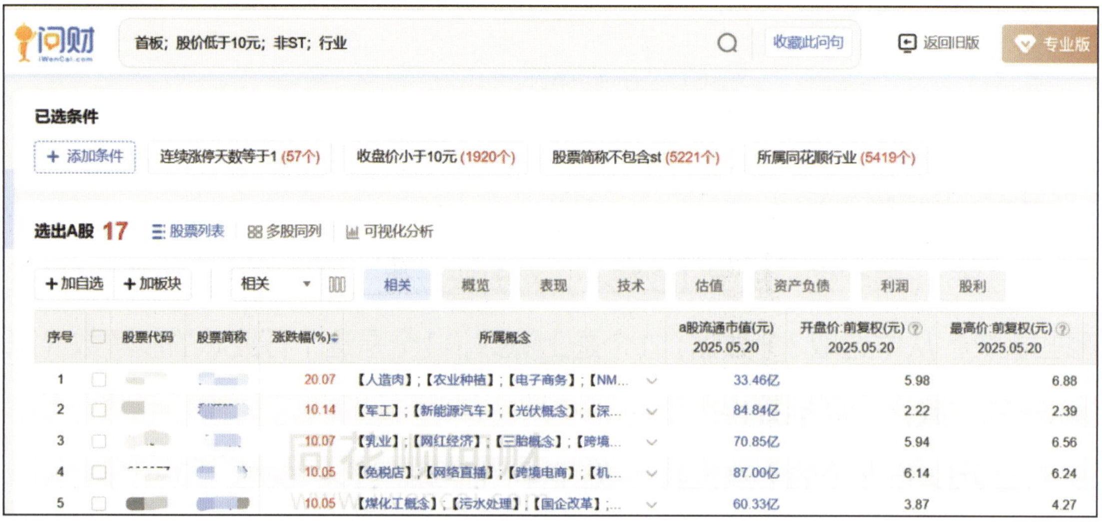

序号	股票代码	股票简称	涨跌幅(%)	所属概念	a股流通市值(元) 2025.05.20	开盘价:前复权(元) 2025.05.20	最高价:前复权(元) 2025.05.20
1			20.07	【人造肉】;【农业种植】;【电子商务】;【NM…	33.46亿	5.98	6.88
2			10.14	【军工】;【新能源汽车】;【光伏概念】;【深…	84.84亿	2.22	2.39
3			10.07	【乳业】;【网红经济】;【三胎概念】;【跨境…	70.85亿	5.94	6.56
4			10.05	【免税店】;【网络直播】;【跨境电商】;【机…	87.00亿	6.14	6.24
5			10.05	【煤化工概念】;【污水处理】;【国企改革】;…	60.33亿	3.87	4.27

观察同花顺特色指数走势："昨日打首板表现"指数，提高风险意识。关注上升趋势的首板，警惕持续下行趋势的首板，警惕有历史压力位的首板。

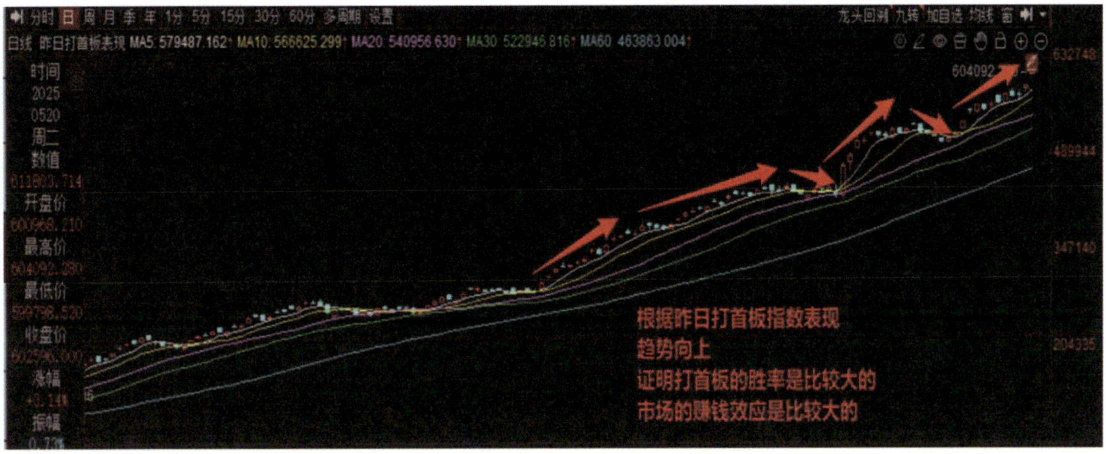
根据昨日打首板指数表现
趋势向上
证明打首板的胜率是比较大的
市场的赚钱效应是比较大的

2. 二板定龙头

观察市场变化，同花顺特色指数趋势好，胜率比较大。

观察同花顺APP【特色指数走势】："昨日打二板以上表现"指数。

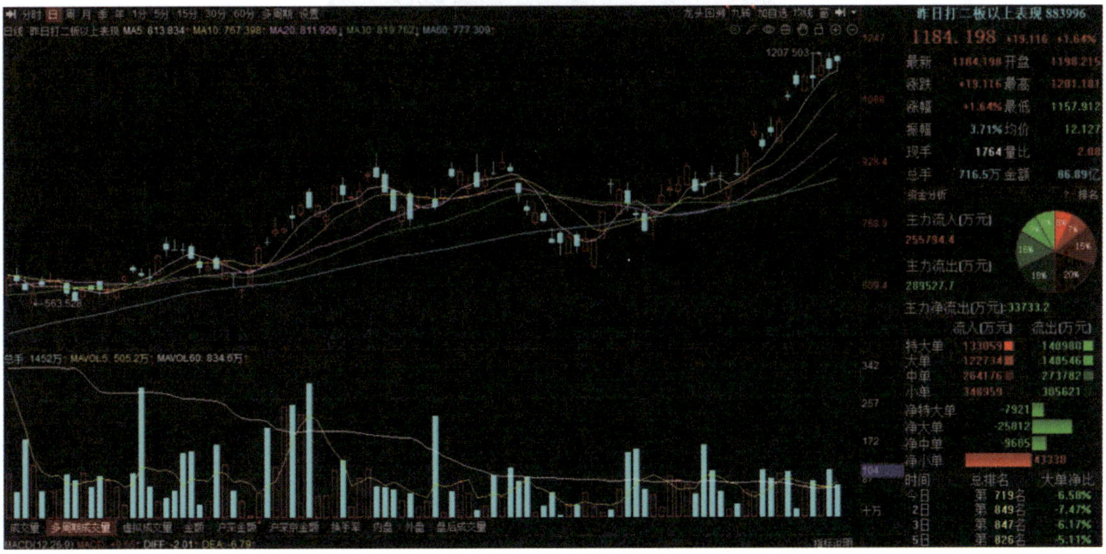

3. 涨停双响炮

主要特征：【两个涨停板开启龙头主升走势，非两连板】。

形态区间特征：

（1）涨停当天，相对于前一天的成交量为倍量涨停。

（2）涨停后洗盘阶段，成交量逐步缩量。

（3）洗盘完成之后再次出现涨停。

（4）两根涨停阳线之间，间隔8个交易日以内。

（5）第二根涨停板阳线要高于第一根涨停板阳线的实体位置。

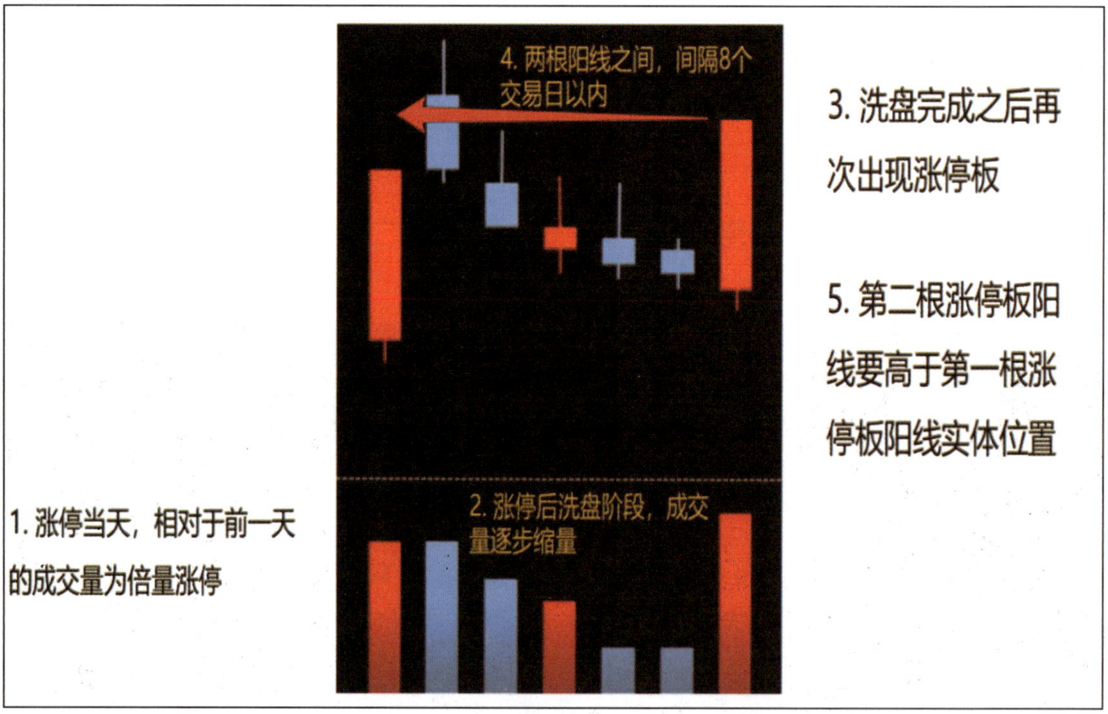
4. 两根阳线之间，间隔8个交易日以内
3. 洗盘完成之后再次出现涨停板
5. 第二根涨停板阳线要高于第一根涨停板阳线实体位置
2. 涨停后洗盘阶段，成交量逐步缩量
1. 涨停当天，相对于前一天的成交量为倍量涨停

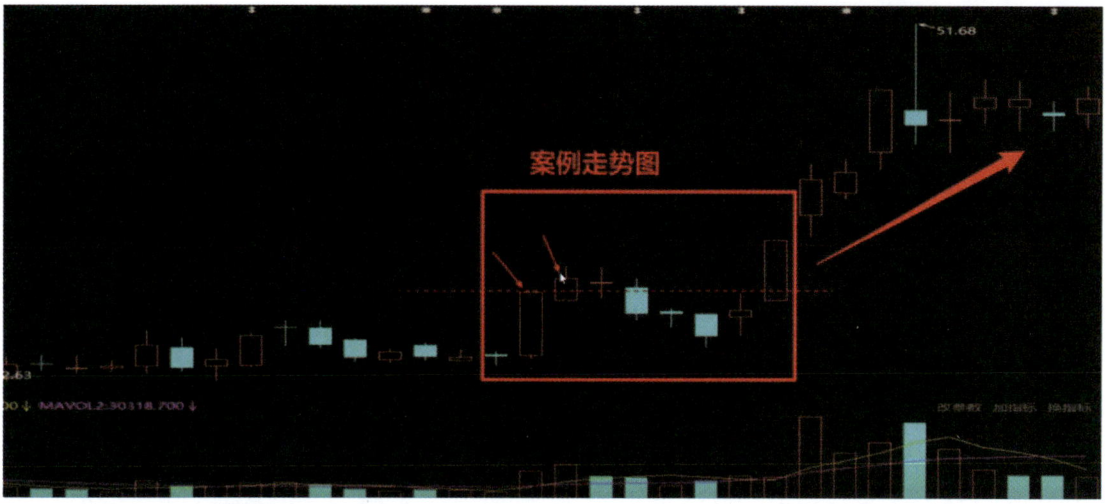

涨停双响炮刚开始去筛选时，要严格按照以上标准，提升自身的风险意识。

4. 走二波龙头

基本特征：新规下的行业龙头新方向。

二波龙头K线区间的形态特征如下。

（1）必须是当下市场的核心标的。

（2）首阴出现位置最好是之前已经走出了3～5个涨停板。

（3）换手板【优于】加速一字板。（第一波换手板会给别人入场的机会，则第二波龙头上升风险压力相对较小；第一波是一字板的话，就是不给接力的机会，导致第二波上升风险压力加大。）

（4）不能是暴增量【暴增量出现，主力出货概率大】。

（5）出现首阴+后面突破箱体的上沿为进场信号（因为出现阴线之后进行了箱体震荡，之后又突破箱体上部压力位，证明后面要继续走第二轮上涨空间）。

上图打“X”这张图，第一波上涨的势头，基本没有上车机会，中途上车风险相对较大。龙头第一课只是讲解龙头概念和了解经典的龙头推演形态，系统学习静待龙头第二课。

大家平时可能关注一只只【个股】比较多，但是升到高阶班，就要开始加强对大盘指数的关注、对行业/概念指数的关注。大盘、板块和个股这三者的基本关系，可以通过一个简单的比喻强化印象。①大盘指数【上证指数】：代表A股的整体走向。大盘指数就像是一个国家的统帅司令部，指引一支军队的

②板块/行业/概念指数：就是这支军队里不同的兵种，比如医疗队、突击队、保障队或工兵、炮兵、火箭兵等。

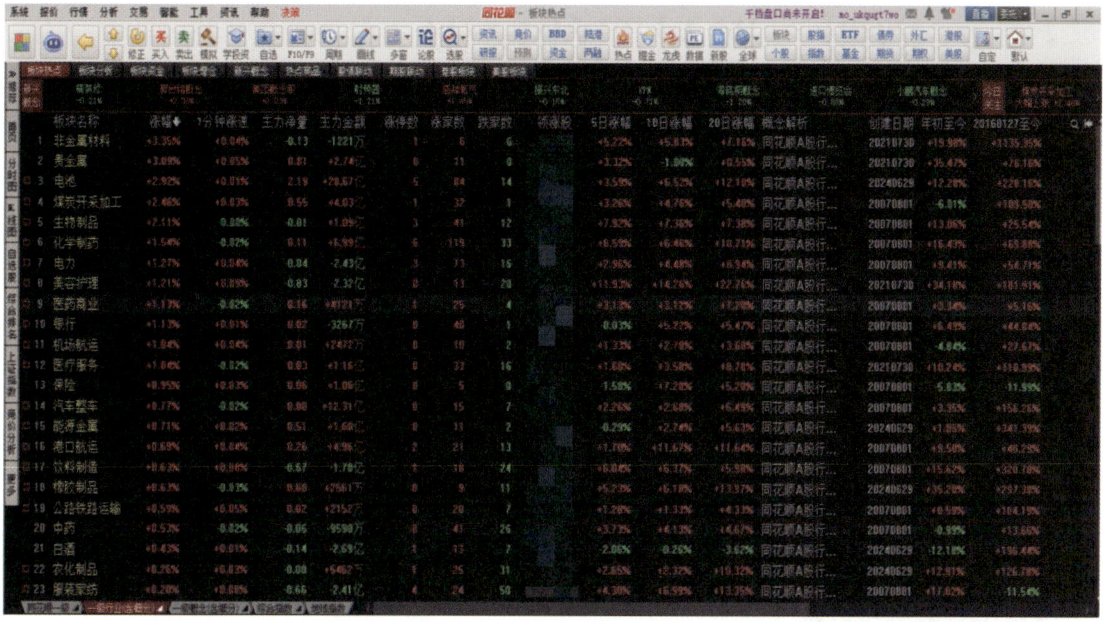

③个股走势：是这支军队里某个兵种里面的一名士兵。

一名士兵【个股】的战斗力和战斗潜力，既受军队①和所属兵种②的双重影响，也取决于自己的身体状态和天赋③。

股市理想状态下是 ①+②+③，三者都强，闭眼投资。

股市日常状态下是 ②+③，两个强，睁大眼投资。

股市生病状态下是 ③，一个强， 谨慎投资。

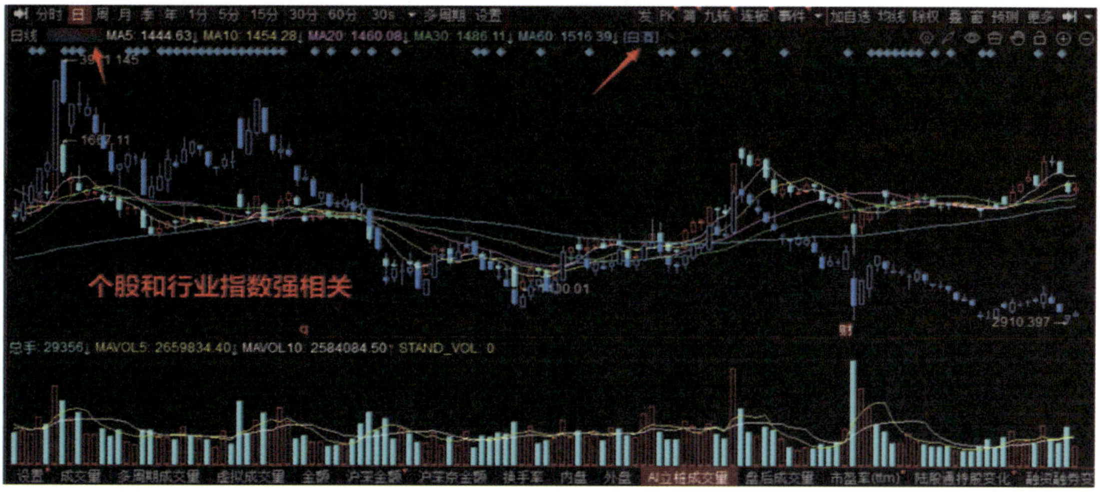

个股和它的行业指数走势高度相似。

三、赛道股、题材股的区别

1. 概念不同

赛道股：通常指可持续发展的行业，如新能源、半导体和新基础设施。【发展持续性强】

题材股：指具有高度投机主题的股票。通常，由于一些突发事件、重大事件或特殊现象，一些股票具有共同的特征（主题），这些主题可以短期被炒作者利用，引起市场公众效仿。【持续性差，变幻莫测】

2. 特点不同

赛道股：通常是基金经理喜欢选择的一些活跃股票，一个典型特征是高增长。简单来说，股票赛道是指一个行业、一个渠道和一个概念，如投资赛道、大消费赛道、医疗赛道、半导体赛道、锂电池赛道、技术赛道、碳中和赛道等。

题材股：具有抽象模糊、想象力强、时效性强、变幻莫测等特点。

3. 所处阶段不同

赛道股所处的阶段是处于实现的阶段，即不断用业绩和效益证明之前炒作内容的合理性。投资者在进行股票交易之前，需要根据行业概念找到合适的赛道并寻找股票。

题材股处于预期阶段，通常没有实际的业绩成果，处于投机概念、投机政策、投机技术理论和投机预期阶段。

在同花顺APP如何查询个股所属的行业、涉及的概念题材呢？

（1）i问财选股输入：XX股票，所属行业。

（2）打开同花顺APP，进入个股界面，下拉，点击“简况（F10）”，选择“概念题材”。

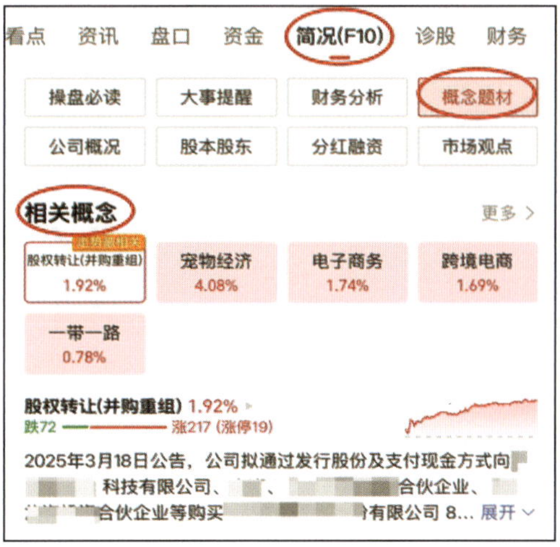

i问财热门行业指数查询参考

近三天资金流入最多；涨停数量；涨停家数占比；近三天DDE大单；概念

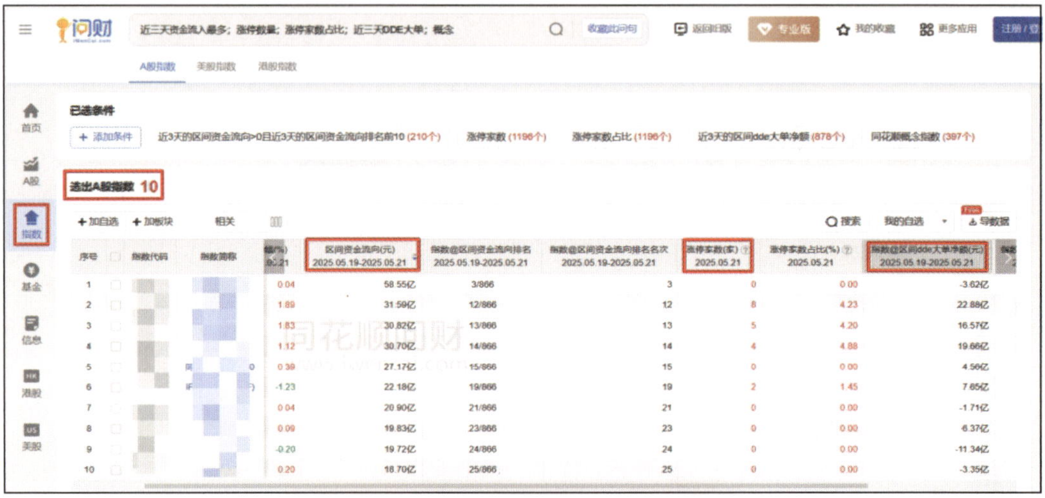

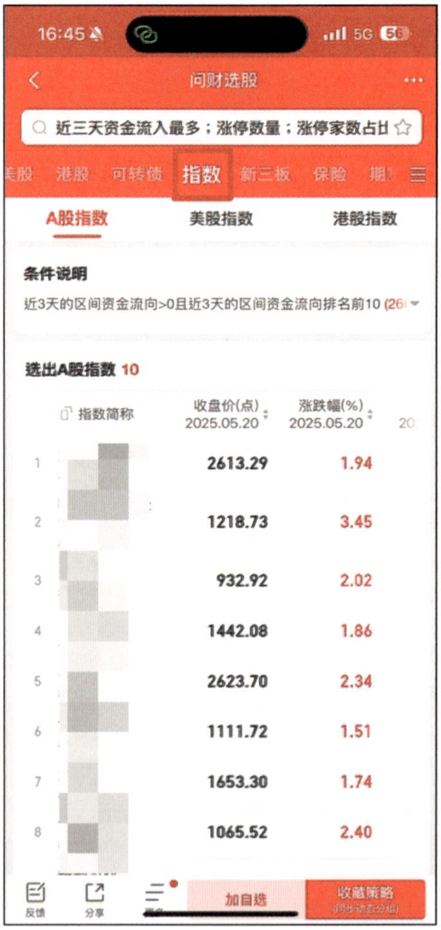

第一课 课后练习

1.龙头股具有市场号召力和资金凝聚力，能够带动板块，甚至能够带动大盘上涨，形成共振，对吗？

对（ ）错（ ）

2.关于龙头股的概念：涨停是龙头股的标志，除了少部分超级大盘股之外，必须是涨停股，而且出现在上涨初期，这个条件可以排除80%的股票。

对（ ）错（ ）

3.关于龙头股的基本认知逻辑，以下说法哪些是正确的？（ ）【多选题】

A.是低价【股价在20元以下，低股价是龙头股的关键特征】

B.看行业【景气度高且处于上升通道的行业，涨股比越高的行业，走势越好】

C.需涨停【非涨停股无法成为行业的领涨龙头】

4.以下关于【涨停双响炮】的特点，描述正确的是（ ）？【多选题】

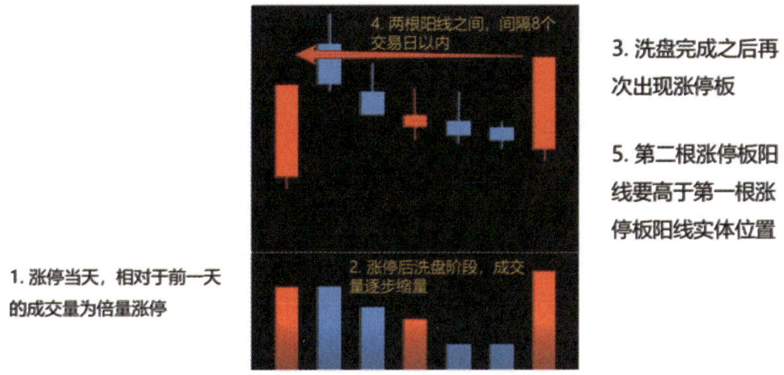
4. 两根阳线之间，间隔8个交易日以内
3. 洗盘完成之后再次出现涨停板
5. 第二根涨停板阳线要高于第一根涨停板阳线实体位置
1. 涨停当天，相对于前一天的成交量为倍量涨停
2. 涨停后洗盘阶段，成交量逐步缩量

A.涨停当天的成交量，相对于前一天的成交量为倍量涨停

B.第一个涨停后的洗盘阶段，成交量逐步缩量

C.洗盘完成之后再次出现涨停板

D.两个涨停板之间，间隔8个交易日以内

E.第二根涨停板阳线可以低于第一根涨停板阳线的实体位置

5.二波龙头K线区间形态的特征如图所示，关于二波龙头的特征，描述正确的是（　　）？【多选题】

A.必须是当下市场的核心标的

B.首阴出现位置最好是之前K线已经走出了3～5个涨停板

C.第一波涨停走势中，换手板会给别人入场的机会，则第二波龙头上升风险压力相对较小；如果第一波涨停走势中都是一字板的话，就是不给人接力的机会，导致第二波上升风险压力加大，所以首阴前的涨停板最好不是一字板

D.出现首阴+后面突破箱体的上沿，为二波龙头进场的信号

E.期间可以出现暴增的成交量

6.分析个股就分析个股本身就行，不用关注大盘和板块走势也可以，这种说法对吗？

（　　）对，看多了乱

（　　）不对，大盘+板块+个股是联动的关系，不可脱离大盘和板块，只关注个股本身去交易

第二课 蛟龙出海入苍穹

一、龙头交易模型

入：7分看心态和控制力，3分看技术修炼。

量：缩量下跌形态好。

破：警惕放量阴线，突破压力再建仓。

换：涨停高换手率，下跌风险大【20%换手率为分水岭】。

分：涨停板的分时形态好才是真的好。

聚：涨停聚焦找风口。

二、投资市场交易的基本认识

（1）只跟市场走，不要频繁预测，永远做好两手准备，根据市场的变化来做判断，让自己融入市场之中。

（2）如果投资是10分，那么心态和控制力占7分，技术占3分，小资金要博，大资金要稳。

（3）人性的弱点不可避免，一旦发现犯了错，第二天要立马纠错，不要和它纠缠，重新审慎再来。

（4）超短线一定要及时获利了结，在稳健的前提下尽量做大成交量，行情好的时候要敢于出手，行情差的时候要耐心观望。

（5）一段时间只有一个主流热点，主要资金会集中在主流热点，不管图形好坏，非主流热点不看，不买。

（6）龙头启动一定是涨停的。真正的大龙头都是接力上去的，只有在上涨过程中经历充分【换手】的龙头，才是真龙头。

（7）当股票进入确定性的下降通道，每一次反弹都是下车机会。

（8）真正的大龙头一定是充分换手上去的，一字连板是假龙头，肉不可吃！

（9）涨停家数多少判断大盘情绪的强弱，涨停有无题材联动判断后期走势的连贯性。

（10） 题材面永远大于技术面，技术面更多是补助作用，也就是这个题材行的时候，技术面好才管用。

（11）上涨之前的特征，【成交量】必然有所变化。

（12）底部放量涨停是启动的先兆，缩量调整是主升前的洗盘。

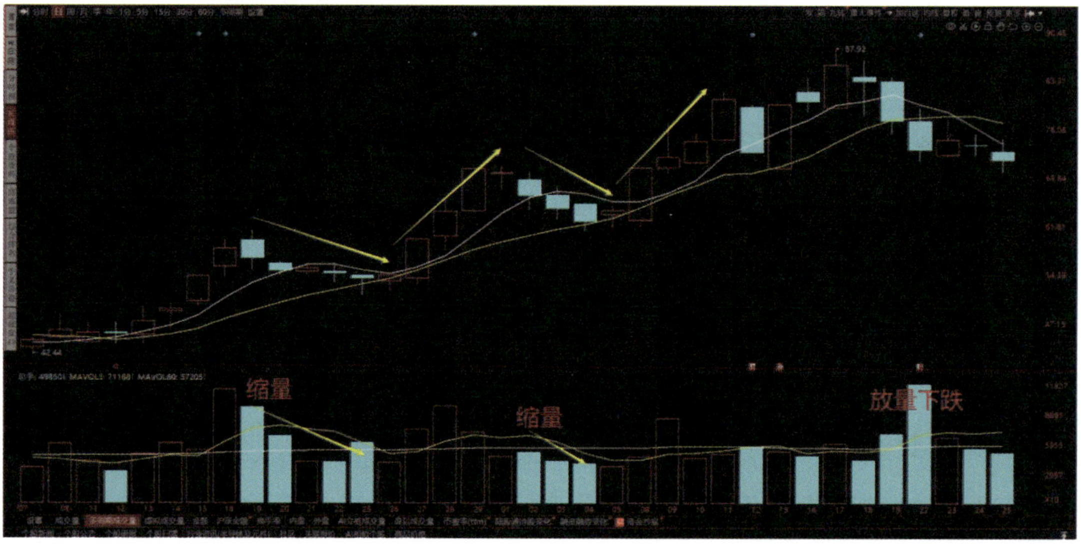

如上图所示，前两波的缩量下跌不用太担心，可以减仓，防止被洗出去，股价仍处于上升趋势；第三波是放量下跌，这个时候要考虑尽快获利了结。

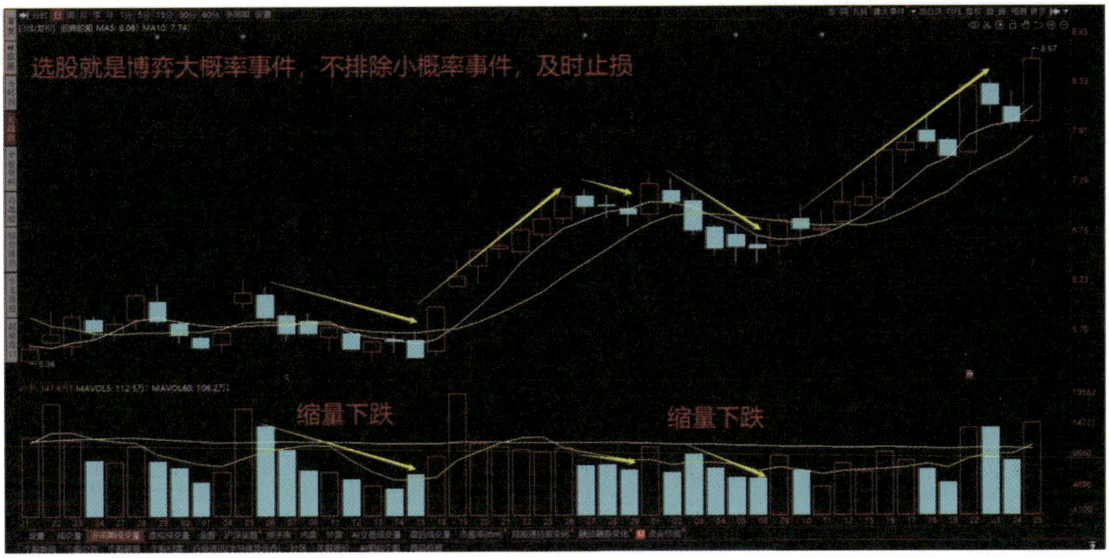

选股是博弈大概率事件，要知道我们都可能会碰上小概率事件，碰到了及时止损即可。

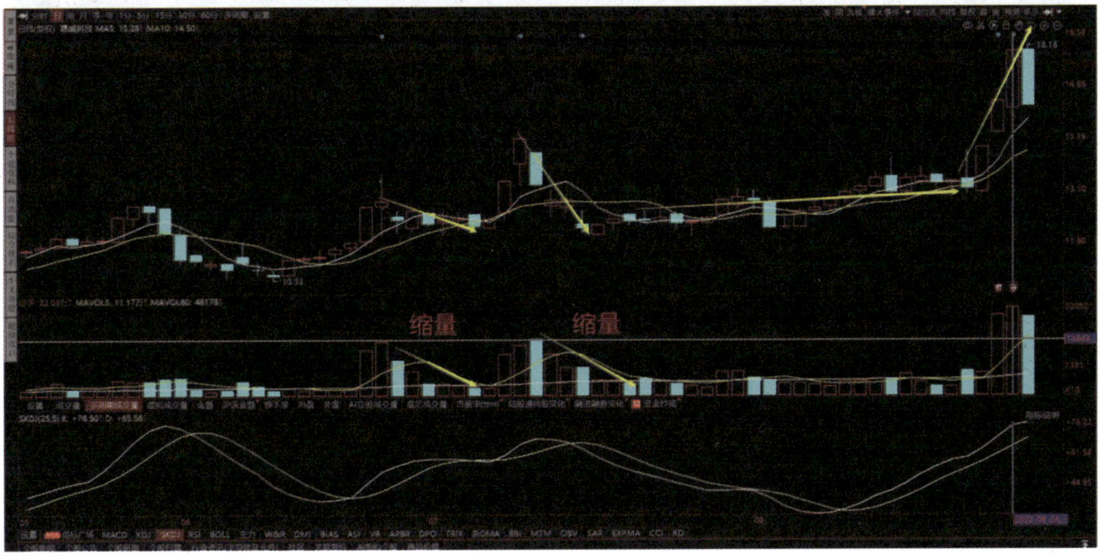

阴线放量，减仓！

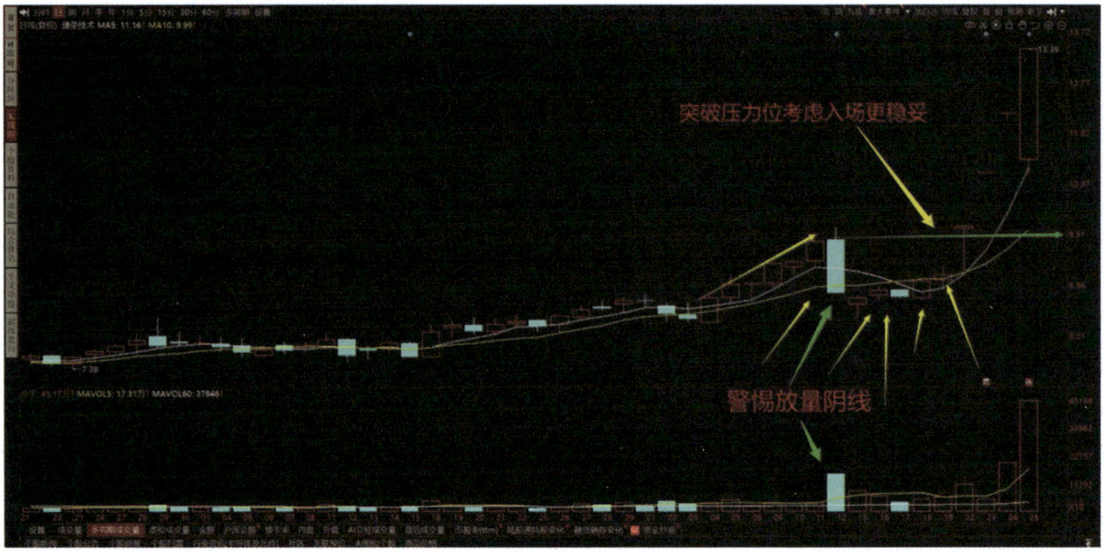

警惕阴线放量，减仓没问题，后续止跌企稳再进。

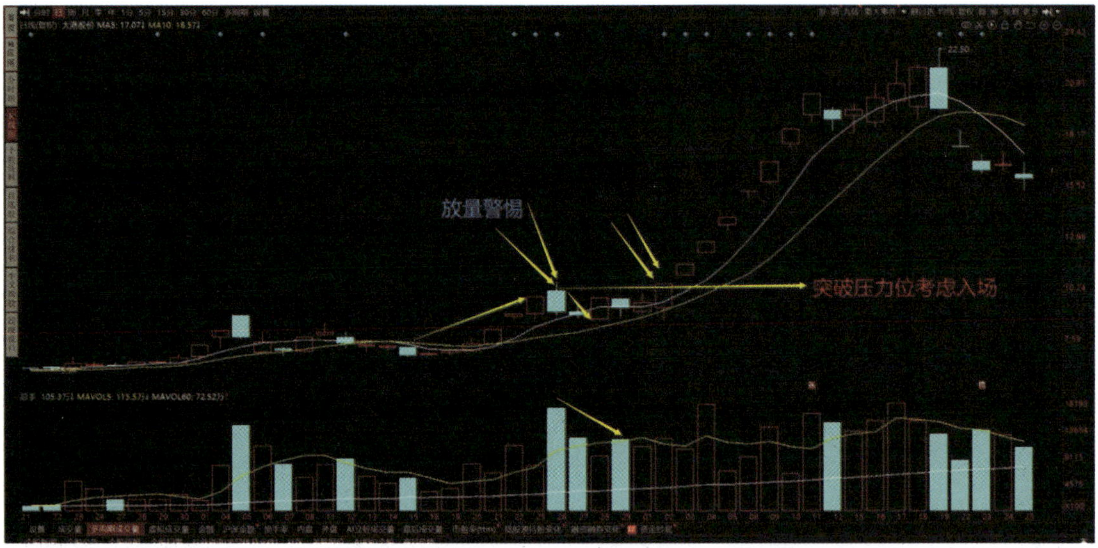

破：警惕放量阴线，突破压力位再建仓。

换：涨停如果是高换手率，下跌风险大【20%换手率为分水岭】。

换手率就是筹码转移的过程。

换手率越高，股价波动越大。

i问财：昨日涨停且换手率小于20%；非ST

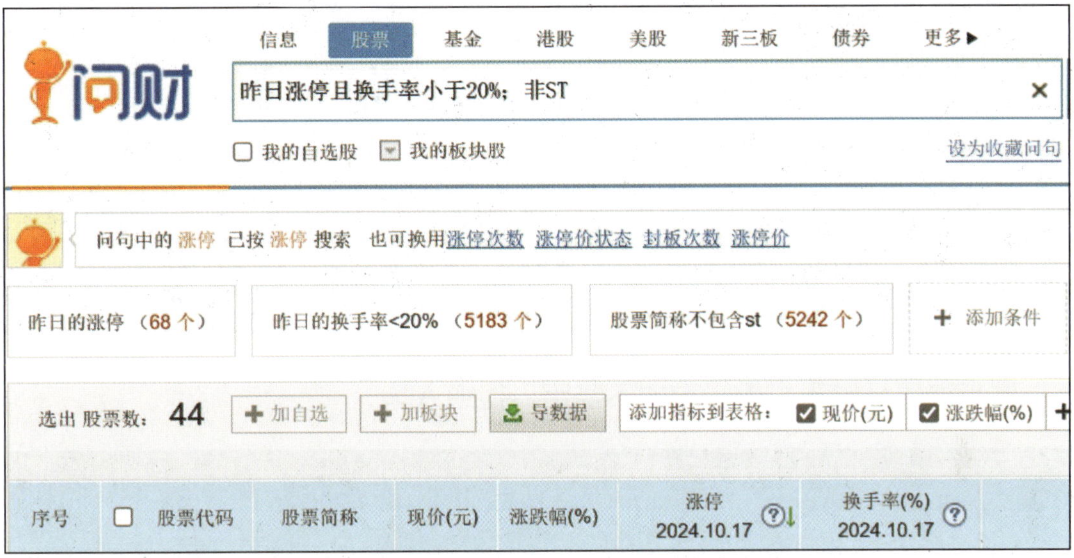

大的换手率，游资、机构抛盘概率大，参与风险也大。

i问财：昨日涨停且换手率大于20%；非ST

通过问财查询，多练习一段时间，就会发现：昨日换手率大于20%的涨停的股票池，次日下跌占比通常情况下会明显放大。

结论：换手率小于20%，属于相对稳健的入场条件之一 【结合大盘指数趋势向上走的条件下】。

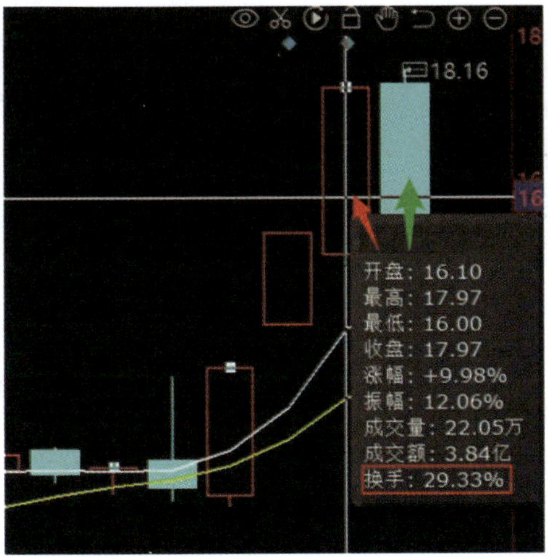

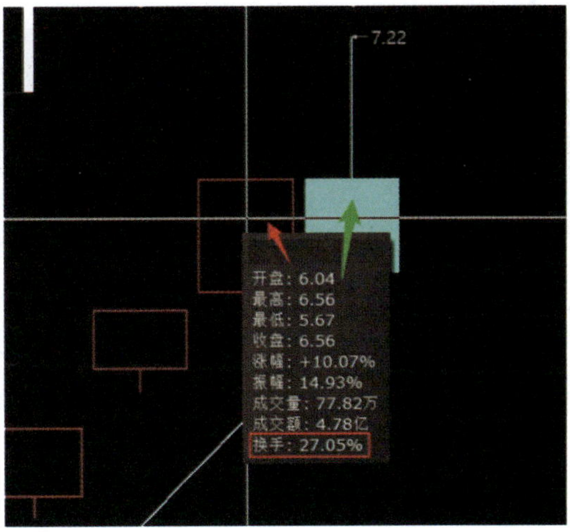

分：涨停板的分时形态好才是真的好。

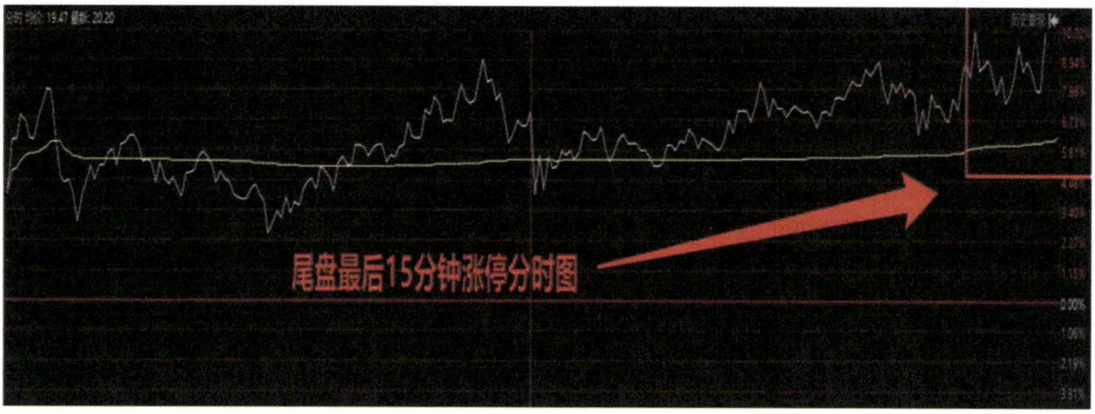

尾盘涨停：属于烂板，主力不坚定，拒绝入场。

尾盘炸板又封板：尾盘明显放量，出现大炸板，大豁口，风险大，停止入场。

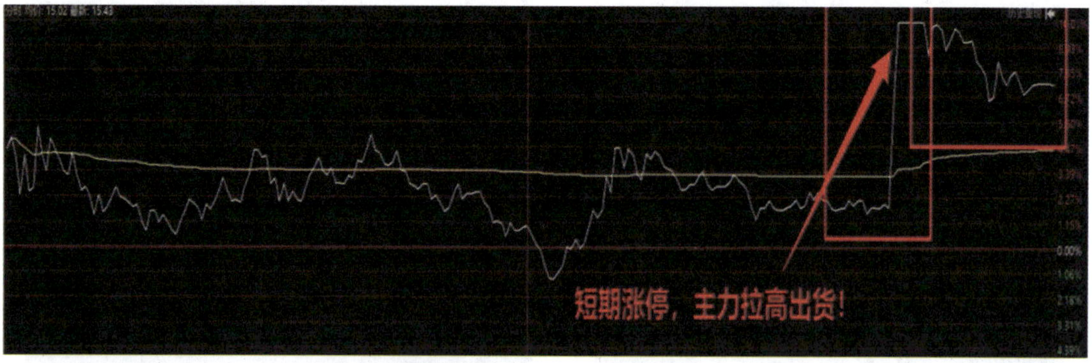

尾盘涨停拉高出货：短期拉涨停，炸板出货。

10:30前冲涨停，预期好！

涨停越早越好：分时线在均线之上，涨停越早越好。

三、行业板块和概念板块的区别

（1）概念板块相较于行业板块，风险较大。

（2）概念板块不仅指股市，也可以指金融行业或其他行业的用语。

（3）概念板块具有较大的波动性，行业板块较稳定。

（4）股票行业往往是以行业板块作为选股的依据，而不是概念板块，概念板块只是一个参考因素。

（5）行业板块炒作期长，概念板块在短期内被炒作。

从操作的角度来考虑，行业板块往往是长期被主力炒作的，具有稳定性，很多长牛股都有一个好的行业板块背景。

而概念板块往往都是靠【消息】或者某事件带动的短期上涨，很不稳定，但是涨速飞快，游资炒作的较多。

注意：概念板块会随着新概念的出现而逐渐增加，行业板块相对稳定一些。

第二课 课后练习

1.下图案例，上涨途中遇到阴线+放量，合理的交易策略是（　　）？

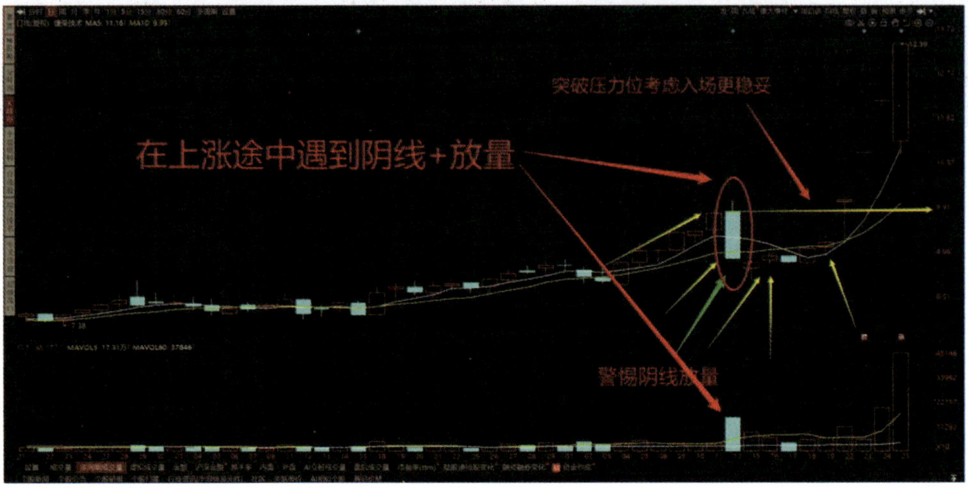
突破压力位考虑入场更稳妥
在上涨途中遇到阴线+放量
警惕阴线放量

A.警惕阴线放量，减仓没问题，后续止跌企稳再进也可以

B.放量阴线就补仓

2.换手率就是筹码转移的过程，换手率越高，股价波动越大。一般把多大的换手率设为一个风险分水岭？（　　）

A.50%　　　　B.20%

3.行业板块和概念板块有什么区别？（　　）【多选题】

A.概念板块相较于行业板块，风险较大

B.概念板块不仅指股市，也可以指金融行业或其他行业的用语

C.概念板块具有较大的波动性，行业板块较稳定

D.股票行业往往是以行业板块作为选股的依据，而不是概念板块，概念板块只是一个参考因素

E.行业板块炒作期长，概念板块在短期内被炒作

F.没区别

第三课 龙生九子看分仓

一、投资思维构建的深化升级

1.盈亏观

赚多少钱是市场和板块决定的，而亏多少钱是自己决定的。

2.短期之内获得收益暴涨的法则

（1）提高自己的选股能力。

（2）提高自己的操作技巧。

3.机构游资的三份仓位

（1）中长线持股，也就是趋势股，目的是稳定盈利。

（2）做短线和超短线，用来提高整体收益率。

（3）留下部分现金，用来补仓和换仓。

4.参考配比3份仓位

4:4:2，具体可以自由灵活分配。

5.做短线赚到钱并不难

只要能够形成一套适合自己的交易体系，无论是低吸、打板、半路介入，都可以获得一定的收益。

6. 仓位管理和控制回撤才是稳定盈利的核心和关键

所谓回撤，是指账户资产回落的幅度，一般是指账户资产从一个阶段的最高点回落到阶段最低点的幅度。比如一个账户今年的最高资产是100万元，最低为50万元，那么回撤幅度就是50%，而控制回撤是为了防止资产减少而采取的一种措施。

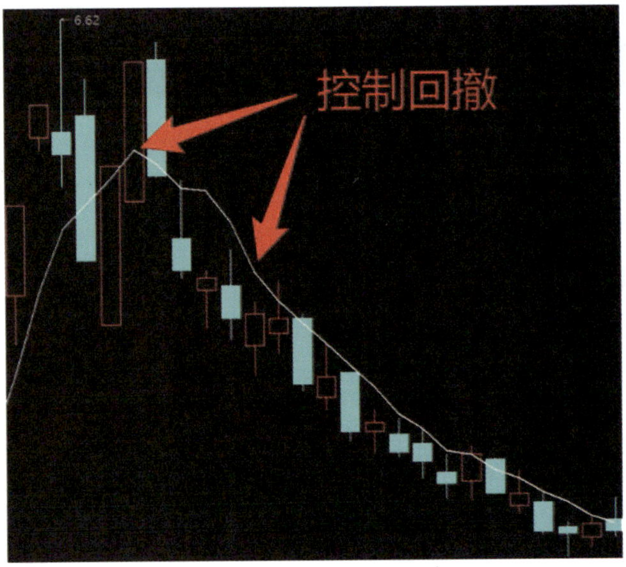

二、如何做好仓位管理

1. 敢于止盈止损，不怕卖飞牛股

牢记铁律：股市是盈亏同源的，今天因为心存侥幸守住一只牛股，今后就一定会因为希望而碰到一只“黑天鹅”。

误区：把短线做成中线，把中线做成长线，再把长线做成贡献！投资周期无法把控，被股价牵着鼻子走，迷失自我。

2. 尽量做减法，管住手，减少无效操作和情绪操作

误区：做超短线都有一个“手痒”的毛病，看到自己认为好的股票就想买，看到股票拉升了就想追，结果一追就被套，做了很多无效交易，被情绪牵着鼻子走。

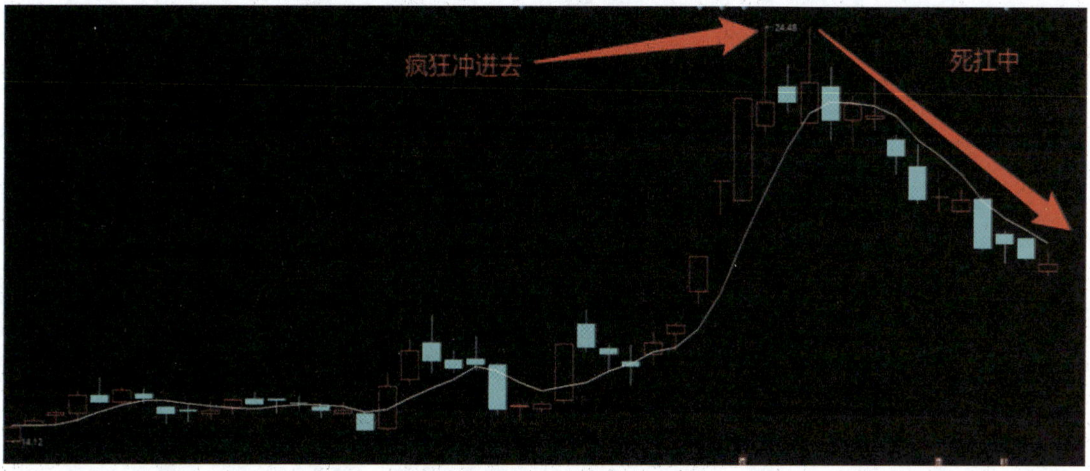

3. 学会空仓，不要为了买股而买股

股市中两个大幅回撤阶段：

一是疯狂之后的回落（退潮期）；

二是恐慌性踩踏式的暴跌（系统性风险）。

出现这两种状态的时候，一定不要被少部分不确定的机会吸引，要抵挡住诱惑，不要过度追求短期超高的收益。

4.补仓、减仓

（1）补仓。

不要股价下跌就补仓，也不要为了降低成本而补仓，而是要等到股价出现拐点之后再进行补仓操作，这样资金的利用率最高。

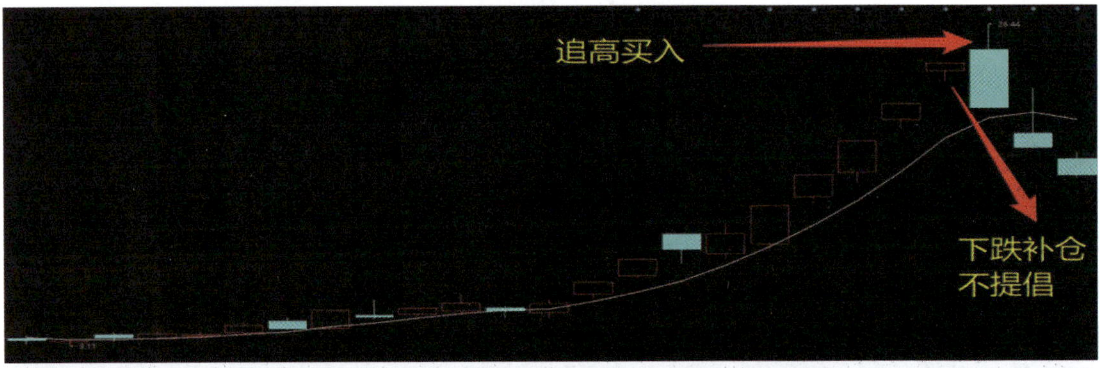

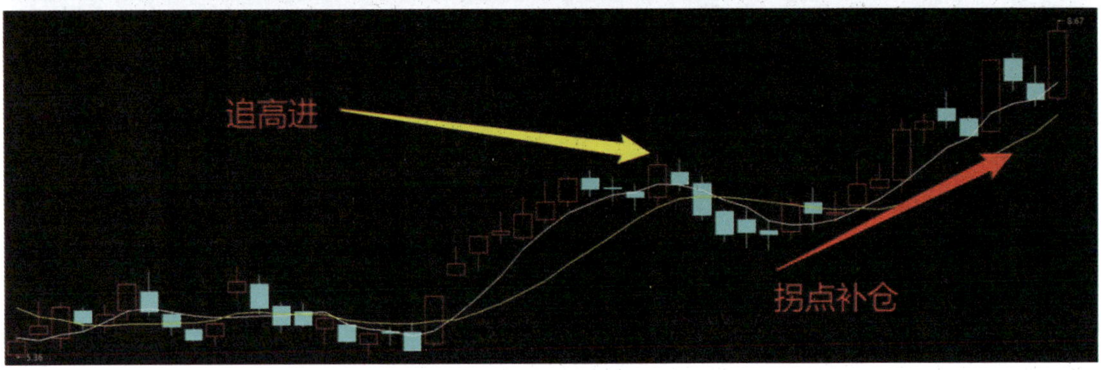

（2）减仓。

不要因为股票的持续盈利而放弃减仓，股价上涨会增加投资者的风险。记住，股价涨得越高，未来产生亏损的概率越大，尤其在操作情绪龙头的时候。

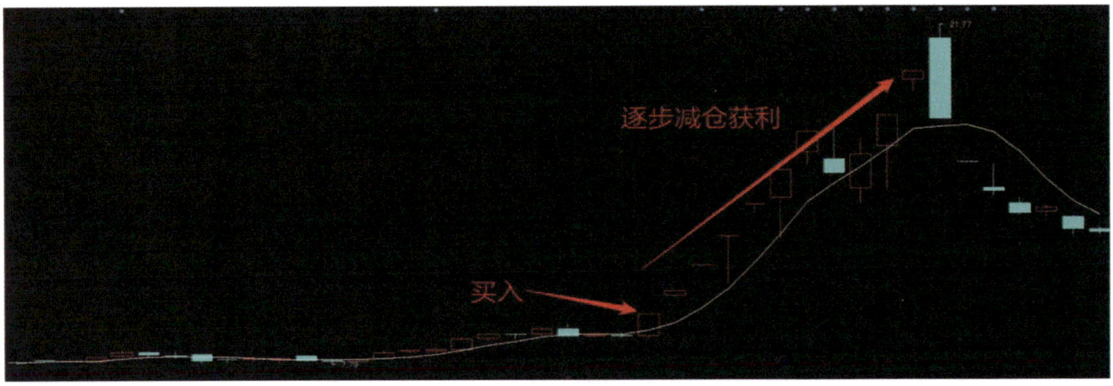

第三课 课后练习

1.作为一个成熟的投资者需要具备哪些特质？（　　）【多选题】

A.敢于止盈止损，不怕卖飞

B.尽量管住手，做减法，减少无效操作和情绪操作

C.学会轻（空）仓，不要为了买股而买股

D.不要被少部分不确定的机会吸引，要抵挡住诱惑

E.在股市中，心态调整是一种修行，时刻保持理性，不被情绪左右

F.开户时间有1年以上

2.正确解读补仓和减仓的含义。（　　）【多选题】

A.不要股价下跌就补仓，也不要为了降低成本而补仓

B.要等到股价出现拐点之后再进行补仓操作，这样资金的利用率最高

C.不要因为股票保持着盈利，而放弃减仓

D.上涨过程中，注重盈利的落袋为安，为确定性增加仓位，为不确定性降低仓位

3.赚多少钱是市场和板块决定的，而亏多少钱是自己决定的。除了目标是赚钱，游资口中提到最多的两个字是（　　）？

A.挖坑和做局　　B.仓位和回撤

4.所谓回撤，是指账户资产从阶段最高点回落到阶段最低点的幅度比例。比如一个账户今年的最高资产是100万元，最低资产为50万元，那么回撤幅度就是50%。控制回撤是为了防止资产减少而采取的一种措施。

正确（　　）

错误（　　）

第四课 飞龙在天腾空起

一、龙头股上涨

龙头股的上涨是稳定的、持续的，与妖股的一飞冲天截然不同。龙头股的上涨往往会伴随着洗盘，能够分辨出洗盘，对于龙头股的把控会更为细致与精确。

二、追踪龙虎榜上的龙头股

1. i问财输入关键语句

（1）近三天资金流入最多；涨停数量；涨停家数占比；近三天DDE大单净额；行业。

（2）近三天资金流入最多；涨停数量；涨停家数占比；近三天DDE大单净额；概念。

2. 观察点

（1）买入前五名有没有“机构专用”席位，越多越好。

（2）买入前五名占总成交比大于卖出前五名占总成交比。

3. 手机与电脑查找方式

（1）打开同花顺软件电脑端，随便找一只上了龙虎榜的个股，输入“进入”，切换到日K线，点上榜这天K线上方的小菱形，就会显示数据。

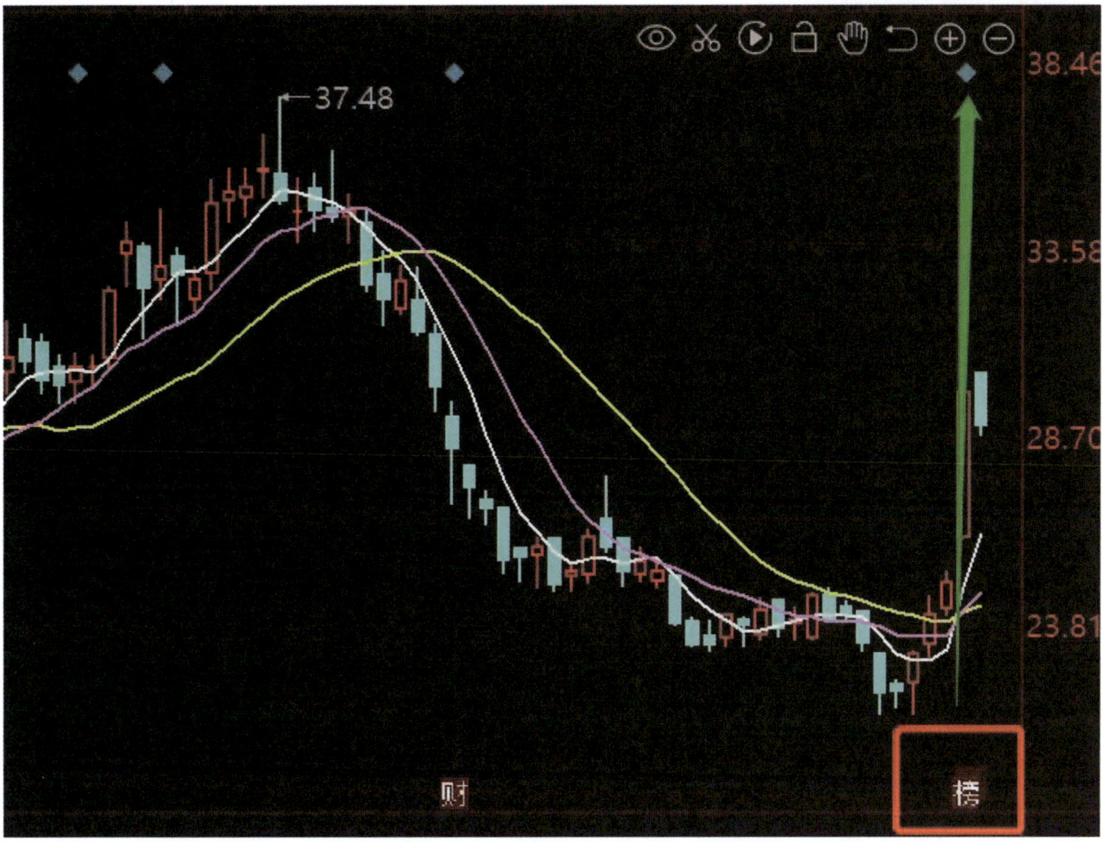

（2）手机端打开同花顺APP，顶端直接输入龙虎榜，点进去就会看到收盘后的龙虎榜个股名单和数据了。

之后点击总榜进去，会显示前五名的买入机构和卖出机构，以及对应的金额数据。

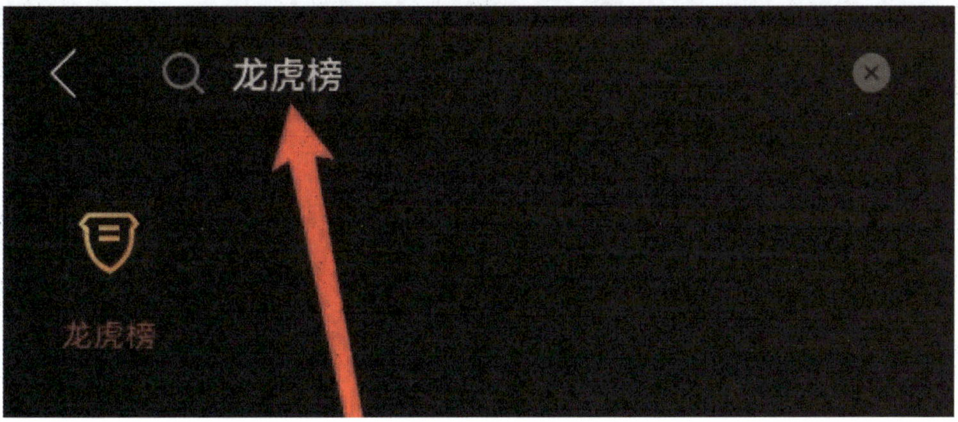

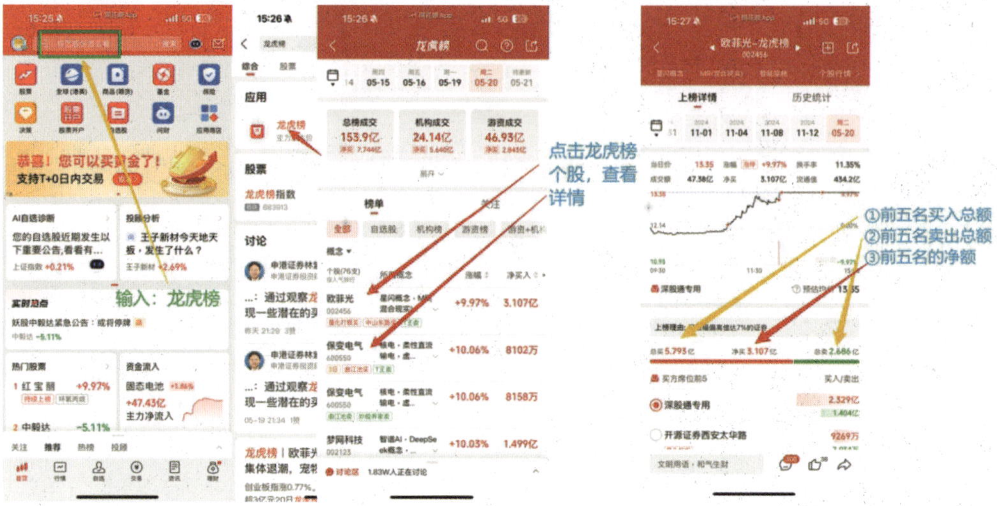

同花顺手机上的龙虎榜信息，显示机构买入和卖出资金，但是不显示占比，占比可以自己计算。

4. 计算公式

“买入前五名占总成交比” 和 “卖出前五名占总成交比”

计算公式如下：

（1）买入总计金额 ÷ 当日成交额

（2）卖出总计金额 ÷ 当日成交额

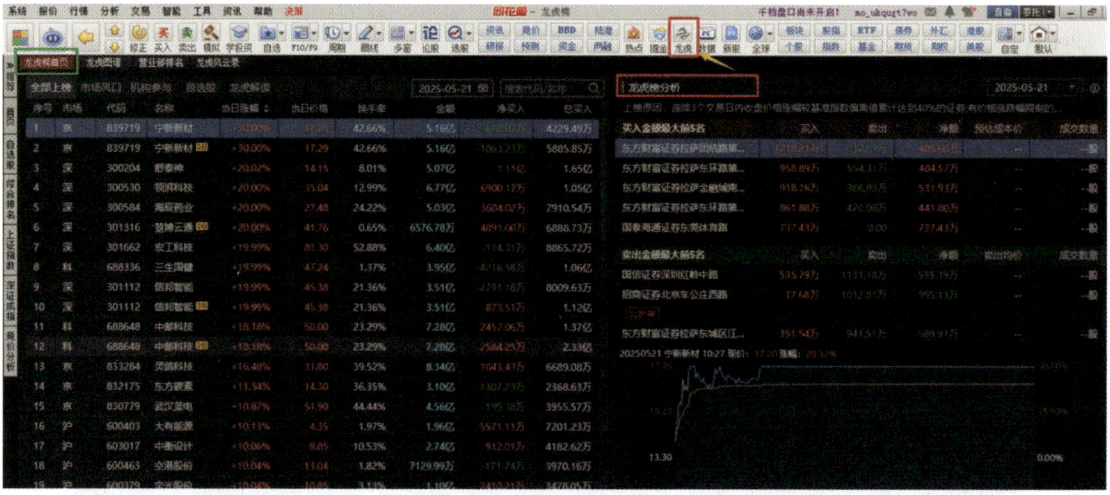

股票登上龙虎榜后，机构和散户都会进来，散户进来是建仓，抢筹码。

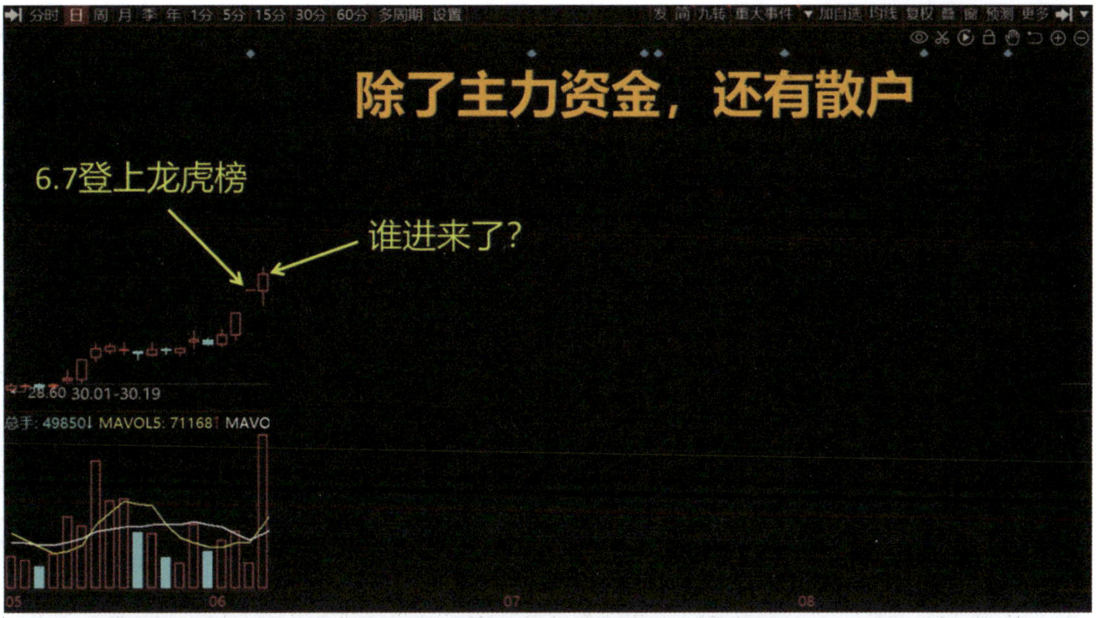

主力思维：讨厌散户抢筹，因为会拉升主力建仓成本，主力建仓是一个长周期的过程。

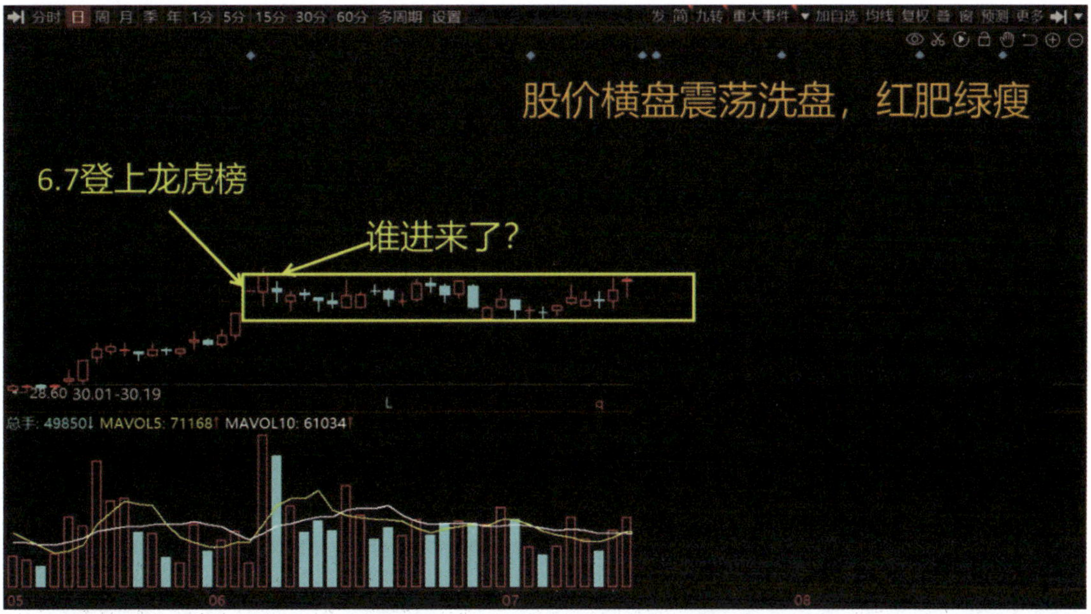

主力思维：那就开启震荡洗盘，把散户筹码洗出去。那么何时洗盘结束，开启二波上升趋势呢?

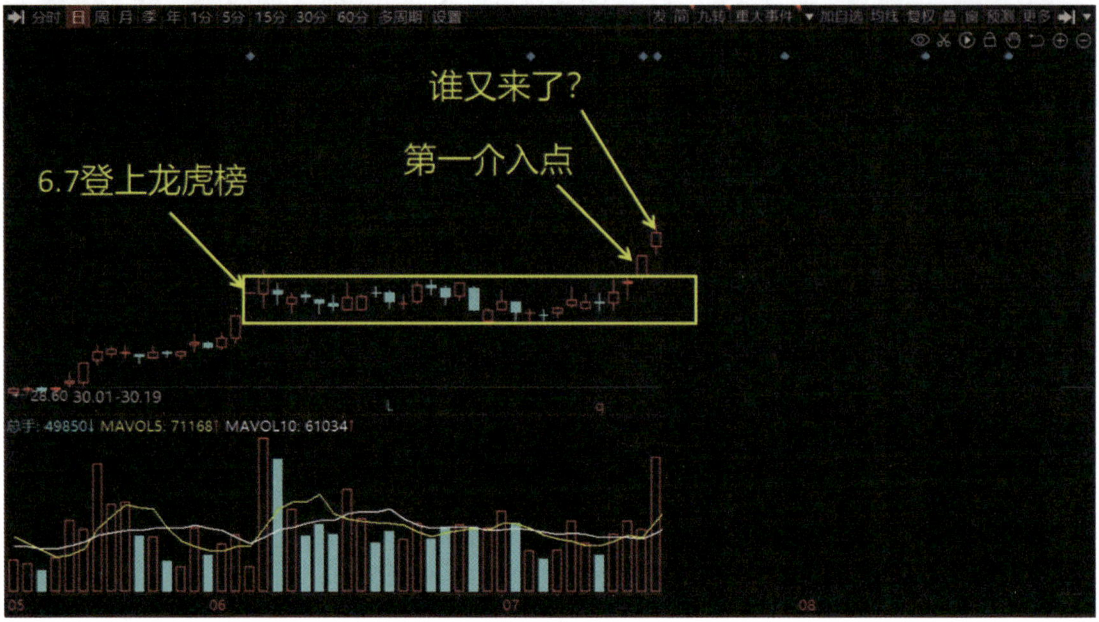

5.散户第一个介入点信号

当股价开始突破箱体，拉出来一根8%以上的大阳线【涨停的话最好】，是散户介入建仓的信号。

这时等待股票后面再次登上【龙虎榜】，追踪观察机构的席位情况，确认突破的真实性【也有可能是假突破】。

6.股票二次登上龙虎榜的观察点

(1) 买入前五名有没有“机构专用”席位，“机构专用”席位越多越好。

(2) 买入前五名占总成交比要大于卖出前五名占总成交比，越大越好。

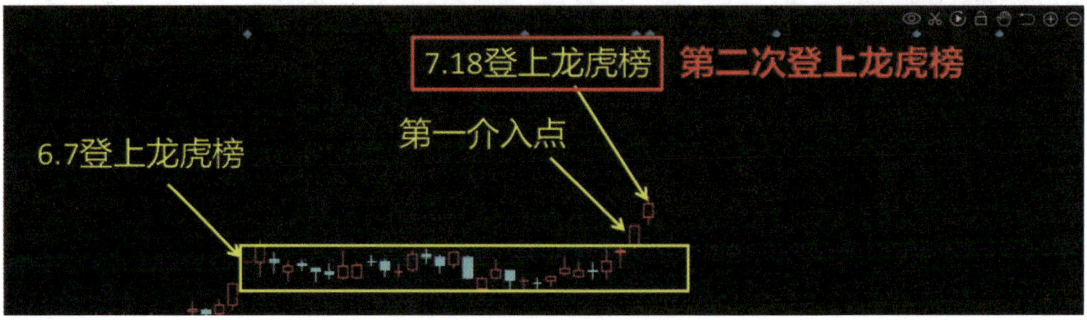

上榜类型1：连续三个交易日内,涨幅偏离值累计达20%的证券

排序	营业部名称	买入金额（万）	卖出金额（万）	净额（万）
买入金额最大的前5名	买入总计 33156.67 万元，占总成交比例 27.55%			
1	机构专用	18446.00	0.00	18446.00
2	机构专用	3043.09	0.00	3043.09
3	机构专用	2271.02	0.00	2271.02
4	机构专用	2194.33	0.00	2194.33
5	机构专用	2001.12	0.00	2001.12
卖出金额最大的前5名	卖出总计12850.61万元，占总成交比例 10.68%			
1	中国国际金融股份有限公司上海分公司	1773.36	4096.57	-2323.21
2	机构专用	1501.07	2926.42	-1425.35
3	机构专用	0.00	2020.02	-2020.02
4	华宝证券股份有限公司上海东大名路证券营业部	1926.69	1964.63	-37.94
5	机构专用	0.00	1842.97	-1842.97

买卖净差：20306.06万元

观察机构席位，以及买卖成交占比

主力思维：当我被散户发现后，身为主力的大资金此时直接暴露在大众的视野面前，我就会主动停止拉升，继续再洗盘一下。

7. 结论

所以股价的上升不会是登上龙虎榜之后就直线上窜，而是有涨有跌。

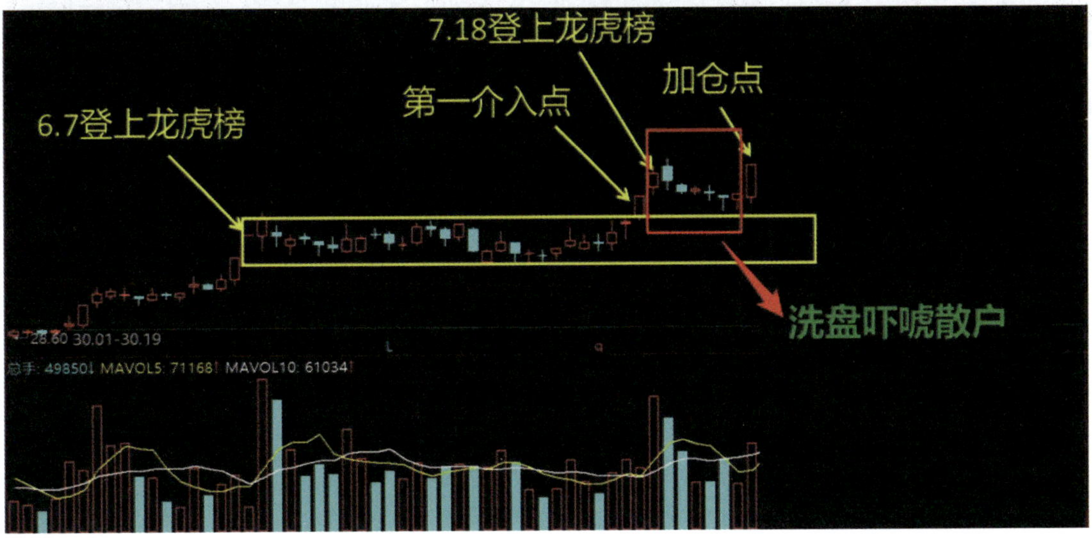

8.第二个加仓点

在第一个加仓点介入后，后续缩量洗盘，再次出现一根8%的大阳线时【8%以上】，大概率可以二次加仓了。注意【洗盘的幅度】，洗盘时涨跌幅通常会控制在±5%以内，小阴线小阳线最好。太大的涨跌幅就有可能是主力在出货，造成散户恐慌，不用再看成交量了。

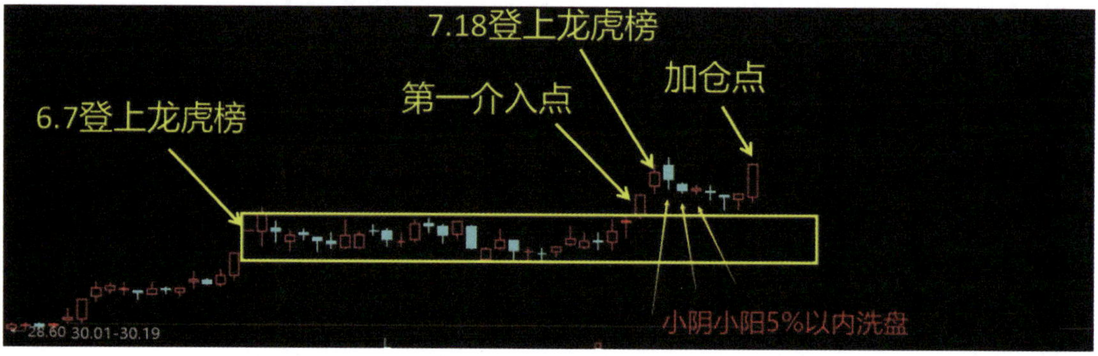

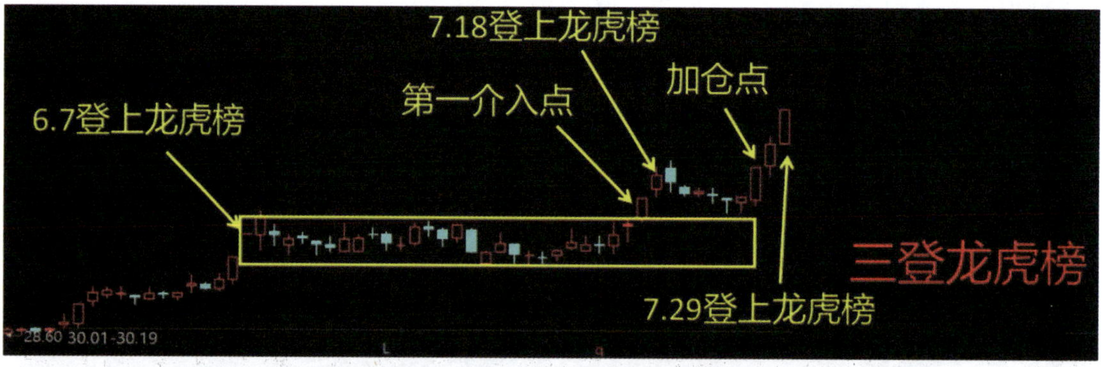

上榜类型1：连续三个交易日内,涨幅偏离值累计达20%的证券

排序	营业部名称	买入金额(万)	卖出金额(万)	净额(万)
买入金额最大的前5名	买入总计 21573.88 万元，占总成交比例 14.49%			
1	机构专用	5186.26	2173.76	3012.50
2	机构专用	4810.33	0.00	4810.33
3	机构专用	3905.11	0.00	3905.11
4	机构专用	2759.06	0.00	2759.06
5	华泰证券股份有限公司上海牡丹江路证券营业部	2559.58	2989.26	-429.68
卖出金额最大的前5名	卖出总计15861.47万元，占总成交比例 10.65%			
1	长江证券股份有限公司乐清旭阳路证券营业部	0.00	4249.21	-4249.21
2	机构专用	0.00	3241.33	-3241.33
3	中国国际金融股份有限公司上海分公司	2353.53	3207.91	-854.38

9.第三次登上龙虎榜

只要买入前五名占比大于卖出前五名的占比，散户就不需要太恐慌。

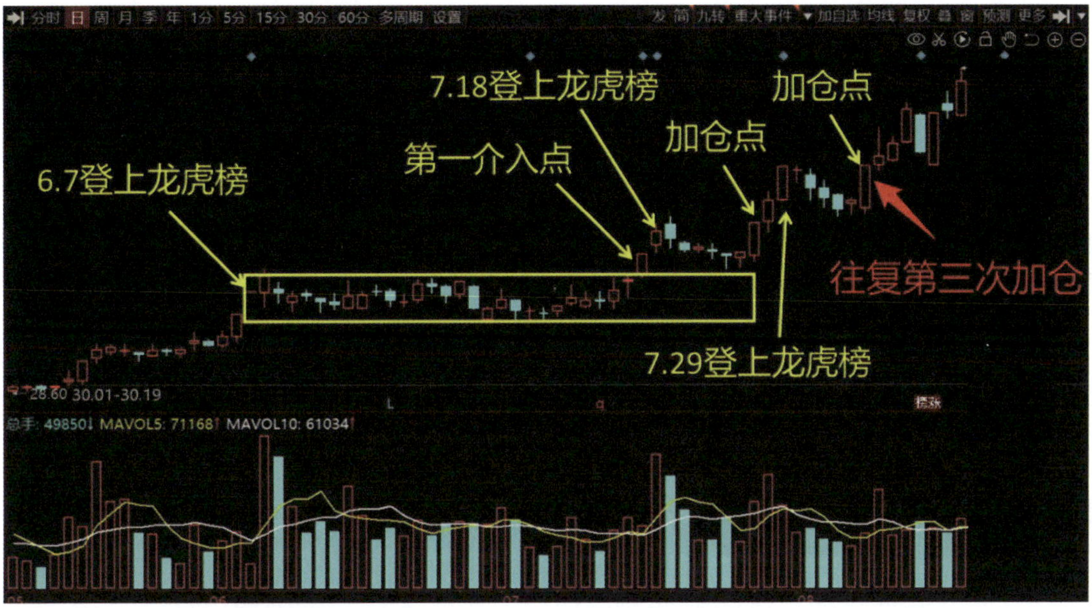

10.加仓点的特点

每次加仓点都是洗盘调整后一根大阳线触发信号。

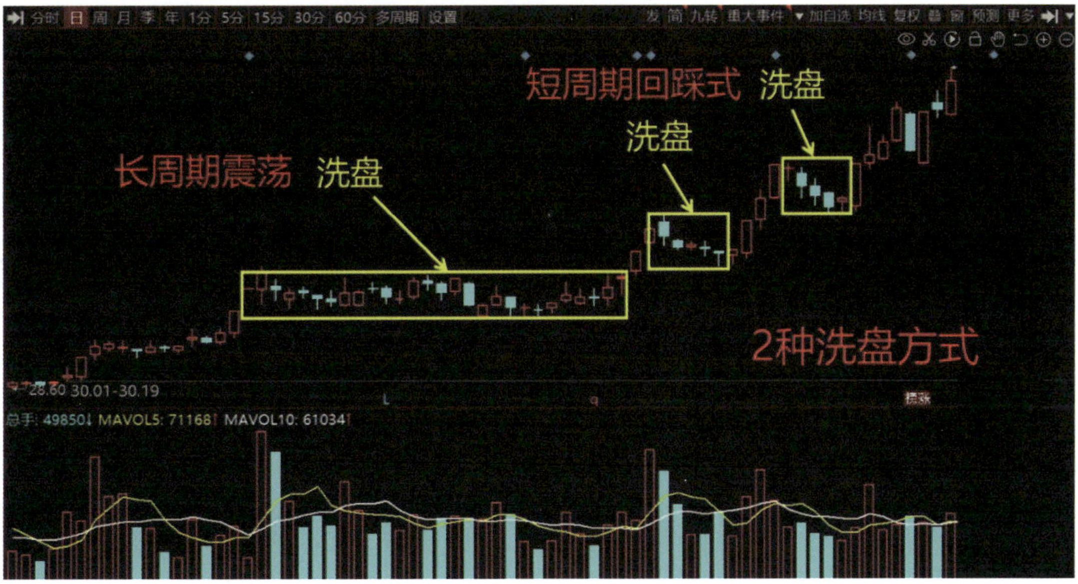

11.洗盘的两种形式

（1）【周期偏长】震荡式洗盘：股价在箱体内横盘震荡，成交量萎缩，红肥绿瘦。

（2）【周期偏短】打压式洗盘：股价开始向下运行，成交量逐渐缩小，涨跌幅一般在±5%以内。

12.龙头股“洗盘”的基本逻辑

注意在龙头股的运行过程当中，量能过大，涨幅过高，都会触发洗盘，因为龙头股的市值相对偏大，主力无法像炒小盘股一样高度控盘。

13.龙头股类型

（1）【偏长周期】震荡式洗盘后可以考虑介入点：突破箱体后。

（2）【偏短周期】打压式洗盘可以考虑介入点：在缩量窄幅调整过程中出现5%以上的涨幅后。

三、交易思考核心要点：为什么通常买了就跌

（1）量能过大，说明市场关注到这只股票的人多了。

（2）涨幅过大，说明个股的热度提升了。

站在散户的角度去看：这两点都是让我们观察到这只股票并执行买入决定的原因。

站在主力的角度去看：这无疑是给主力的拉升带来了麻烦，只有将这部分跟风者洗出去之后才能安稳拉升。

散户要学会站在主力的角度去思考，没有捷径，这需要长期大量的观察积累，跟踪股票的周期走势，逐步积累，形成个人的分析能力。

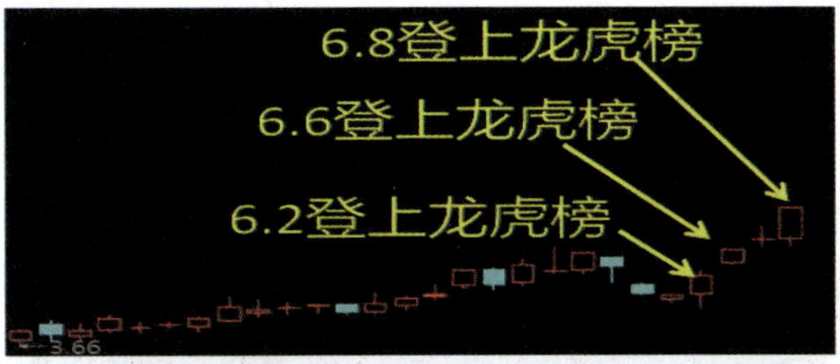

这只股票三次登上龙虎榜，下面看看它的主力机构这三次的数据图。

上榜类型1：日振幅值达15%的证券 前往数据中心>>

排序	营业部名称	买入金额（万）	卖出金额（万）	净额（万）
买入金额最大的前5名	买入总计 9473.29 万元，占总成交比例 21.95%			
1	机构专用	3930.67	0.00	3930.67
2	华泰证券股份有限公司总部	2185.70	0.00	2185.70
3	广发证券股份有限公司慈溪浒山路证券营业部	1369.67	0.00	1369.67
4	申万宏源证券有限公司长沙芙蓉中路证券营业部	1162.09	0.00	1162.09
5	摩根大通证券（中国）有限公司上海银城中路证券营业部	825.17	0.00	825.17
卖出金额最大的前5名	卖出总计3226.18万元，占总成交比例 7.48%			
1	中国国际金融股份有限公司上海分公司	0.00	906.37	-906.37
2	国泰君安证券股份有限公司杭州延安路证券营业部	0.00	755.42	-755.42
3	财信证券股份有限公司郴州八一南路证券营业部	0.00	568.90	-568.90
4	中信证券股份有限公司深圳分公司	0.00	545.65	-545.65
5	瑞银证券有限责任公司上海花园石桥路证券营业部	0.00	449.84	-449.84
买卖净差：6247.11万元				

6月2日

上榜类型1：日涨幅偏离值达7%的证券 前往数据中心>>

排序	营业部名称	买入金额（万）	卖出金额（万）	净额（万）
买入金额最大的前5名	买入总计 15843.05 万元，占总成交比例 26.92%			
1	机构专用	10188.00	0.00	10188.00
2	机构专用	1716.98	0.00	1716.98
3	摩根大通证券（中国）有限公司上海银城中路证券营业部	1535.69	0.00	1535.69
4	机构专用	1219.89	0.00	1219.89
5	华泰证券股份有限公司南通海安长江中路证券营业部	1182.45	0.00	1182.45
卖出金额最大的前5名	卖出总计9204.94万元，占总成交比例 15.64%			
1	申万宏源西部证券有限公司乌鲁木齐北京南路证券营业部	0.00	2672.00	-2672.00
2	华泰证券股份有限公司总部	0.00	2368.85	-2368.85
3	东莞证券股份有限公司青岛分公司	0.00	1755.84	-1755.84
4	广发证券股份有限公司慈溪浒山路证券营业部	0.00	1543.00	-1543.00
5	安信证券股份有限公司上海樱花路证券营业部	0.00	865.25	-865.25
买卖净差：6638.11万元				

6月6日二登龙虎榜

上榜类型1：日涨幅偏离值达7%的证券 前往数据中心>>

排序	营业部名称	买入金额（万）	卖出金额（万）	净额（万）
买入金额最大的前5名	买入总计 16123.22 万元，占总成交比例 25.67%			
1	机构专用	6450.57	0.00	6450.57
2	华泰证券股份有限公司无锡金融一街证券营业部	3057.49	0.00	3057.49
3	机构专用	2767.74	0.00	2767.74
4	机构专用	2359.14	0.00	2359.14
5	华泰证券股份有限公司武汉武珞路证券营业部	1488.28	0.00	1488.28
卖出金额最大的前5名	卖出总计5310.56万元，占总成交比例 8.46%			
1	中国国际金融股份有限公司上海分公司	0.00	1571.36	-1571.36
2	华泰证券股份有限公司总部	0.00	1260.69	-1260.69
3	摩根大通证券（中国）有限公司上海银城中路证券营业部	0.00	947.13	-947.13
4	中信证券股份有限公司江西分公司	0.00	771.46	-771.46
5	东方证券股份有限公司杭州五星路证券营业部	0.00	759.91	-759.91
买卖净差：10812.66万元				

6月8日三登龙虎榜

短期内三登龙虎榜，机构的行为都暴露在散户的视野里，那么主力会怎么办呢？

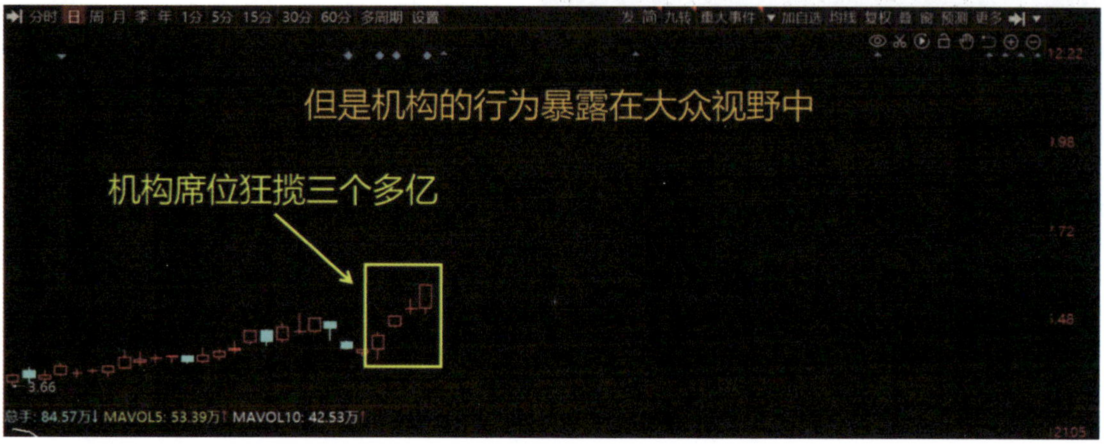

毫无疑问，机构要开启洗盘之路了。

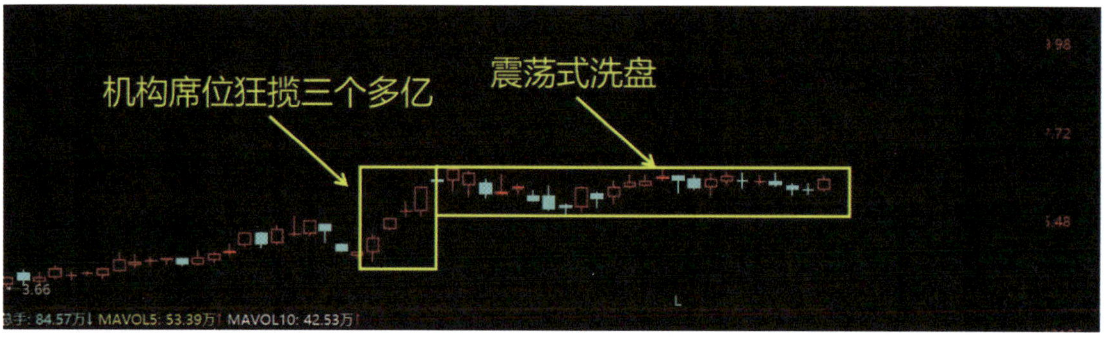

出现震荡洗盘，什么时候介入还记得吗？

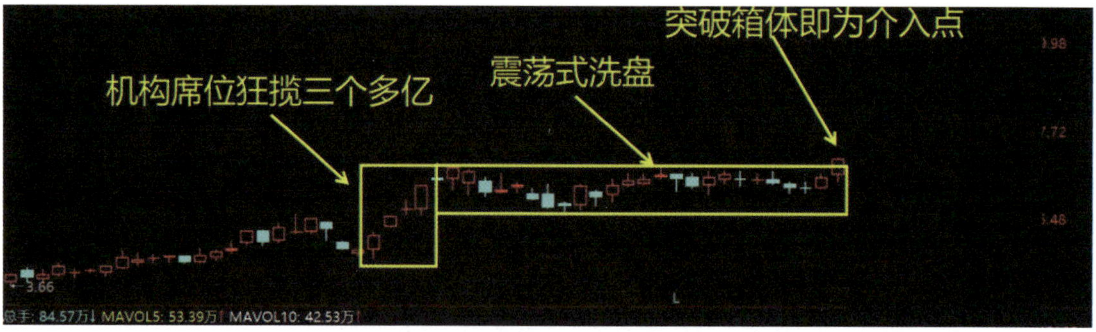

作为散户，我们的第一个介入点信号：当股价开始突破箱体，拉出来一根8%以上的大阳线【涨停的话最好】，是介入建仓的信号。

简单点：一根大阳线【8%以上】 突破箱体压力，就是散户的介入点。

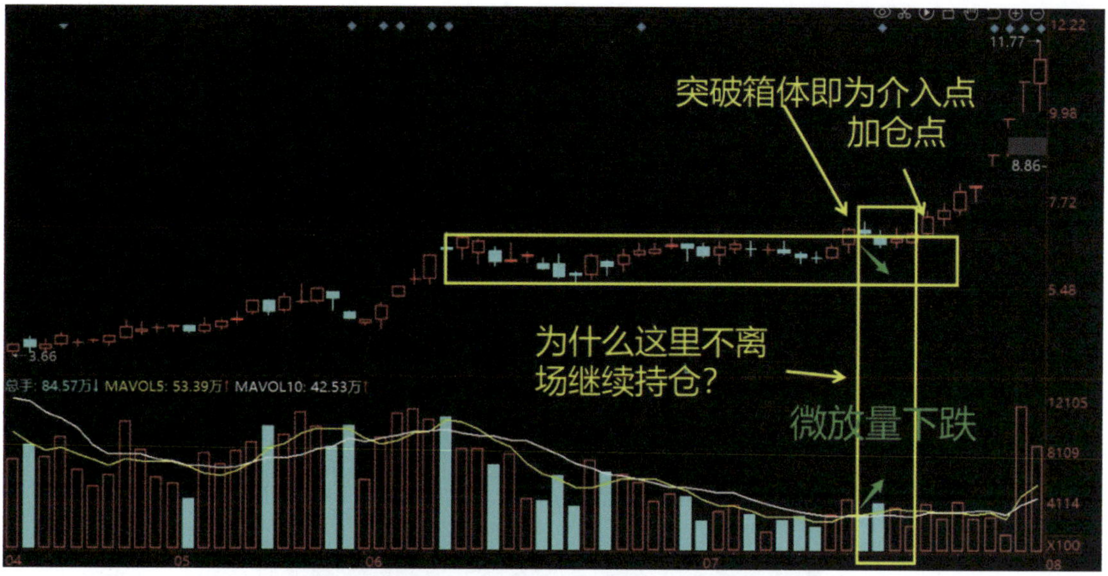
突破箱体即为介入点
加仓点
为什么这里不离场继续持仓？
微放量下跌

注意：上图这里有个轻微的【放量下跌】，但是不影响主力洗盘的节奏，和前面的超大成交量相比，还是很小的放量。

所以可以判断，主力在这里无法进行大量的出货【前期挤压积累出了巨量筹码】，还需要洗盘拉升。

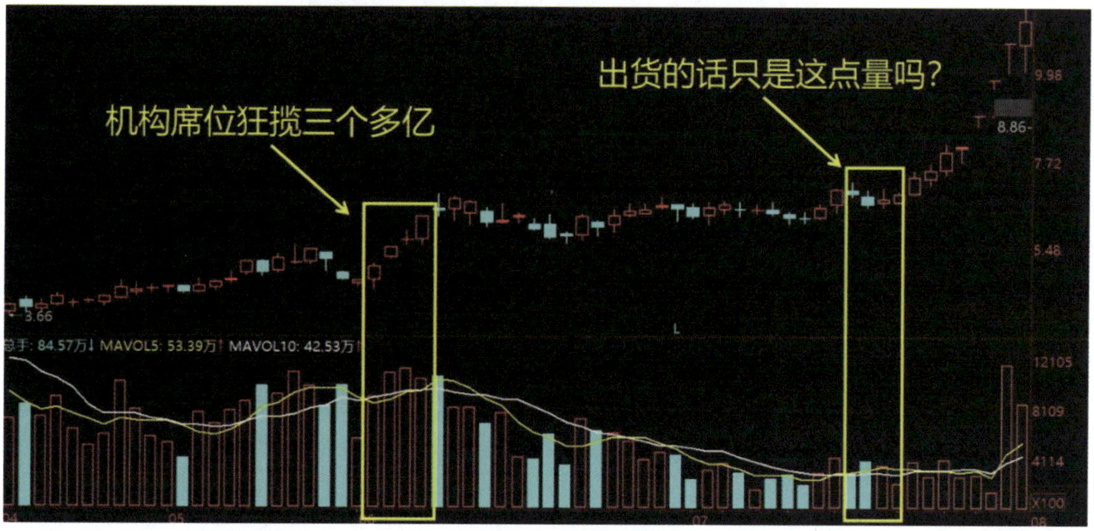
机构席位狂揽三个多亿
出货的话只是这点量吗？

学习中要活学活用，碰到一两根放量小阴线，要结合个股的位置和基本趋势，以及之前的成交量综合考虑，从而提升收益。

四、同花顺查看任意龙虎榜个股的前五买入和前五卖出资金信息

1. i问财输入练习：涨停；龙虎榜；非ST

非新股图片

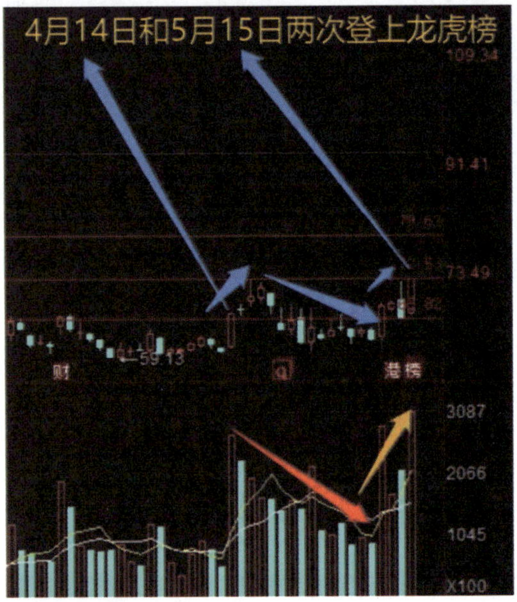

2. 找到龙虎榜版面

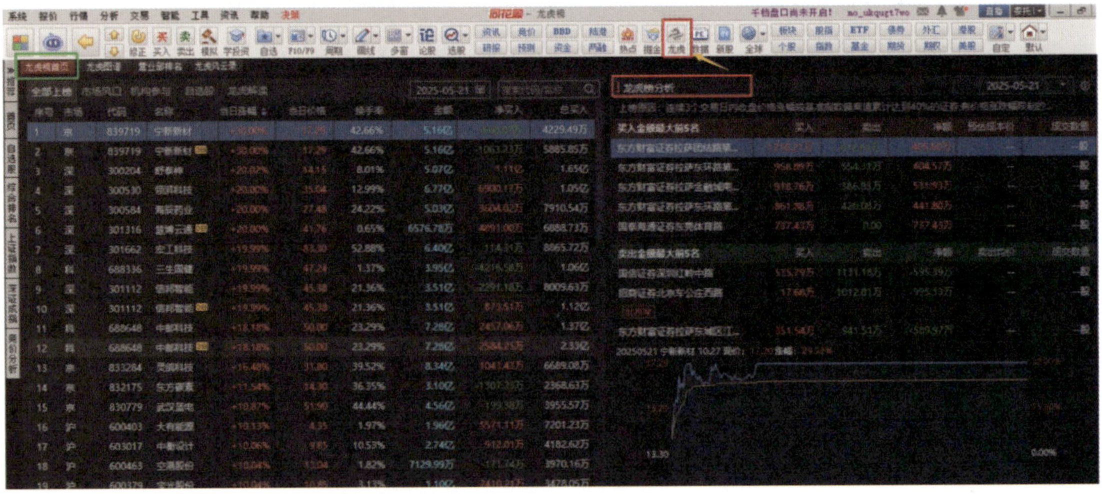

龙虎榜新版面

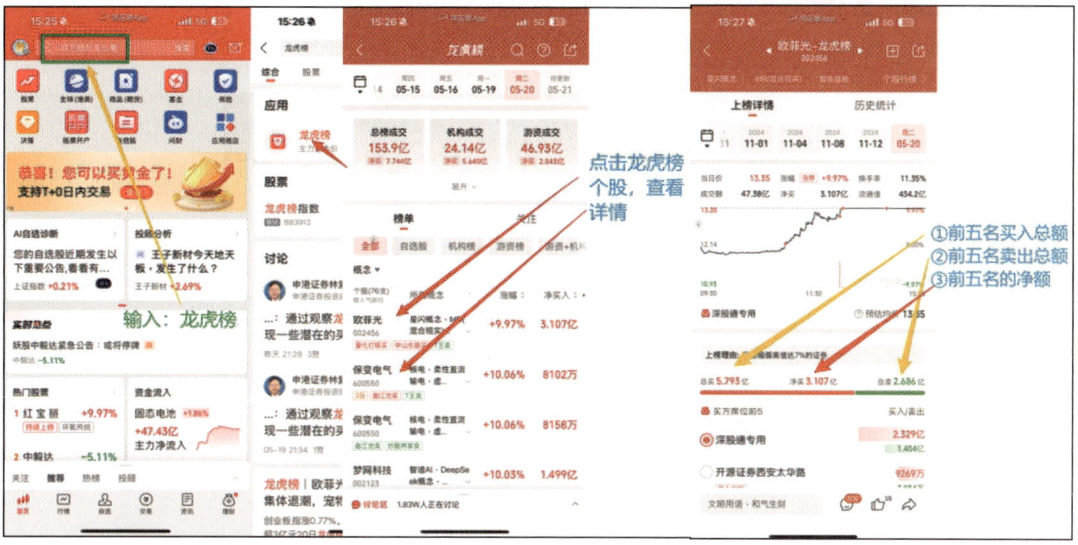

龙虎榜旧版面

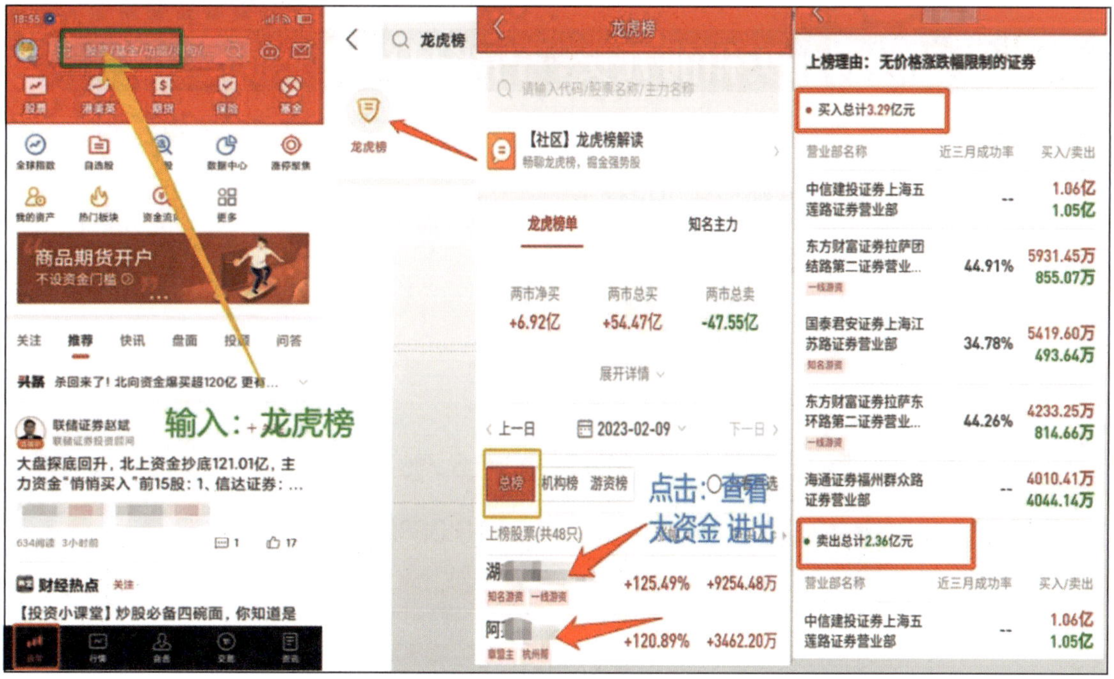

3. 龙虎榜界面上有搜索框（放大镜）

搜索个股的历史龙虎榜数据。

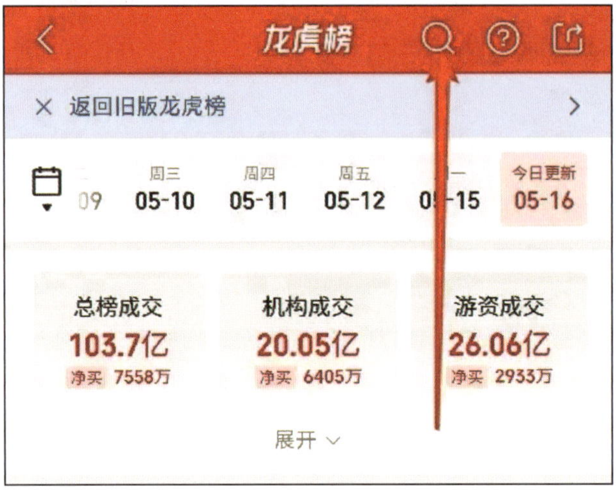

4. 某股票的前五买和前五卖，占当日总成交额的比例

“买入前五名占总成交比” 和 “卖出前五名占总成交比” 计算方式。

买入前五名总成交额：3.298亿元

卖出前五名总成交额：2.119亿元

当日成交额：21.02亿元

问财搜索：XX股票；当日成交额

买入前五名占总成交比：3.298÷21.02=15.7%

卖出前五名占总成交比：2.119÷21.02=10.08%

5. 龙虎榜上榜原因：沪深主板龙虎榜上榜条件

（1）日价格涨幅偏离值±7%【相对于上证指数或深证指数】。

（2）日换手率达到±20%。

（3）日价格振幅达到±15%。

（4）连续三个交易日内，涨幅偏离值累计达到20%。沪深主板股票选取前三名上龙虎榜。

如果有一只股票在龙虎榜显示两次或两次以上，这是正常的，说明它有不同的上榜条件。

第四课 课后练习

1.龙虎榜上的股票是否为龙头，需要观察的点包括（　）？【多选题】

A.龙虎榜买入前五名有没有“机构专用”席位，“机构专用”席位越多越好

B.龙虎榜买入前五名占总成交比【大于】卖出前五名占总成交比，越大越好

C.龙虎榜上榜后，可能暴露主力意图，散户会涌入，主力可能会考虑洗盘

D.投资者可以在洗盘后出现突破大阳线时考虑介入

2.股票进入龙虎榜后，主力准备进行洗盘，一般洗盘幅度是（　）？

A.±3%　B.±5%　C.±7%　D.±10%

3.以下关于洗盘的两种形式，描述的对吗?

第1种【周期偏长】震荡式洗盘：股价在箱体内横盘震荡，成交量萎缩，红肥绿瘦。

第2种【周期偏短】打压式洗盘：股价开始向下运行，成交量逐渐缩小，涨跌幅一般在±5%以内。

对（　）错（　）

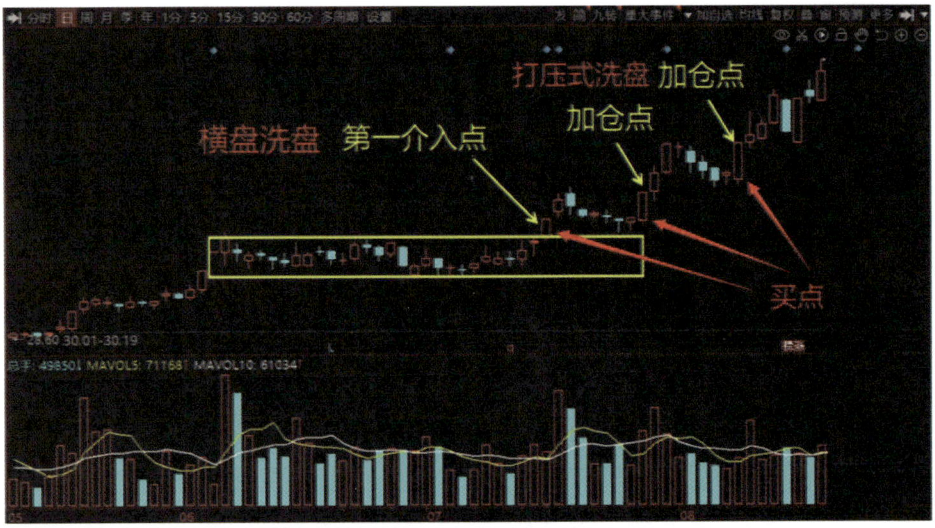

第五课 虎踞龙盘可远观

一、减仓最重要的目的

（1）为了能够规避掉随时暴跌的风险，落袋一部分收益，只以少量的持仓去试探不确定性。

（2）投资要保持敬畏之心；不要以为你学习了很多，就开启了上帝视角。

二、龙头股第一个减仓信号：首阴减仓

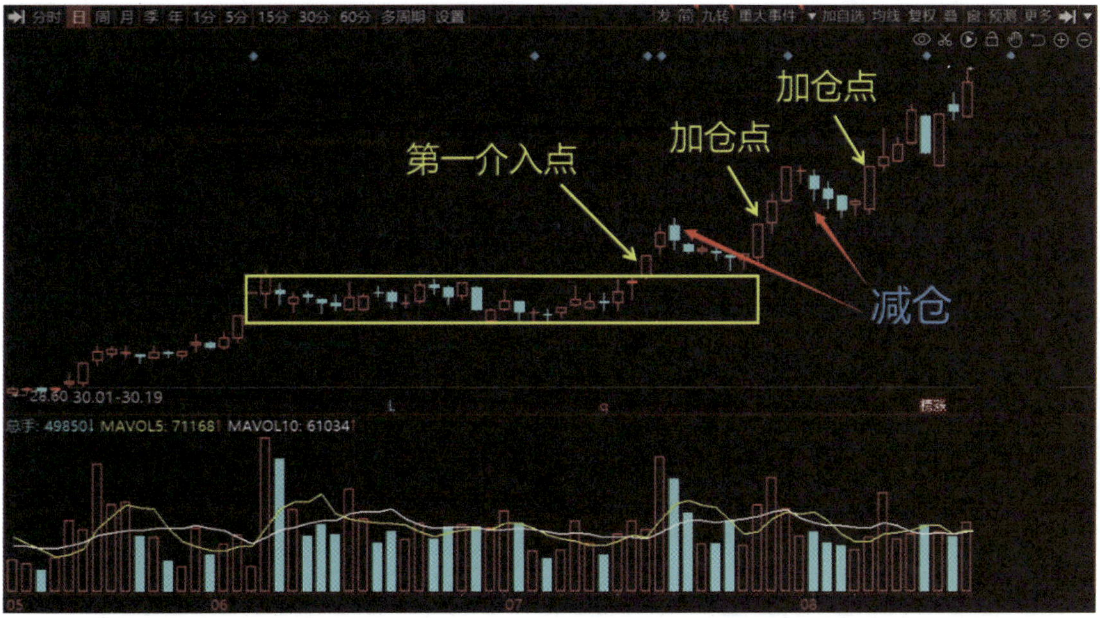

当主力建仓之后，完成了洗盘，开始拉升时，股价的上涨是很有规律的。尤其对于市值偏大的个股，往往不能一步到位，一般采取边拉边洗的操盘手法。

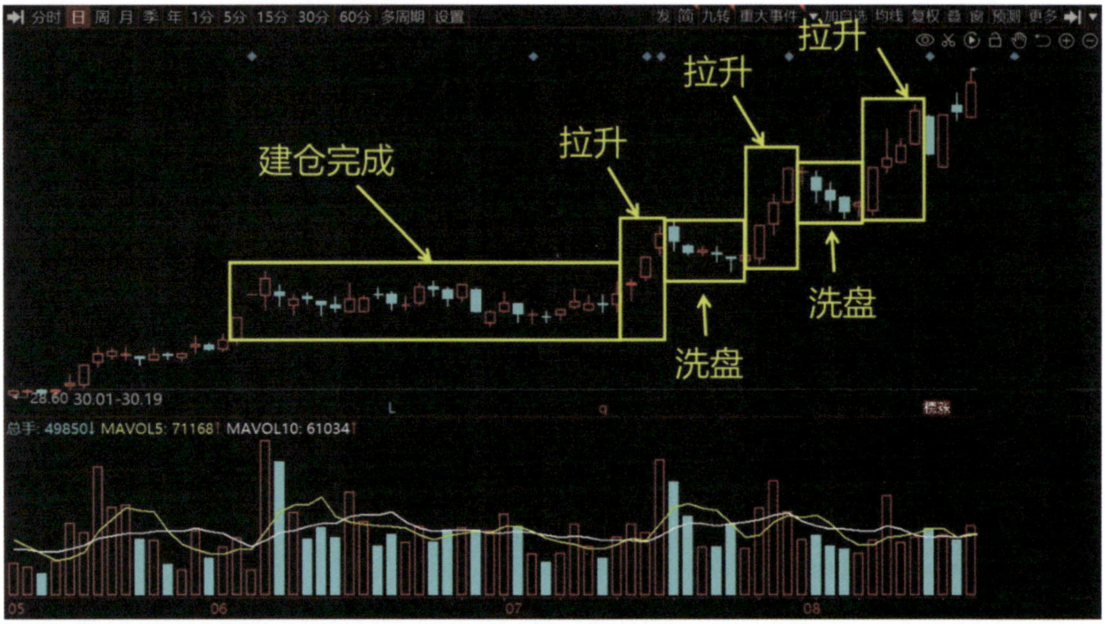

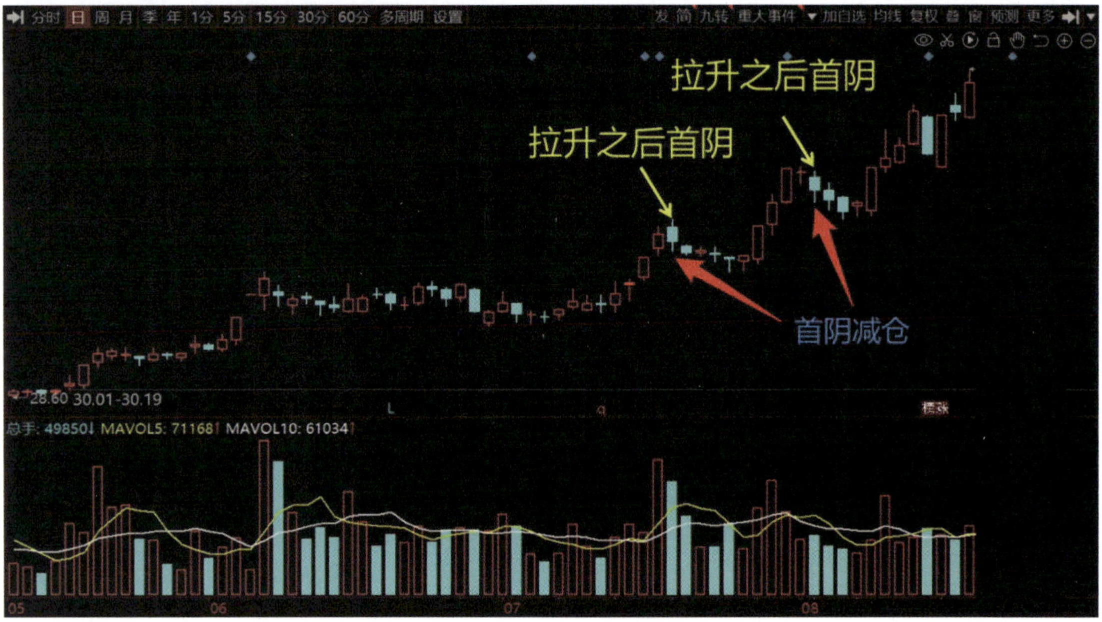

龙头股最大的特点就是持续性，放量涨停之后如果主力没有放弃这只个股，那么只有两条路可以选择。

第一，直接暴力拉升，以绝对的涨幅吓跑散户。

第二，震荡式洗盘或者打压式洗盘。

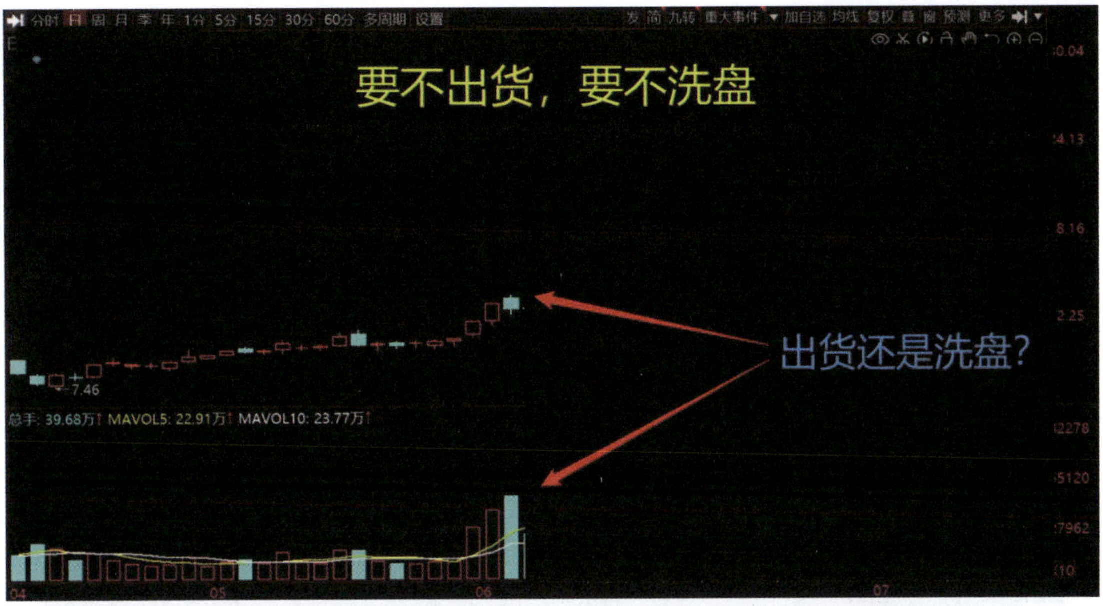

思考一个问题：这个位置【首阴】，主力目前出货有收益吗？

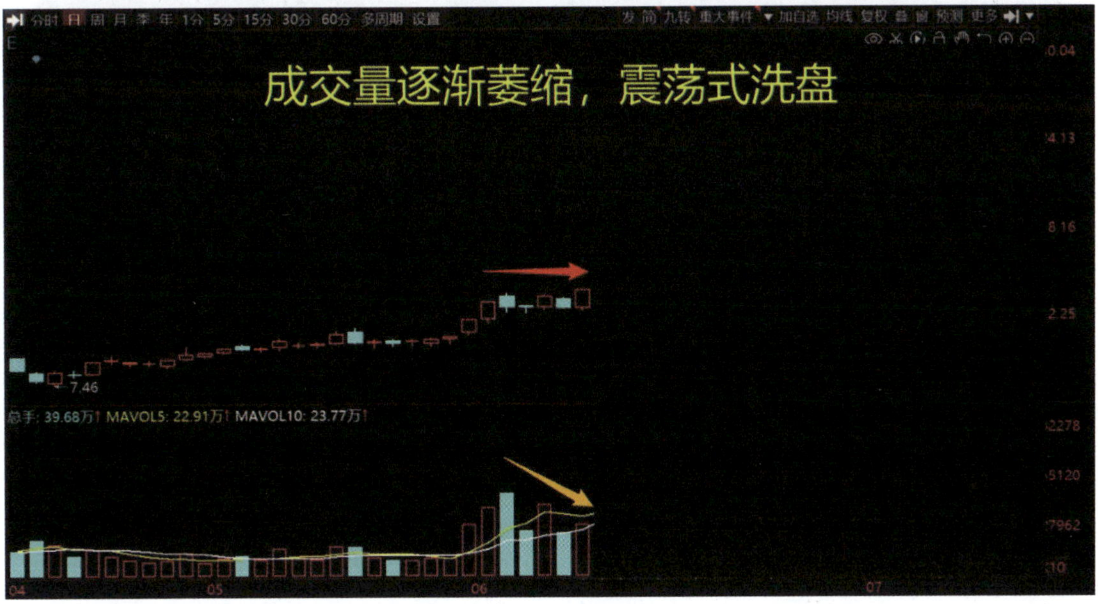

首阴后股价横盘震荡，同时成交量逐渐萎缩，是震荡式洗盘。

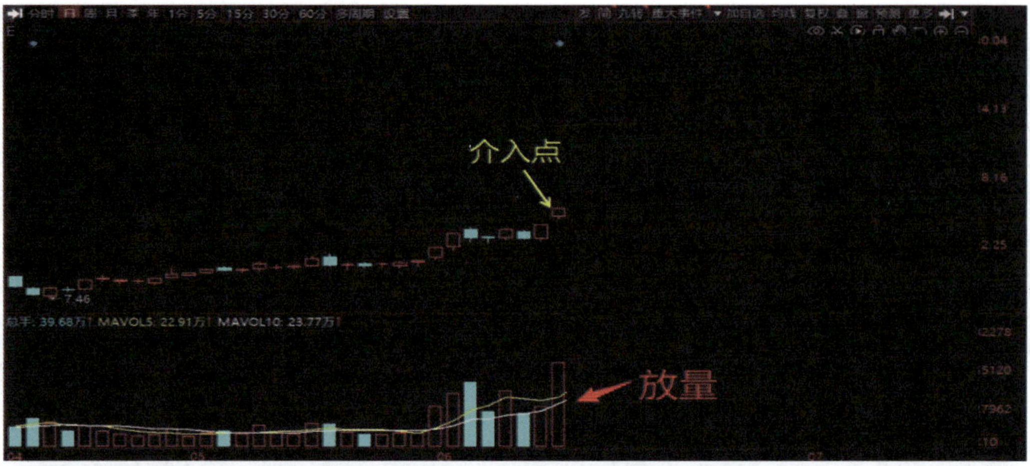

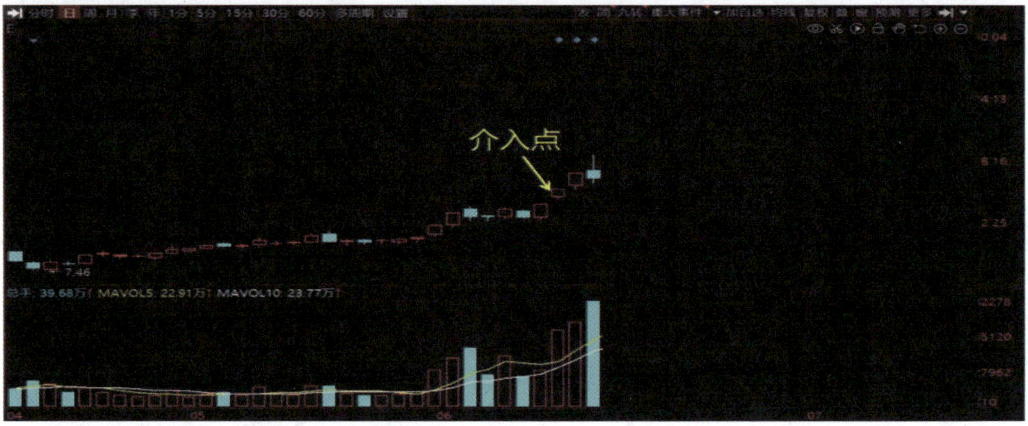

介入之后，后续又碰到放量阴线怎么办？

那就在后续阴线放量时减仓，图个安稳。

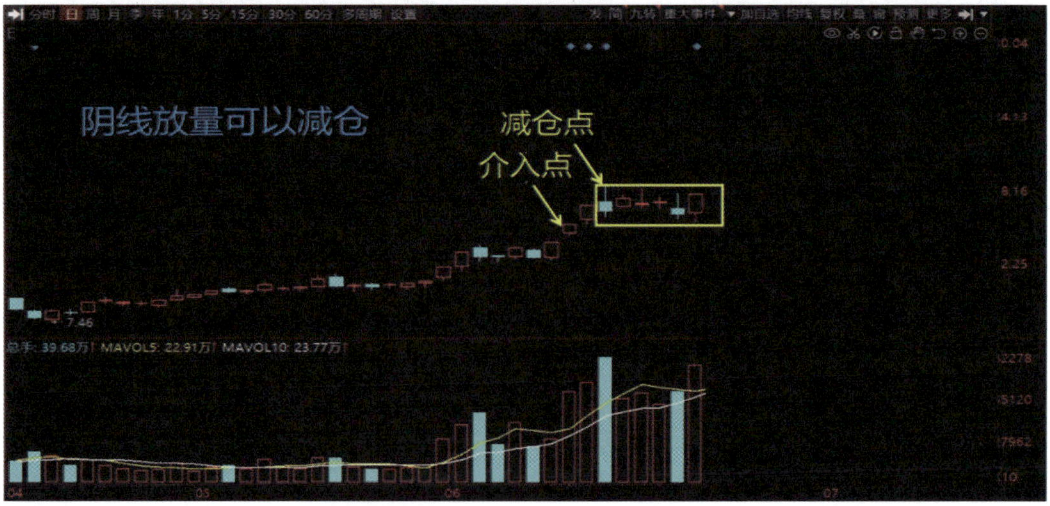

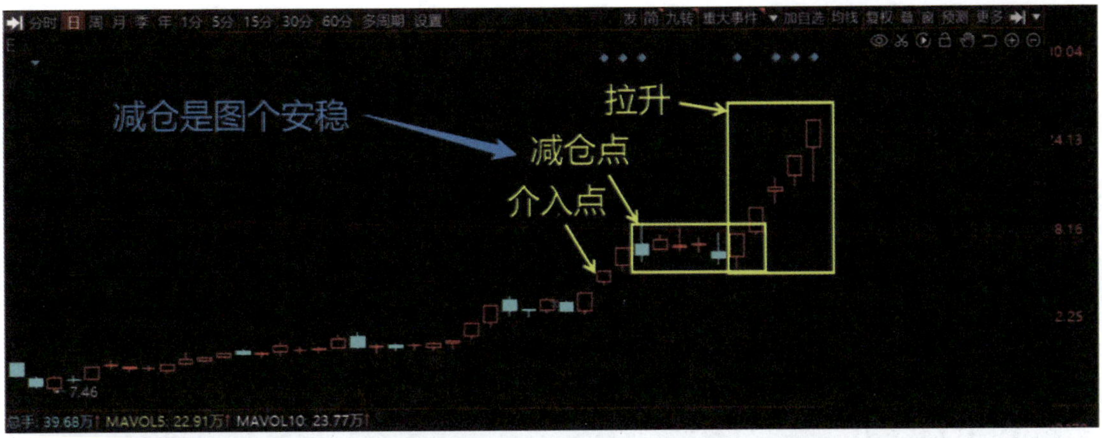

减仓为了落袋为安，后续在继续拉升时，能突破阴线的压力位并站稳，就可以比较放心，继续持有剩下的仓位。

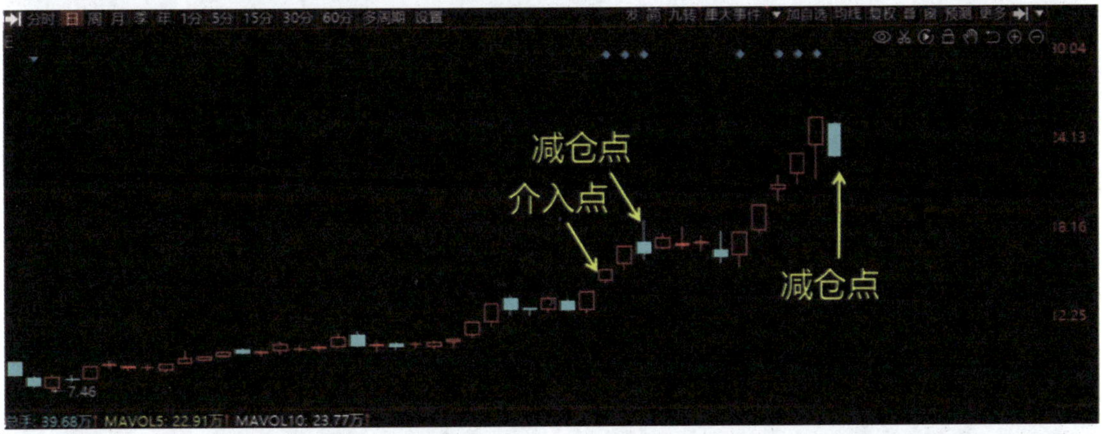

剩余的仓位拿着之后，上涨途中又一次碰到了首阴，就继续减仓；落到口袋里的收益才是真收益。

总结：龙头股具有持续性，放量涨停之后如果主力还想继续做这只股票，就会想办法继续拉升；如果放弃的话，那自然就不用关注了。

第一，直接暴力拉升，以绝对的涨幅吓跑散户。

【散户远离，把握难度大】

第二，震荡式洗盘或者打压式洗盘。

【散户可以介入，风险相对小】

三、龙头股第二个减仓信号：压力线减仓

1.形成压力线所需要素：两个高点

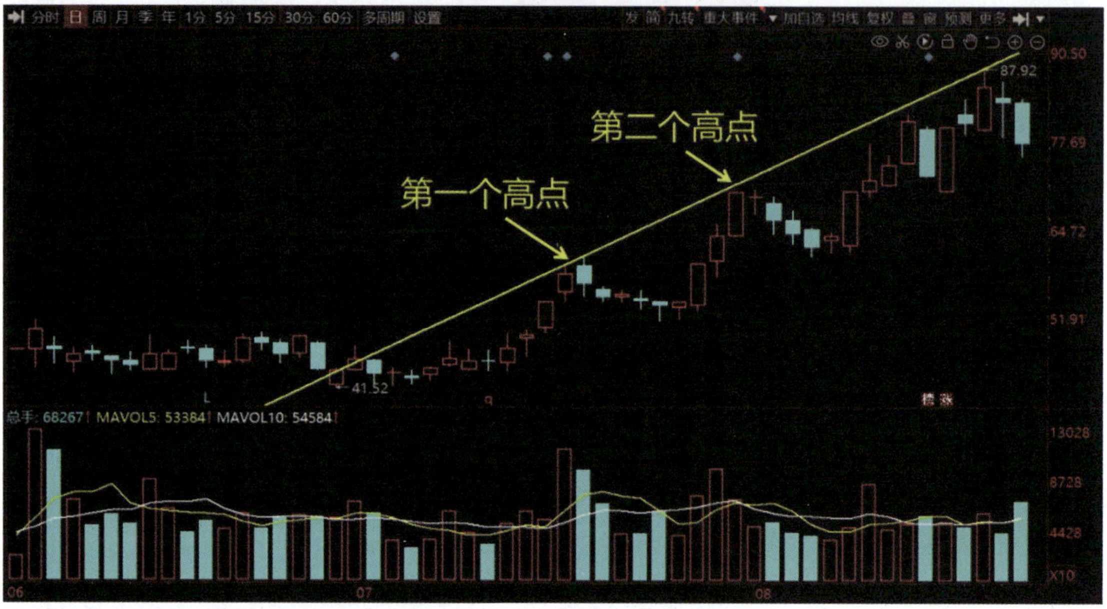

2.压力位越多，打压的概率越高

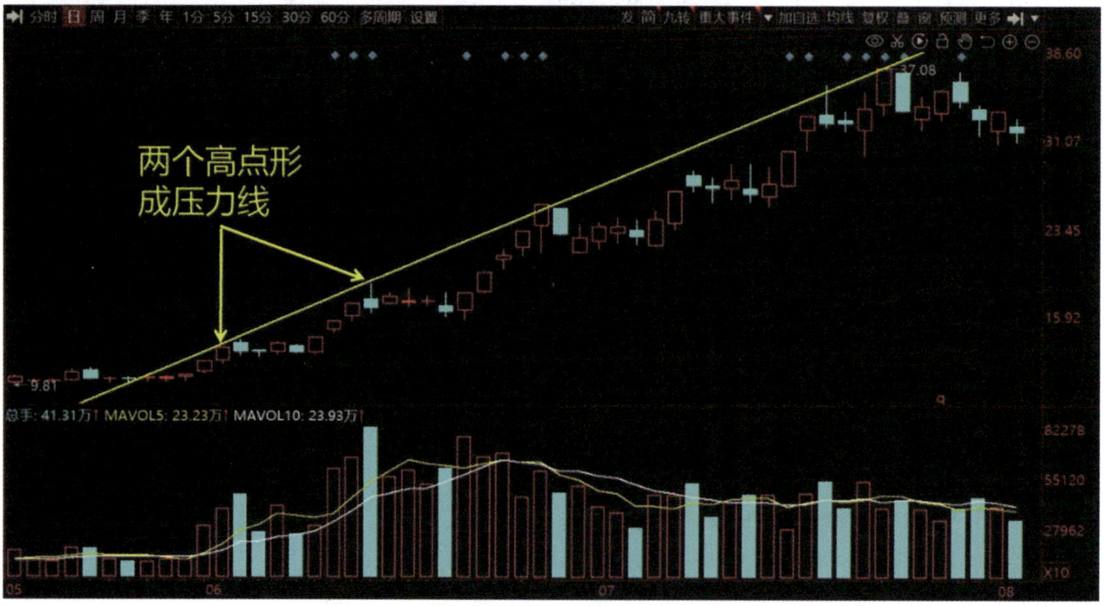

3.两个高点

可以连成一条趋势压力线，每次股价上升碰到压力线，都是决策灵活减仓的信号。

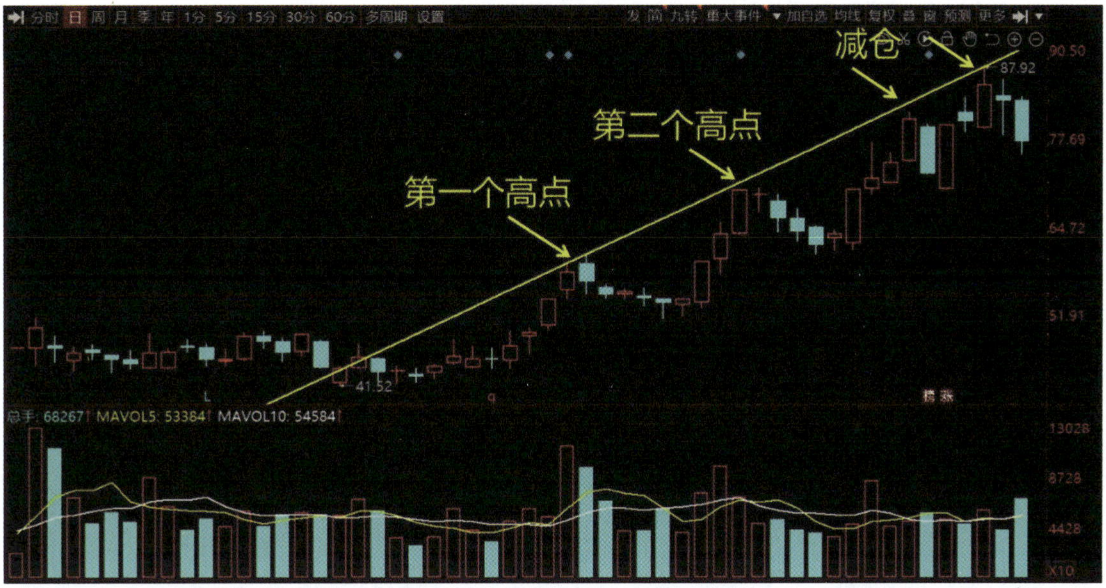

四、龙头股第三个减仓信号：SKDJ指标减仓

1.SKDJ有两条线：K线和D线

2.K线上穿D线为金叉

3.K线下穿D线为死叉

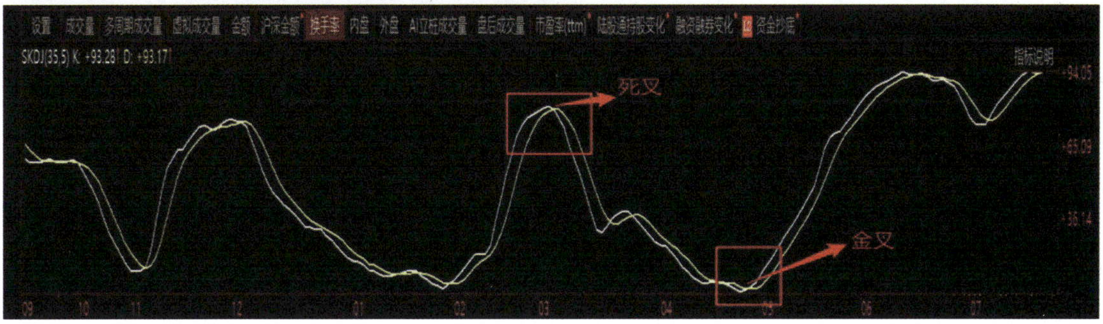

4. SKDJ指标参考用法

（1）股票在主力进行震荡吸筹期间，SKDJ可能会提前上涨。

（2）在上涨之后的第一个金叉买入。

（3）在上涨之后的第一个死叉卖出。

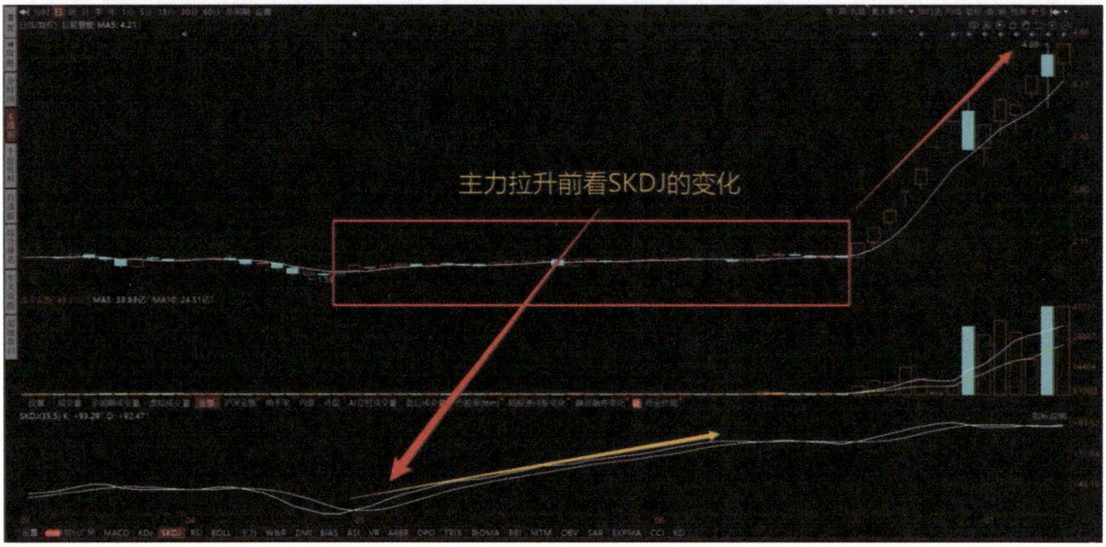

5. 在震荡吸筹期间，SKDJ会提前上涨，释放出股价后续可能启动的信号

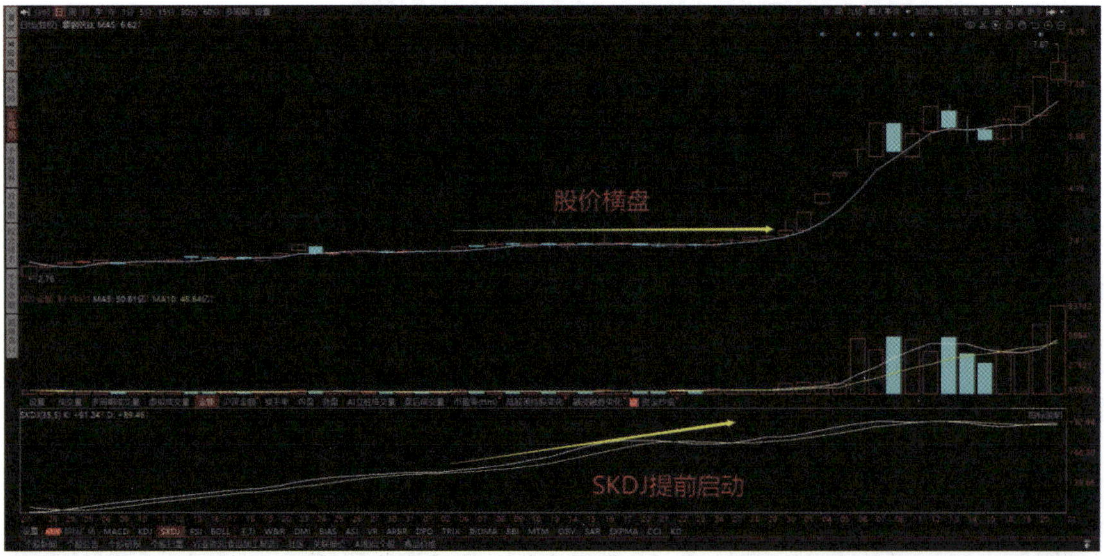

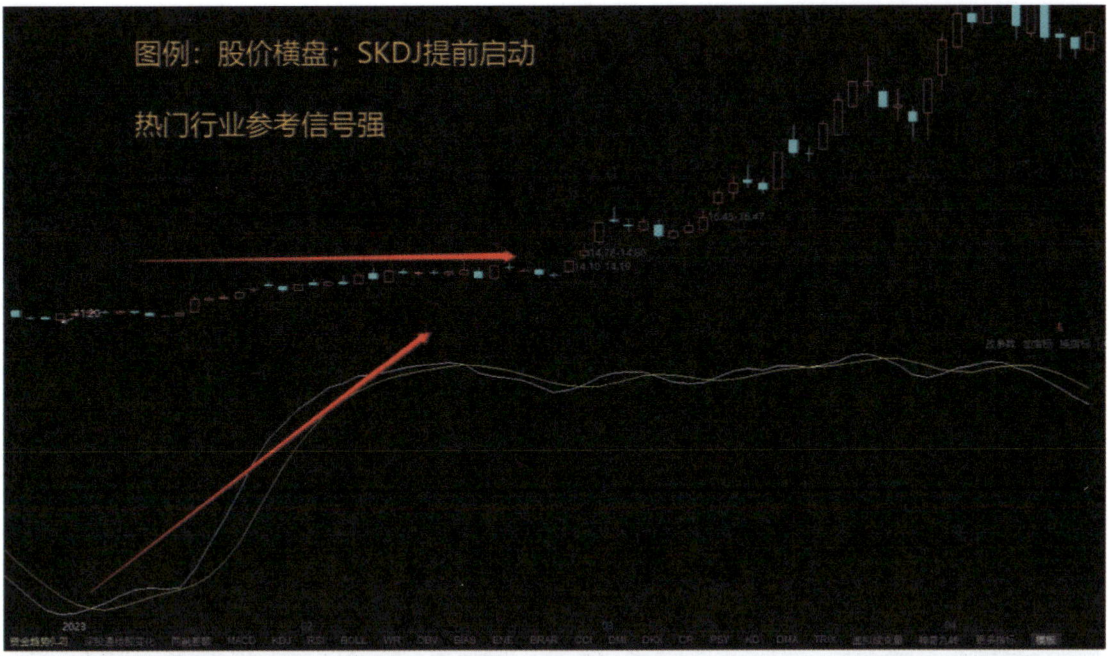

注意：热门行业（板块或概念）中的个股有成为龙头股的潜力，SKDJ指标信号才有参考价值。

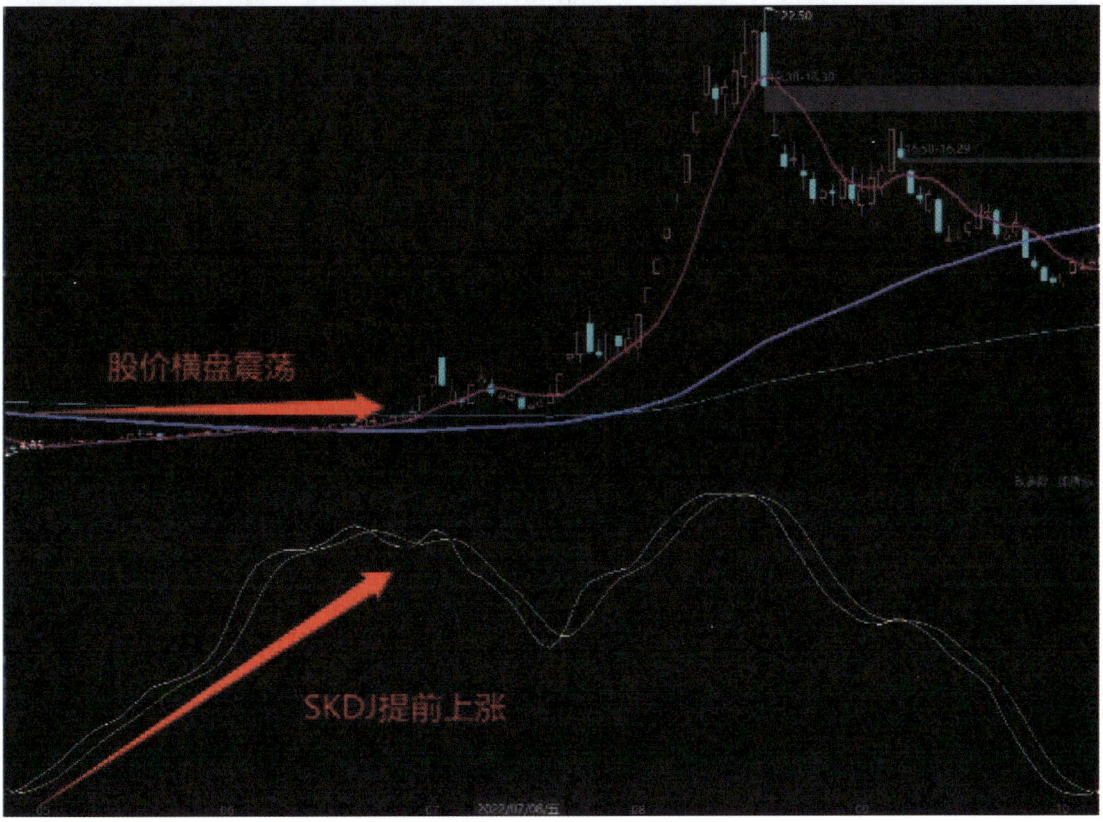

五、SKDJ指标使用策略

1.积累策略

在日常投资学习中，要持续积累选股和选行业的相关经验。

如果碰到横盘震荡类走势的股票，且SKDJ明显有上升趋势时，要特别留意观察，追踪所属行业热度的强弱，以及个股后续的走势。

2.倒推策略

通过观察首板股，观察它的SKDJ指标历史走势，是否和课上讲的高度重合，如果高度重合，重点追踪，积累经验。

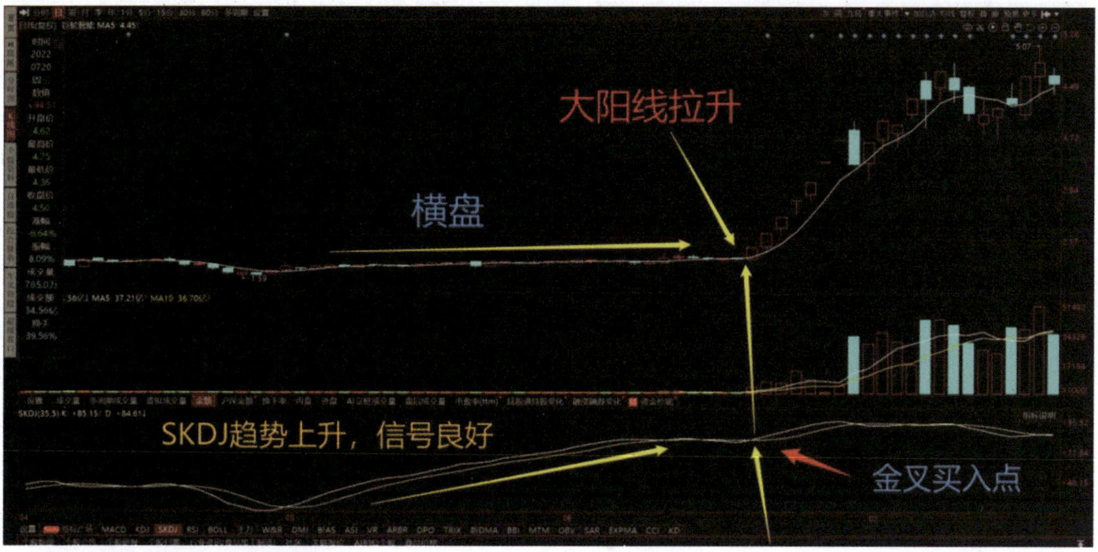

3. 介入时机

（1）股价站稳在5日均线之上。

（2）SKDJ出现金叉。

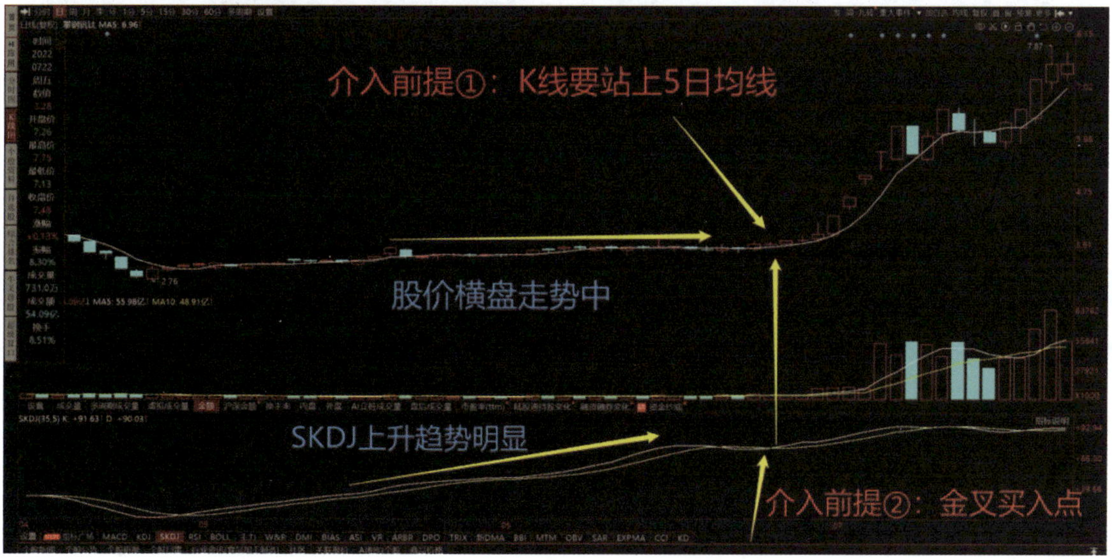

一旦有机会捕捉到龙头股，一定记住，不要想着卖在最高点，当卖出信号出现明显提示时，就及时落袋为安。

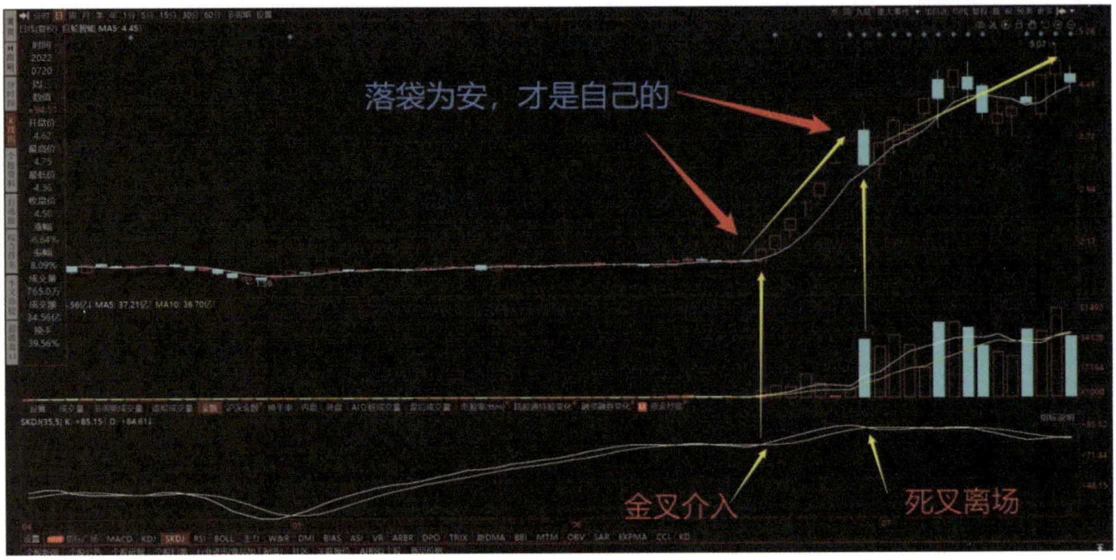

留一些收益给后来的入局者，这样做股票，才能长久心安。

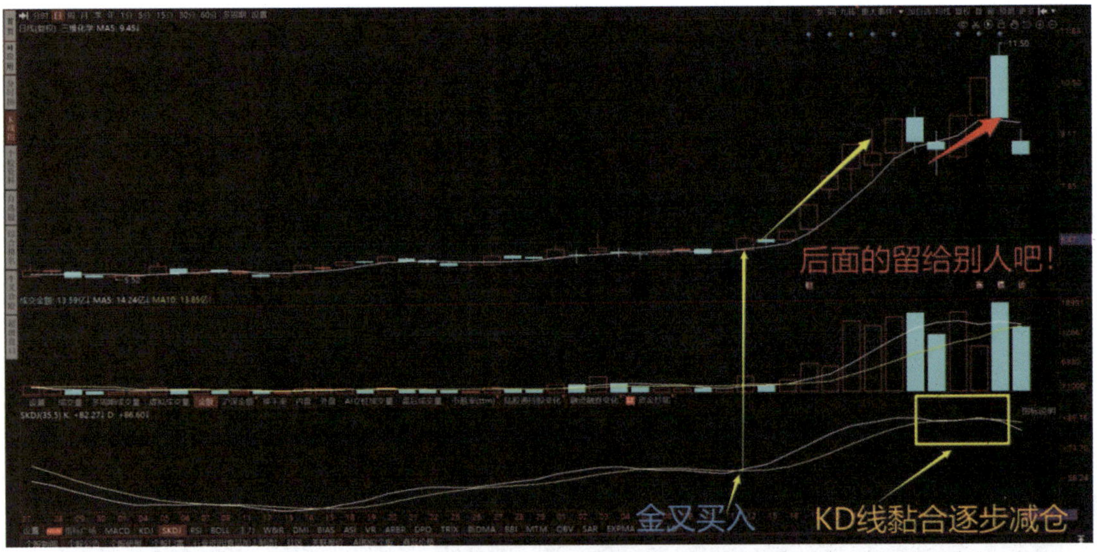

当KD线黏合之后，可以考虑逐步减仓获利，上涨出现第一个死叉之后，可以考虑清仓止盈。

六、SKDJ指标参数修改

同花顺手机版没有SKDJ，同花顺电脑版可以修改SKDJ参数为（35，5）。

1. 手机如何看SKDJ

手机查看SKDJ，可以用通达信或其他APP，可以修改SKDJ参数为（35，5）。

2. SKDJ修改指导

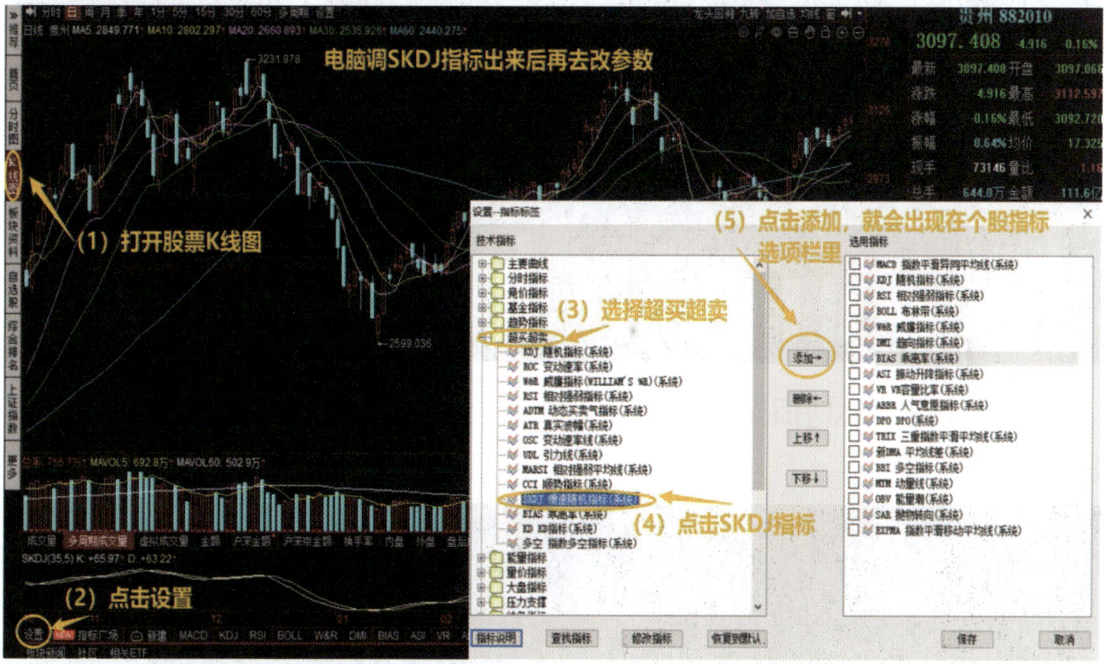
电脑调SKDJ指标出来后再去改参数
（1）打开股票K线图
（2）点击设置
（3）选择超买超卖
（4）点击SKDJ指标
（5）点击添加，就会出现在个股指标选项栏里

电脑版同花顺软件修改SKDJ指标步骤。

（1）打开股票K线图。

（2）点击设置。

（3）点击超买超卖。

（4）选中SKDJ。

（5）点击添加。这5步操作完，个股指标栏里有SKDJ后，在SKDJ走势图里点击右键，修改参数为（35，5）。

第五课 课后练习

1.图中黄线是根据股价走势特点画出的压力线，按照途中的走势特点，当股价再次靠近黄色压力线位置，应该采用的交易策略是（　　）？

A.减仓　　　B.加仓

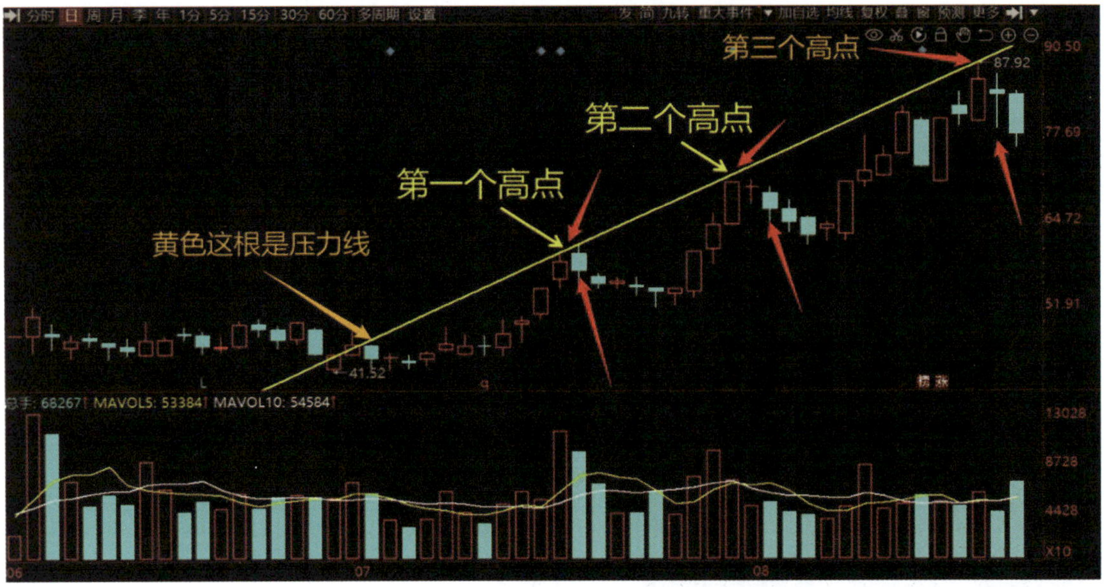

2.以下关于SKDJ指标的特点和应用，选出描述正确的选项。（　　）【多选题】

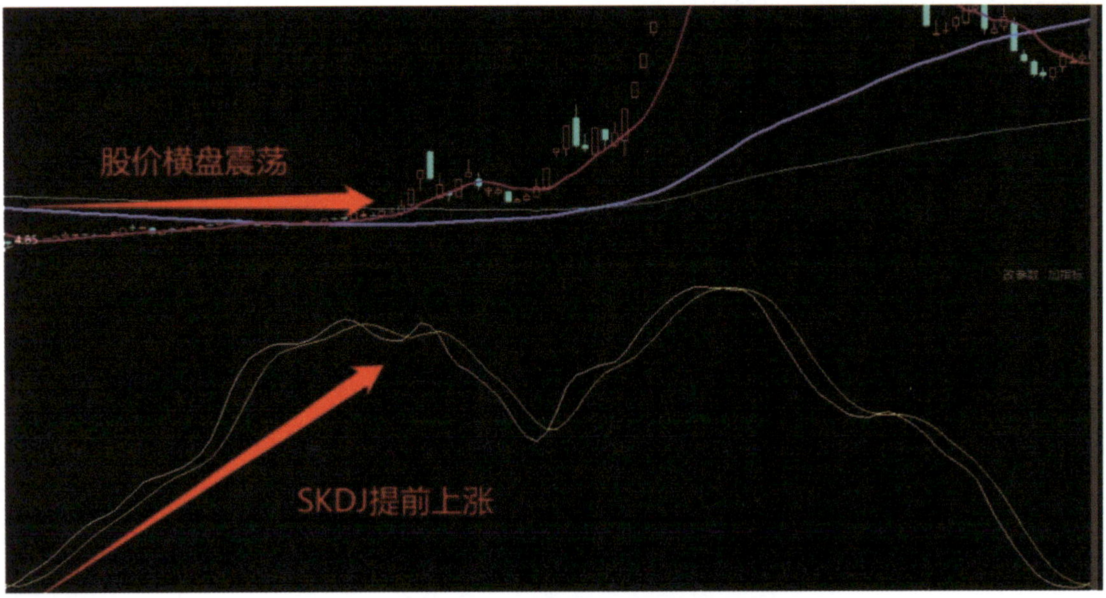

A.SKDJ可以在一只龙头股上涨之前的震荡时，就能提前给出上涨状态

B.SKDJ在出现死叉的时候，是清仓的标准信号之一

C.当SKDJ线黏合之后，就可以考虑逐步减仓获利

D.龙头介入的时机在SKDJ出现金叉，同时股价站稳5日线之上

3.同花顺手机版没有SKDJ（通达信和东方财富手机版有），同花顺电脑版有SKDJ，在使用SKDJ时，参数应该改为（ ）？

A.5，10　　B.35，5

第六课 降龙无悔定胜负

一、龙头股基本运行逻辑

（1）主力建仓，散户观望。

（2）主力洗盘，散户考虑减仓，因为洗盘也可能突然变成出货。

（3）主力拉升，散户考虑入场或加仓。

（4）主力出货，散户考虑离场。

二、主力控盘龙头股的两种方式

（1）高度控盘。

（2）市场合力。

当主力的资金量出现缺口时，就会采取市场合力的方式拉升股价。

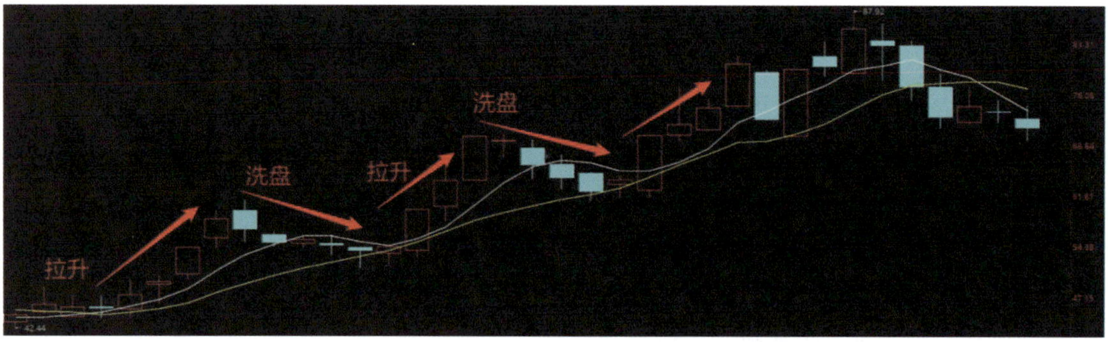

①高度控盘：当主力资金量充足时，它会花费大量的时间建仓，并把大部分仓位放在底部区间，这个时候个股的流通股数大部分掌握在主力手中，所以在拉升过程中基本不会出现太大的抛压，只需要花费少量资金进行拉升。

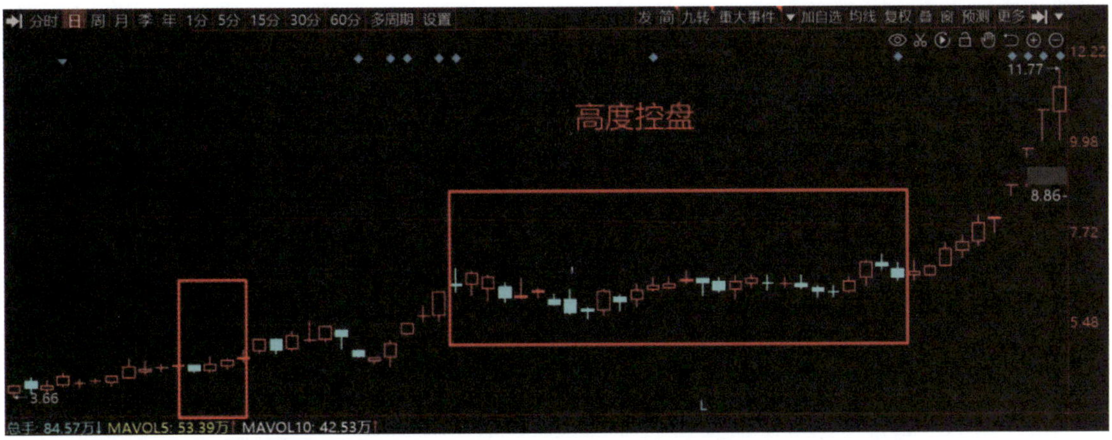

市场合力与高度控盘最大的区别，在于拉升过程中的成交量。

② 市场合力:主力需要借助散户的力量拉升股价，但又需要将散户洗出去，所以上涨过程是放量的。

③ 高度控盘的个股：留给散户的流通股数已经不多了，所以上涨往往是缩量的。

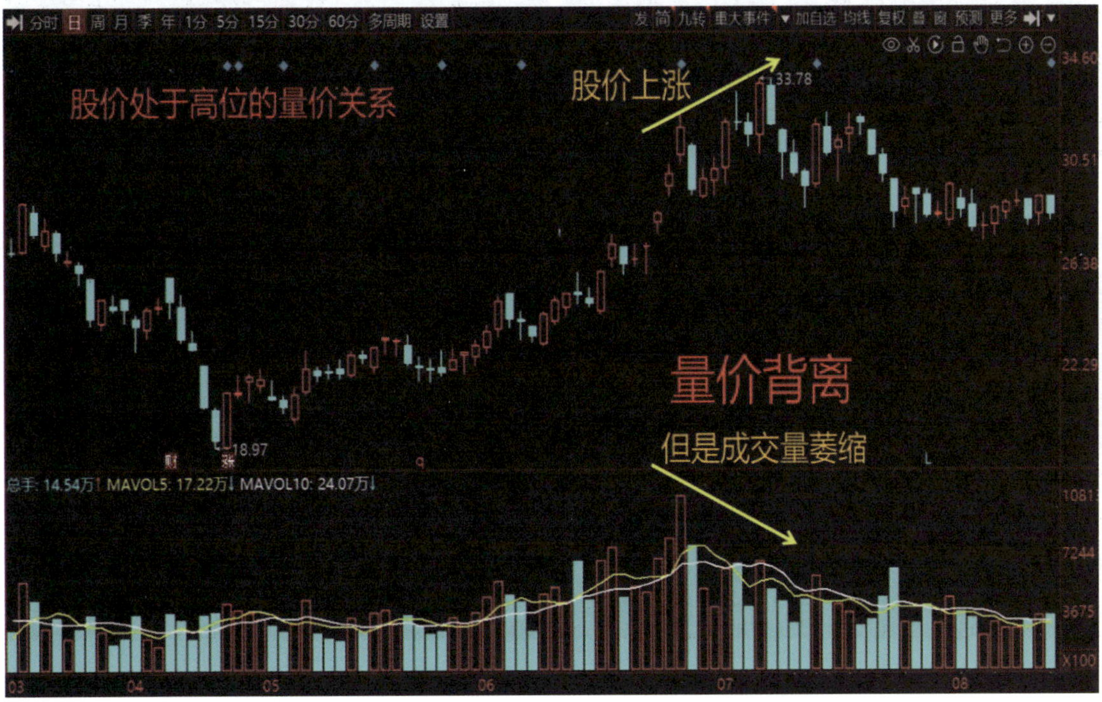

三、龙头股的离场点

1. 市场合力型股票的离场点

（1）市场合力型的股票，量价背离是离场点。

（2）出现放量的阴线，当天要减仓；次日的量能如果不是萎缩，反而继续放大，就是果断离场的信号。

（3）量价出现【顶背离】是离场信号，股价位置越高，信号越准确。

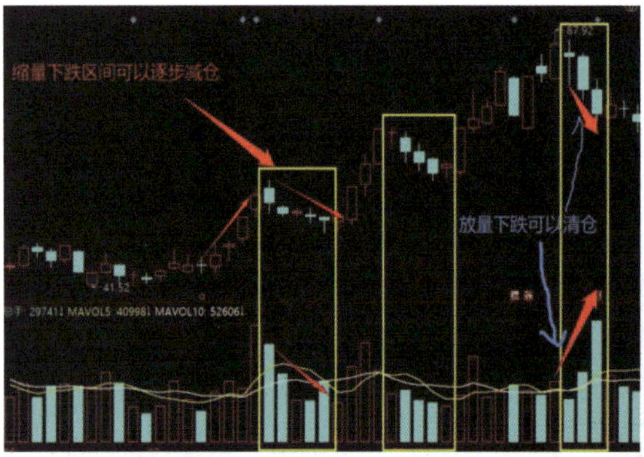
缩量下跌区间可以逐步减仓
放量下跌可以清仓

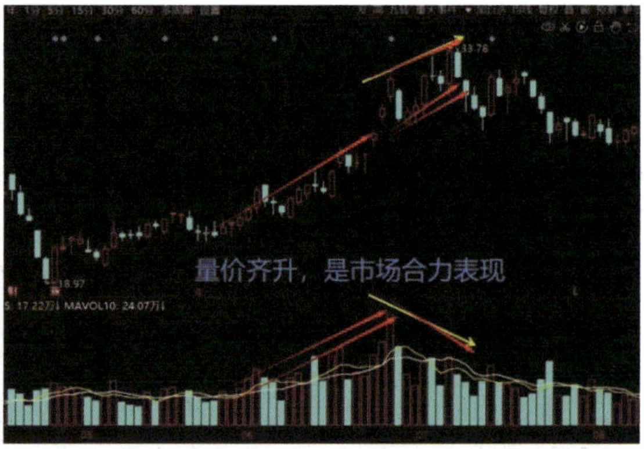
量价齐升，是市场合力表现

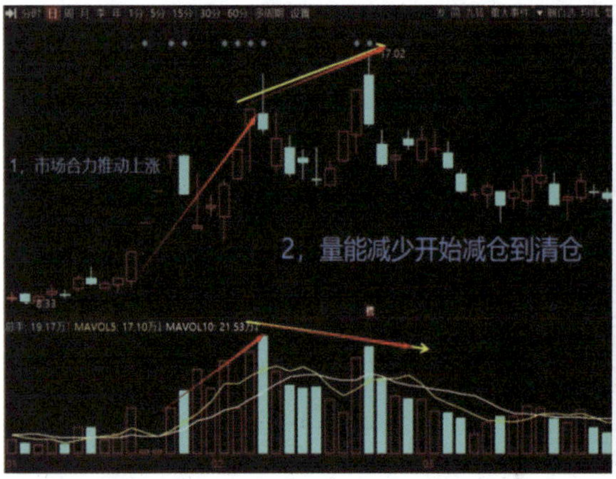
1，市场合力推动上涨
2，量能减少开始减仓到清仓

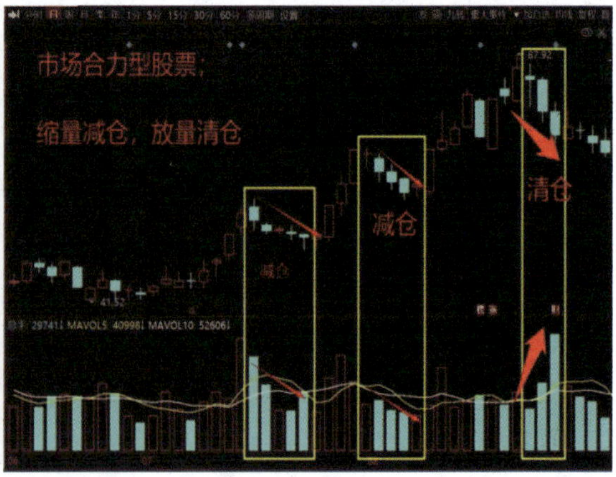
市场合力型股票;
缩量减仓，放量清仓
减仓
清仓

2. 高度控盘型股票的离场点

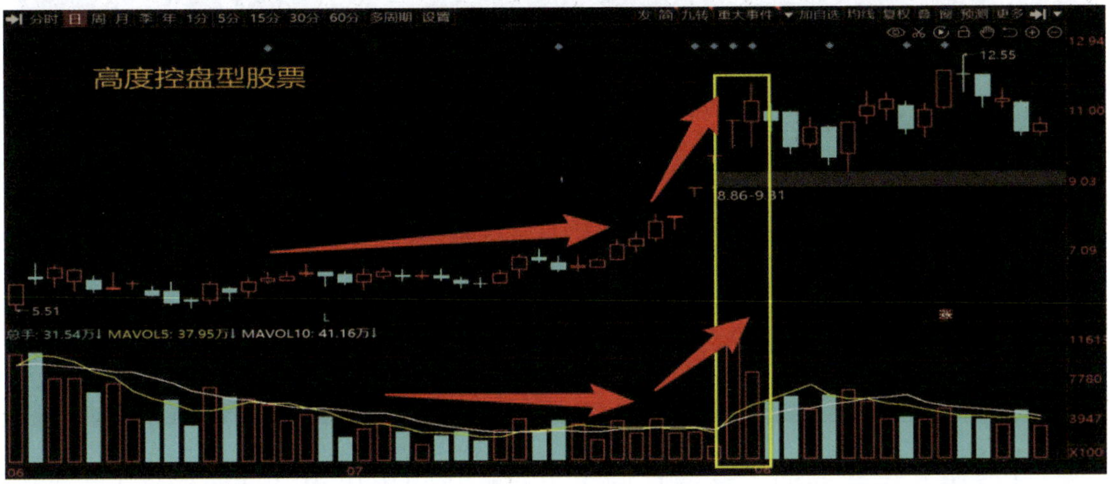

（1）高度控盘型股票特征：股价能够缩量上涨，证明主力对该股高度控盘。

特别注意：放量是一段持续的过程，如果只是看到放量就立即离场的话，谨慎本质上是没错的。

还可以参考一个指标：均量线死叉 。

个股看盘界面，附图默认都是成交量，成交量上面有两条均线，一条是5日均线，一条是10日均线。

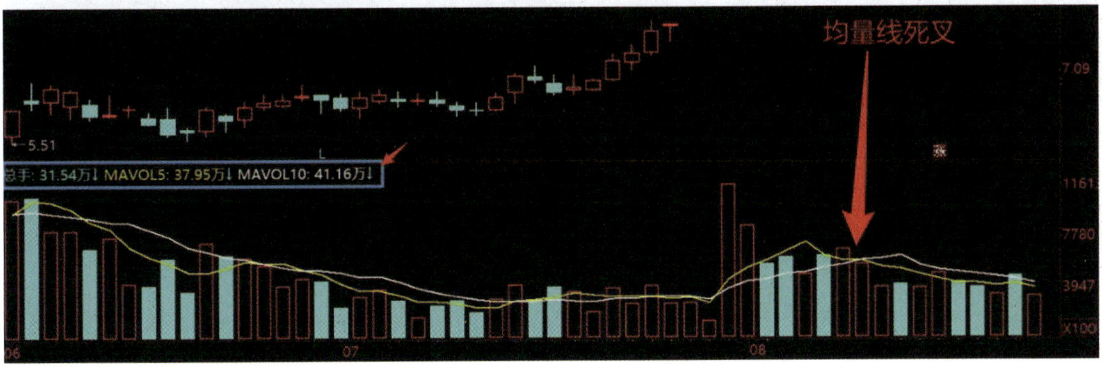

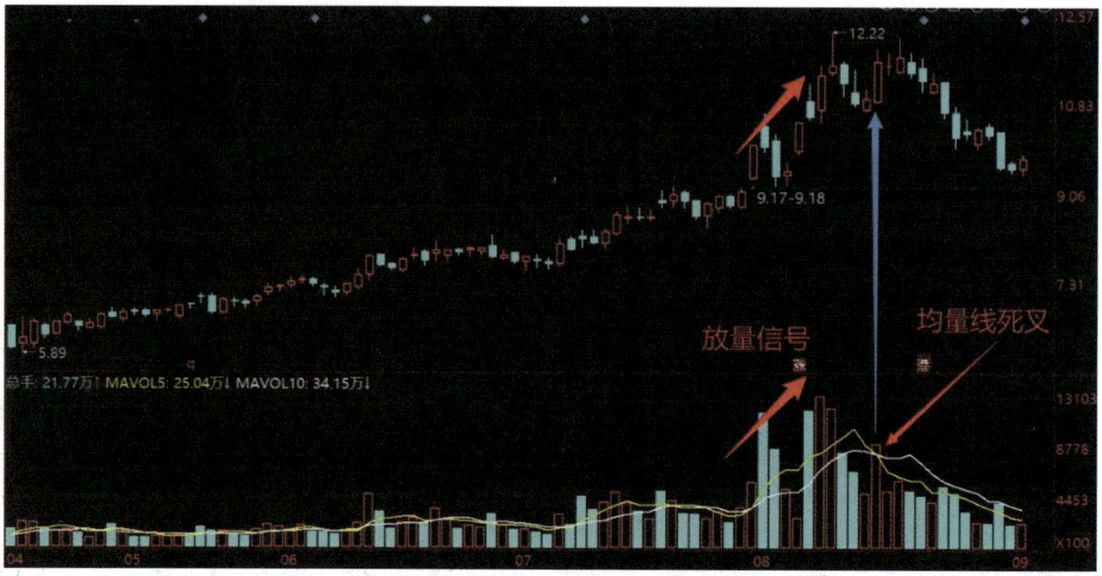

【放量】是持续的，是清仓信号，过程也可以运用【均量线死叉】的信号，稍微推迟一下清仓时机，灵活把握，以获取更大的收益。

观察个股自身的特殊性： 看历史日K线走势图，观察验证有效的均线支撑。

（2）离场逻辑：在个股的一段趋势当中，资金是有记忆的，每只个股对于不同的均线，适合程度都不一样，重点观察前期在哪条均线获得过支撑，这根均线就可以作为离场点。

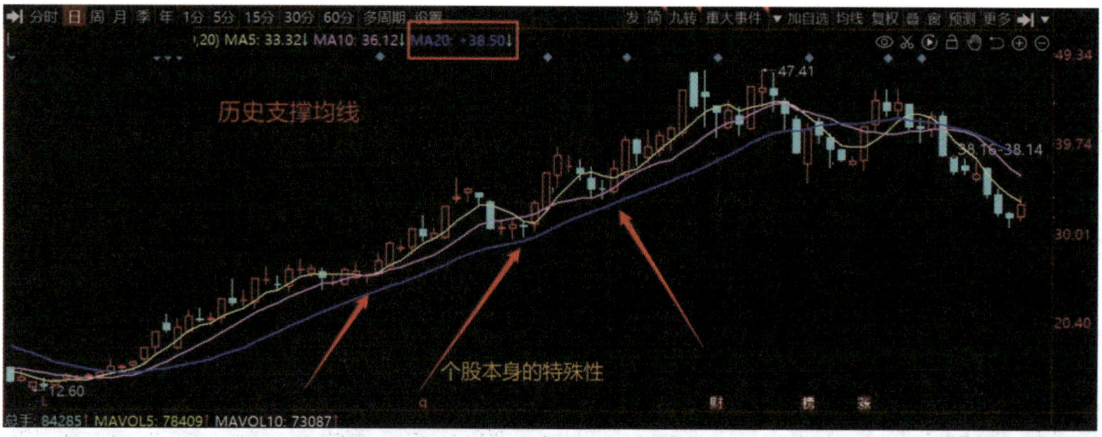

【高度控盘状态下的股票】最后一个参考离场信号：主力控盘比例的趋势走向。

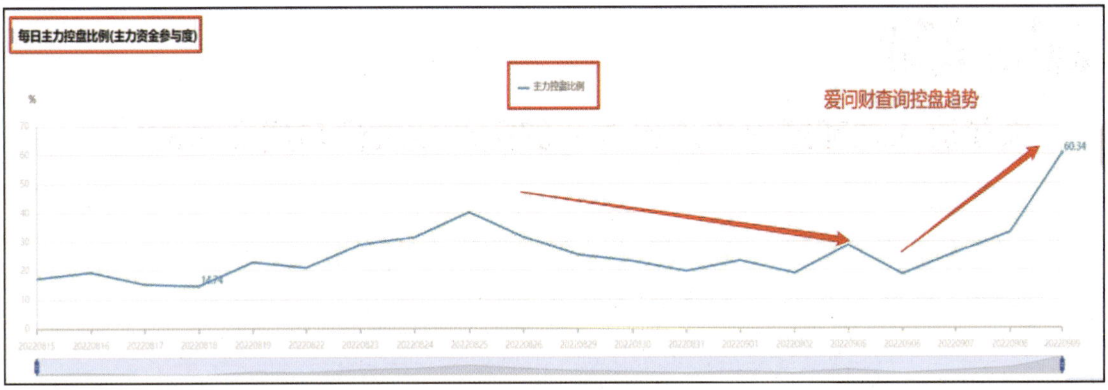

重要前提：高度控盘状态下的股票【特点：缩量上涨的K线走势】。

当主力控盘比例是明显上升趋势时，考虑是否有参与的机会。

当主力控盘比例是明显下降趋势时，不适合去关注。

四、主力控盘比例

1.定义

大单流入之和或大单流出之和的相对较大值与成交额的比值。

主力控盘比例：

DDE大单买入金额 ÷ 成交额【买入成交额大于卖出成交额】

DDE大单卖出金额 ÷ 成交额【卖出成交额大于买入成交额】

了解了主力控盘比例是怎么算出来的，就能解释为什么股价下跌，主力控盘比例的值也会越来越大。

如图所示，DDE大单买入金额大于DDE大单卖出金额。

2.控盘比例计算公式

主力控盘比例：DDE大单买入金额÷成交额

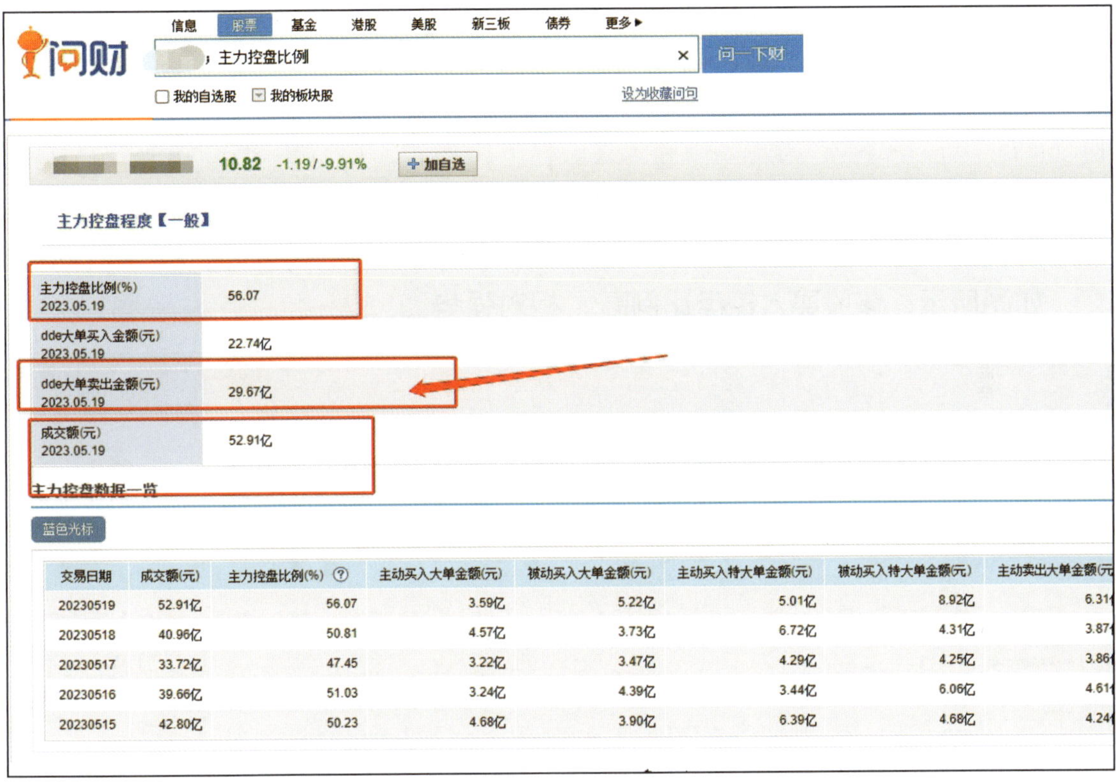

交易日期	成交额(元)	主力控盘比例(%)	主动买入大单金额(元)	被动买入大单金额(元)	主动买入特大单金额(元)	被动买入特大单金额(元)	主动卖出大单金额(元
20230519	52.91亿	56.07	3.59亿	5.22亿	5.01亿	8.92亿	6.31
20230518	40.96亿	50.81	4.57亿	3.73亿	6.72亿	4.31亿	3.87
20230517	33.72亿	47.45	3.22亿	3.47亿	4.29亿	4.25亿	3.86
20230516	39.66亿	51.03	3.24亿	4.39亿	3.44亿	6.06亿	4.61
20230515	42.80亿	50.23	4.68亿	3.90亿	6.39亿	4.68亿	4.24

如图所示，DDE大单卖出金额大于DDE大单买入金额。

主力控盘比例：DDE大单卖出金额 ÷ 成交额

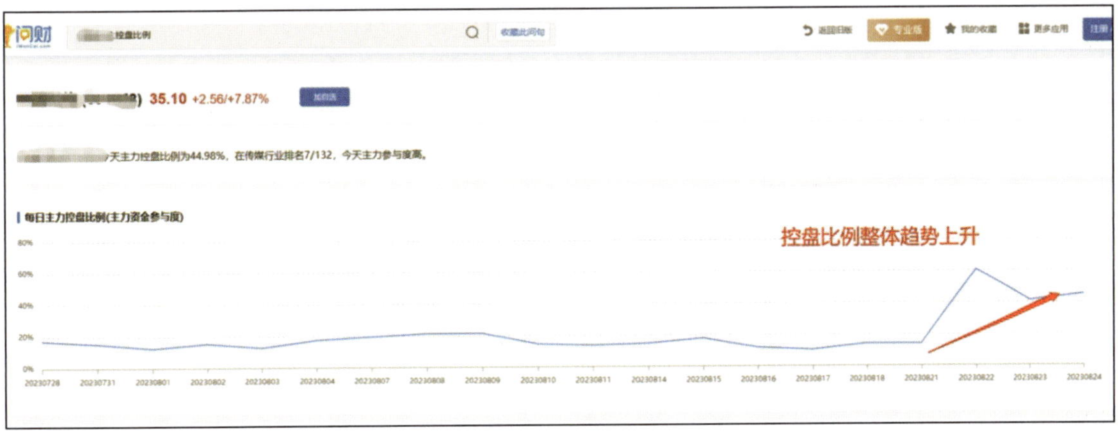

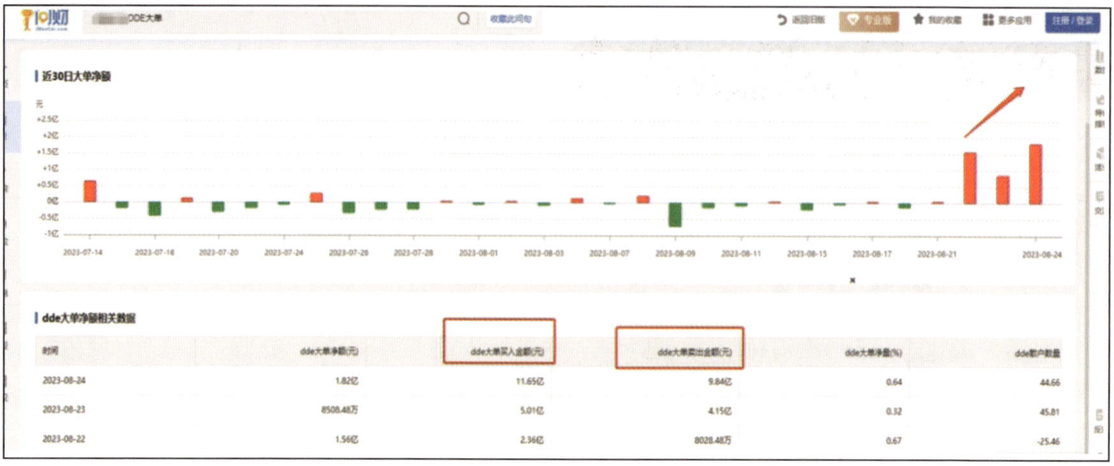

如图所示，该股买入控盘比例高，相对强势。

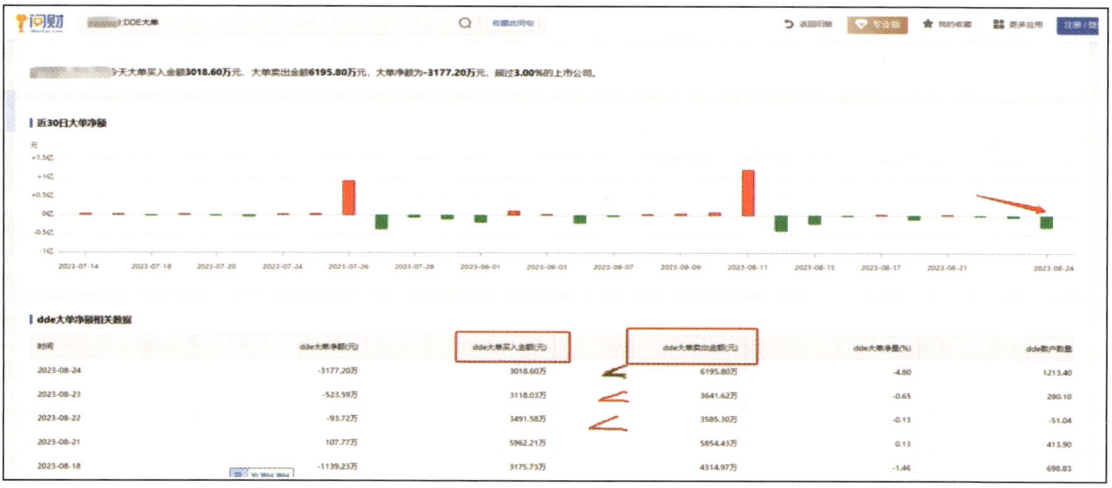

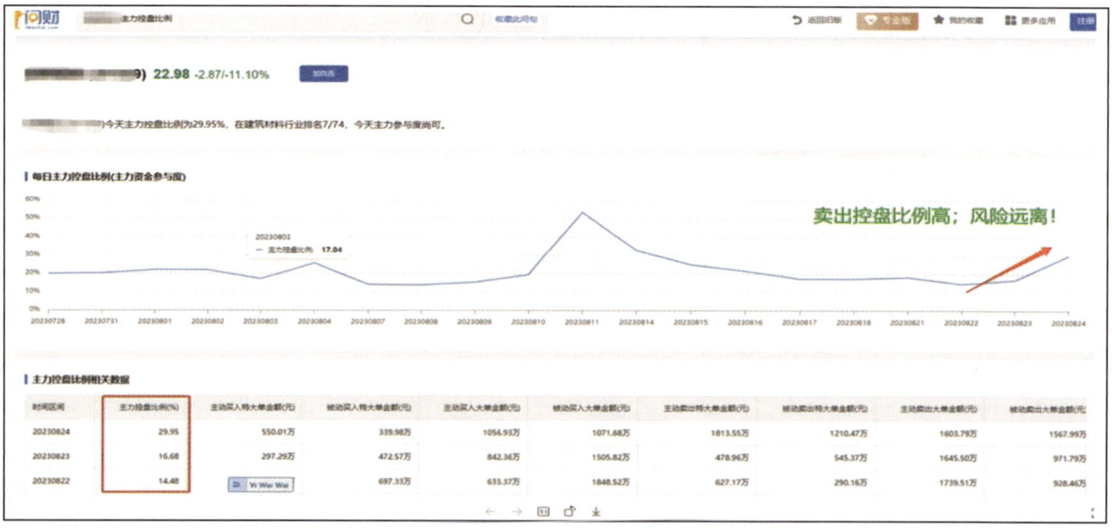

如图所示，该股卖出控盘比例高，相对弱势。

在观察强势股的时候，看到主力控盘比例趋势上升，要先分清是DDE大单买入金额高，还是DDE大单卖出金额高。如果是买入金额高，就是买入控盘比例高，如果是卖出金额高，就是卖出控盘比例高。

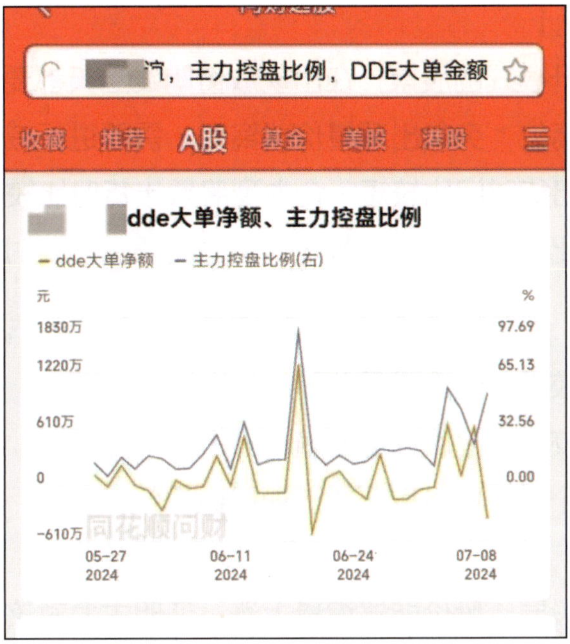

如图所示，DDE大单净额在7月8日主力卖出占优势，也就是主力卖出控盘比例占优势。

i问财：xx，主力控盘比例，DDE大单净额。

第六课 课后练习

1.主力高度控盘的股票和市场合力的股票，在减仓操作上有哪些特征？（　　）【多选题】

A.两种不同拉升模式的股票，在出现放量阴线当天都要减仓

B.股价运行于高位，突然出现量价背离时，需要进行减仓

C.控盘型股票出货时间比较短，合力型股票出货时比较慢

D.控盘型股票出货持续时间比较长，合力型股票出货时间短，震荡比较大

2.【高度控盘】型龙头股具有什么特征？（　　）【多选题】

A.低位时量能较低，起涨后量能随行情逐渐放大

B.低位时量能较大，起涨后量能随行情逐渐下降

C.高度控盘的个股，留给散户的流通股数已经不多了，所以上涨往往是缩量

D.高度控盘型股票，股价能够缩量上涨，证明主力对该股高度控盘

3.【市场合力】型龙头股具有什么特征？（　　）【多选题】

A.市场合力型股票，主力需要借助散户的力量拉升股价，但又需要将散户洗出去，所以上涨过程是放量的

B.市场合力型股票，量价背离是离场点，股价位置越高，出现量价背离的信号越准确

C.市场合力型股票，出现高位放量大阴线，不用着急减仓

4.为什么股价下跌，主力控盘比例的值也会越来越大？出现这种矛盾的原因是什么？（　　）

A.软件数据更新不及时，或者更新的数据有误

B.主力控盘比例=DDE大单买入金额÷成交额=DDE大单卖出金额÷成交额，当看到主力控盘比例在股价下跌时还变大，是因为DDE大单卖出金额变多导致的，所以要注意看DDE流入时的控盘比例变大才好

第七课 涨停晋级龙虎榜

概念：涨停≠妖股；妖股=涨停

我们要找的是有建仓痕迹的、【套牢盘】不多的涨停股，而不是一些跟风起来的垃圾股。

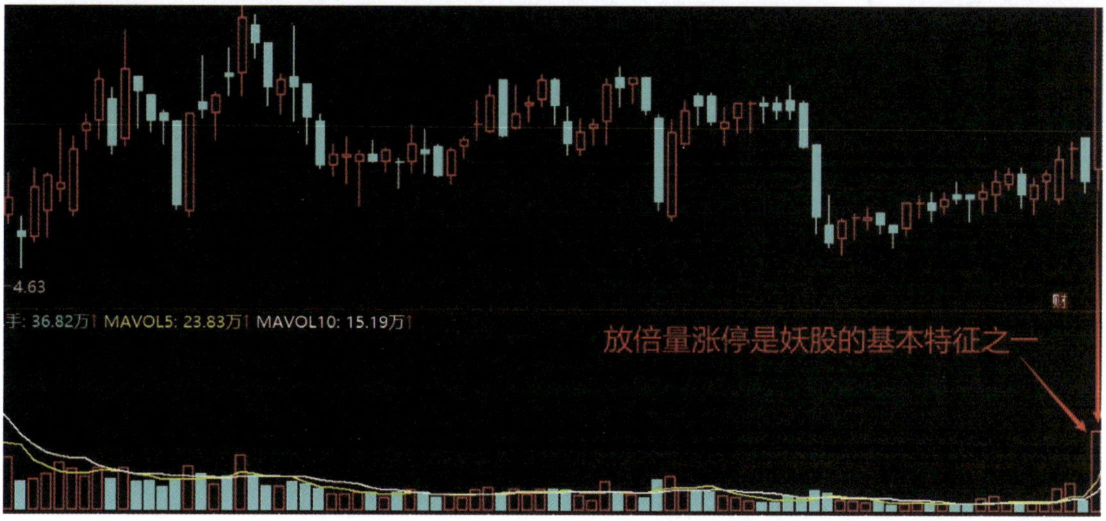

横盘震荡中，突然出现跌停阴线，成为妖股的可能性很小。

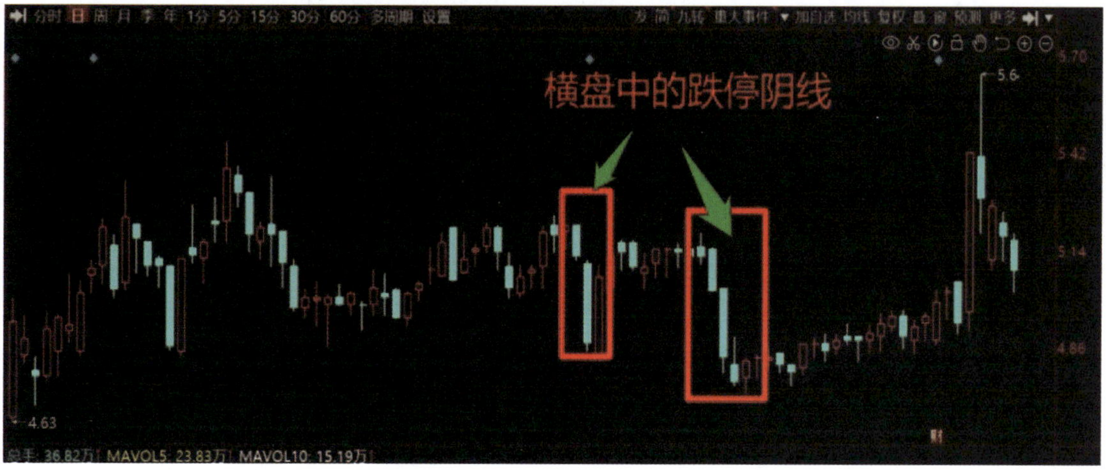

横盘震荡中，小K线小成交量，并且没有经常性的跌停阴线，有成为妖股的可能性。

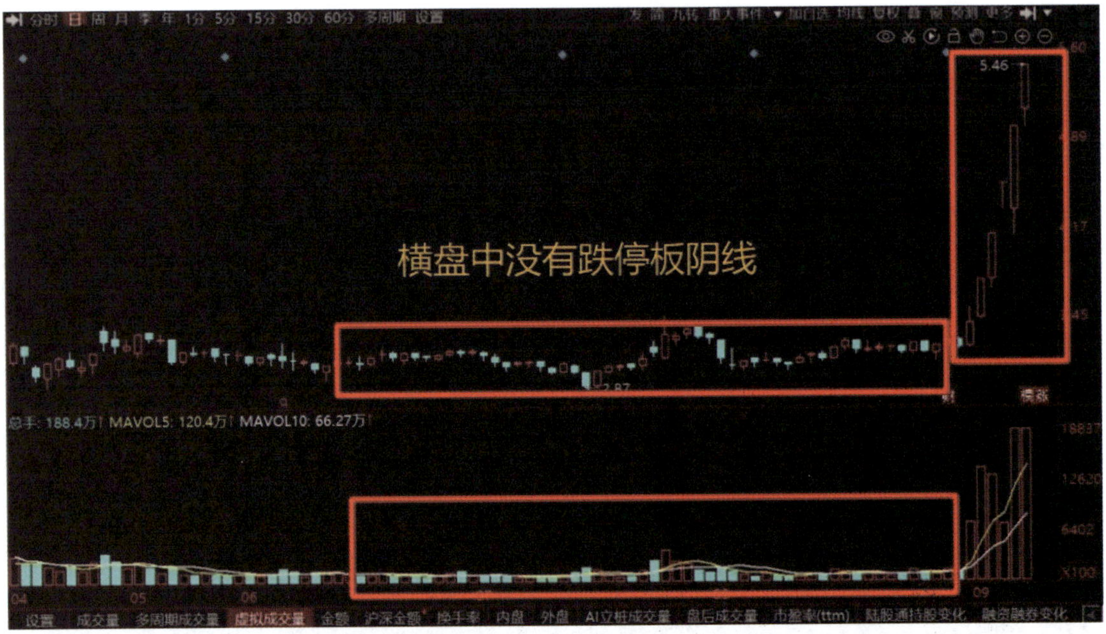

一、倒锤头线试盘

主力在拉升前通常要进行试盘，测试一下拉升的压力。

（1）试盘是主力拉升前的测试动作，目的是测试在没有主力的参与下，任由股价自由回落的幅度大小。

若测试结果较好的话，主力在不久后会选择拉升股价，若测试结果不太满意，会再次洗盘或者直接放弃拉升，转移到其他股票。

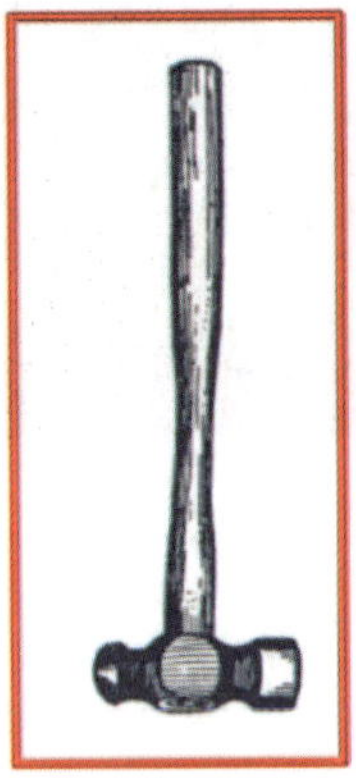

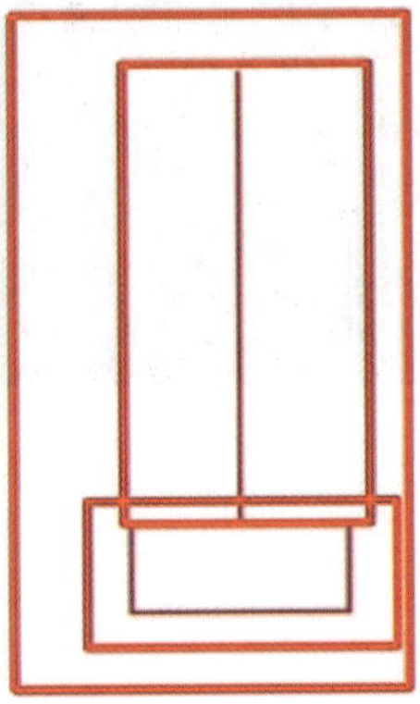

（2）试盘的K线形态信号：倒锤头线。

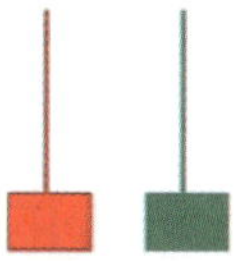

倒锤头线

倒锤头线图形：上影线较长，下影线较短，甚至没有下影线。

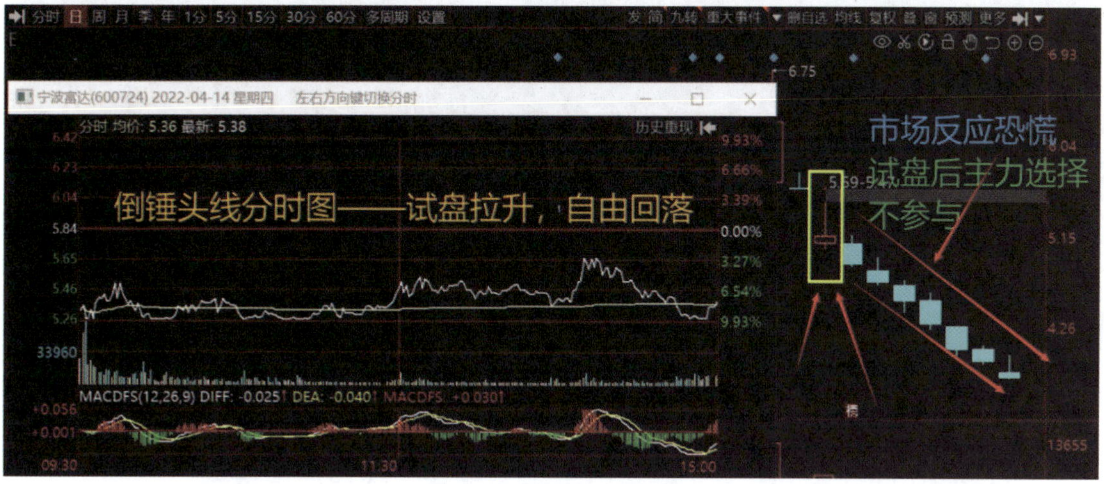
宁波富达(600724) 2022-04-14 星期四
倒锤头线分时图——试盘拉升，自由回落
市场反应恐慌
试盘后主力选择
不参与

在股票的分时图上，走势是短时间内急拉推动上涨，然后紧接着短时间又猛跌，就会产生倒锤头线，这就是试盘型的倒锤头线。

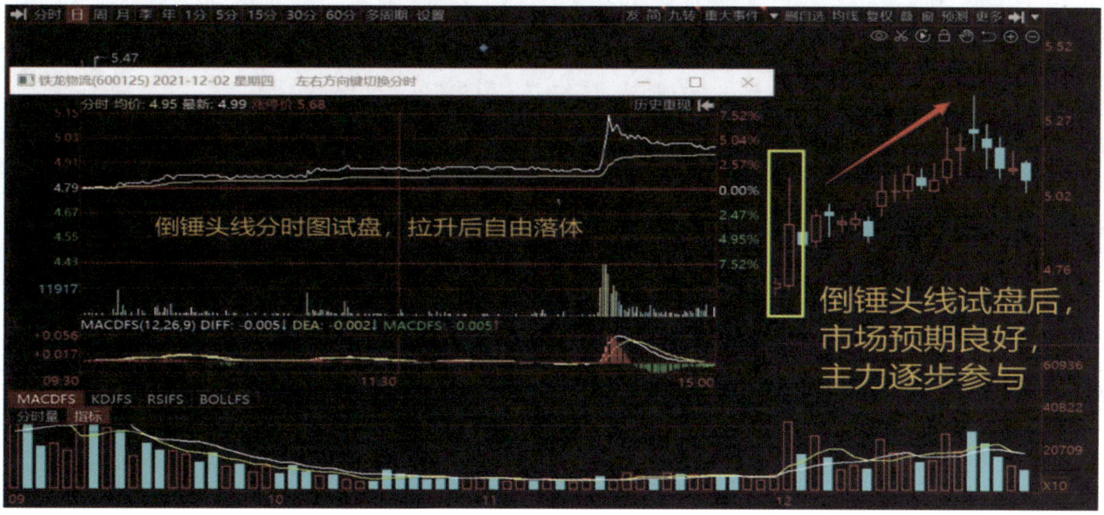
铁龙物流(600125) 2021-12-02 星期四
倒锤头线分时图试盘，拉升后自由落体
倒锤头线试盘后，
市场预期良好，
主力逐步参与

倒锤头线形成的原因：大笔资金要进来拉升，先用第一波资金拉升试盘，之后不再续力，开始任由股价自由回落。

以后碰到【急拉急跌】的倒锤头线，先有个基本判断，思考一下：这是试盘还是出货？

（3）判断的核心依据：根据股价所处的位置，决定股票的基本性质。

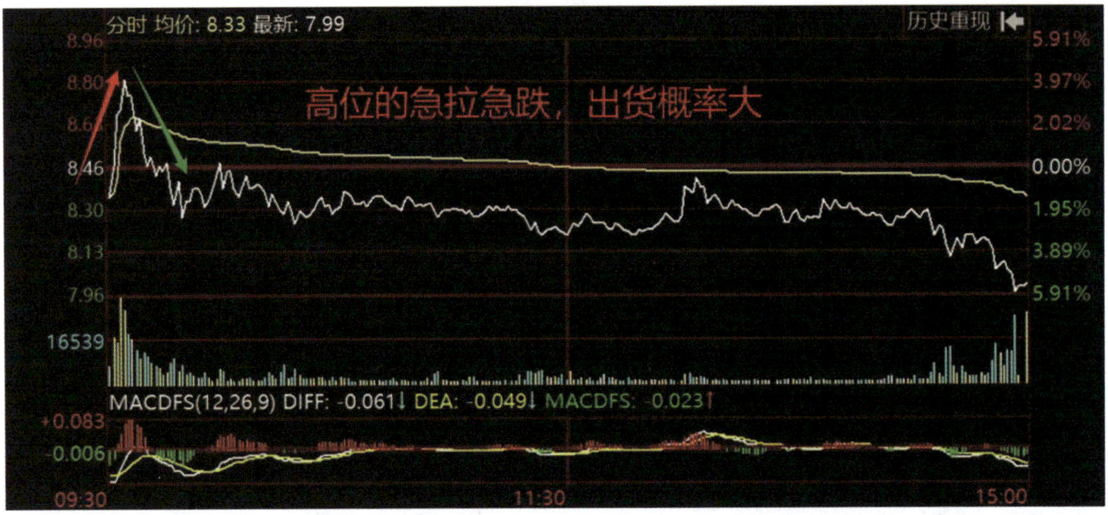

（4）高位的倒锤头线，大概率就是主力出货，散户尽早远离。

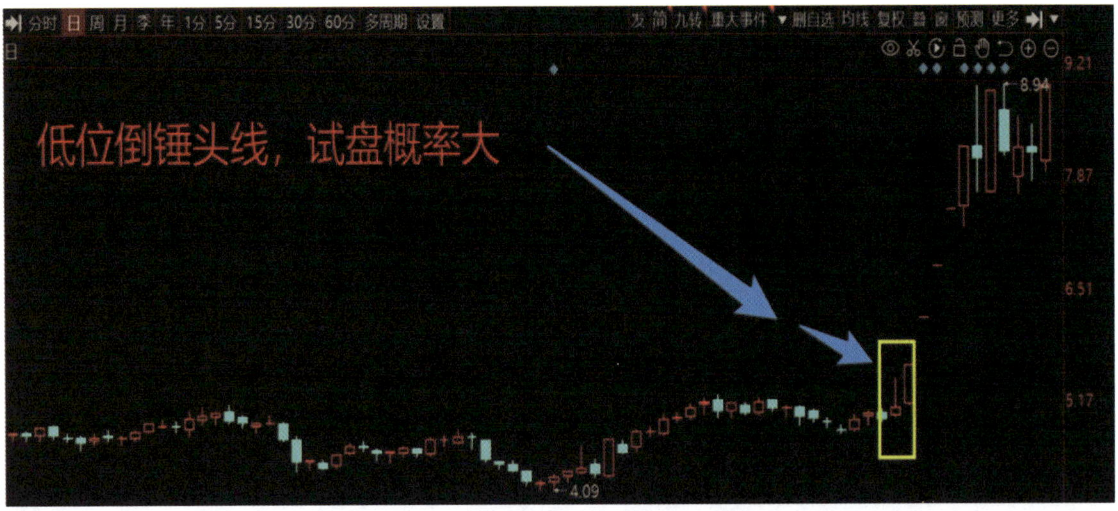

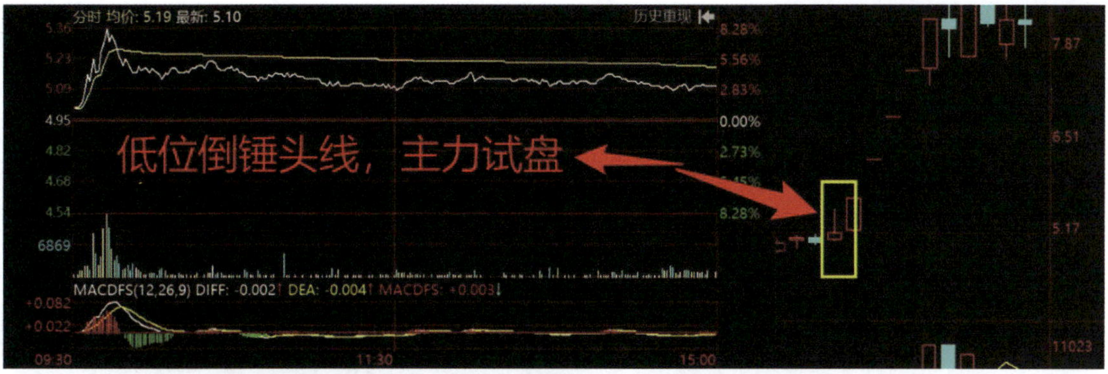

（5）低位的倒锤头线，试盘概率很大，需要重点关注后续走势。

（6）试盘的目的：是主力在测试这只股票，现阶段的筹码抛压是否很严重。

二、试盘后的股价走势

1. 低位试盘后的股价走势情形一

一周内股价没有下跌，而是【震荡或者上升】的状态，主力资金大概率会再次介入参与。

2. 低位试盘后的股价走势情形二

一周内股价持续下跌或短期暴跌，市场人气低迷，主力资金也就不会再参与了。我们关注出现【低位倒锤头线】的标的之后，可以加入自选股，继续观察后续的K线形态。

3. 首板定妖股的基本前提条件

（1）当天涨停。

（2）前期放量。

（3）试盘K线。

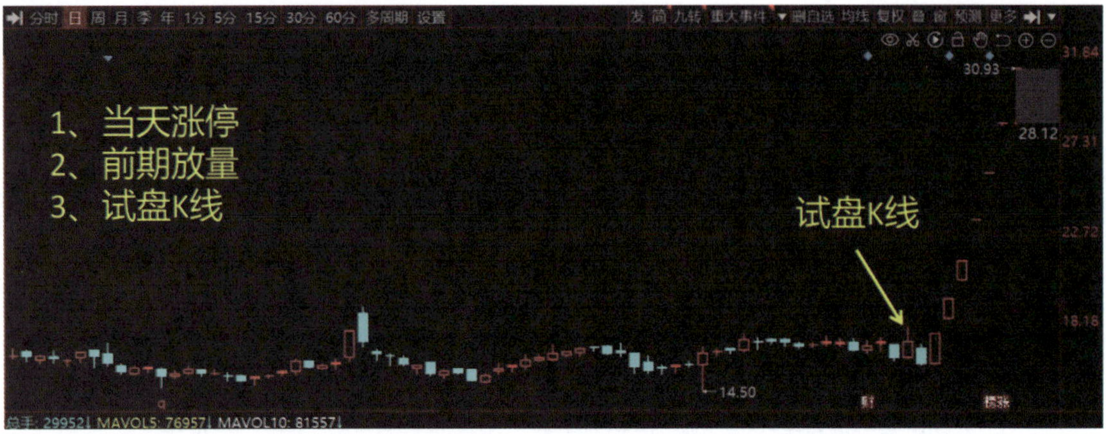
1、当天涨停
2、前期放量
3、试盘K线
试盘K线
30.93
28.12
14.50
总手: 29952↓ MAVOL5: 76957↓ MAVOL10: 81557↓

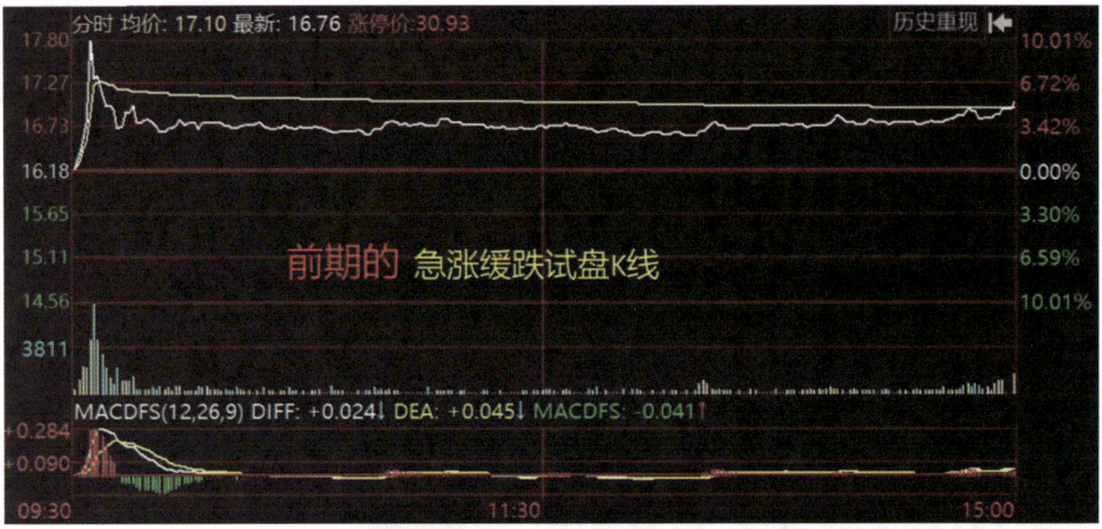
分时 均价: 17.10 最新: 16.76 涨停价:30.93
历史重现
前期的 急涨缓跌试盘K线
MACDFS(12,26,9) DIFF: +0.024↓ DEA: +0.045↓ MACDFS: -0.041↑
09:30
11:30
15:00

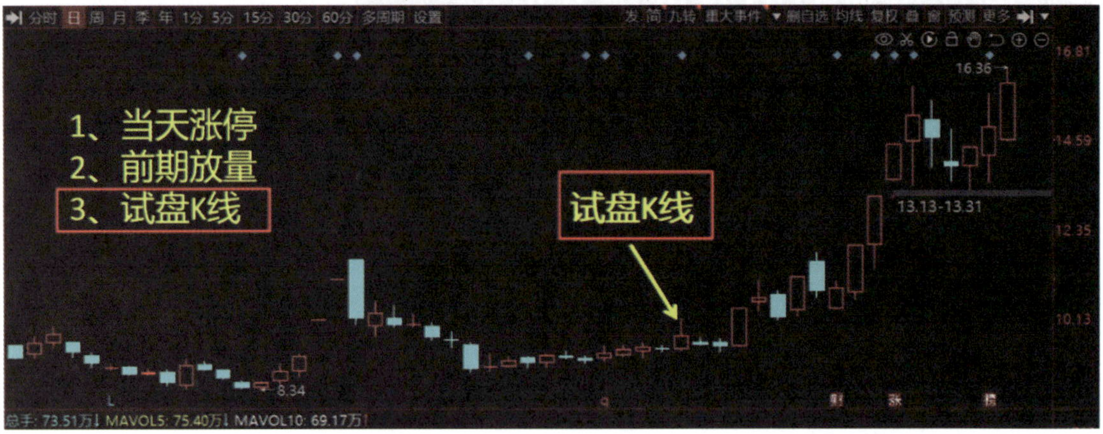
1、当天涨停
2、前期放量
3、试盘K线
试盘K线
16.36
13.13-13.31
8.34
总手: 73.51万↓ MAVOL5: 75.40万↓ MAVOL10: 69.17万↑

放量涨停，倍量涨停最好。

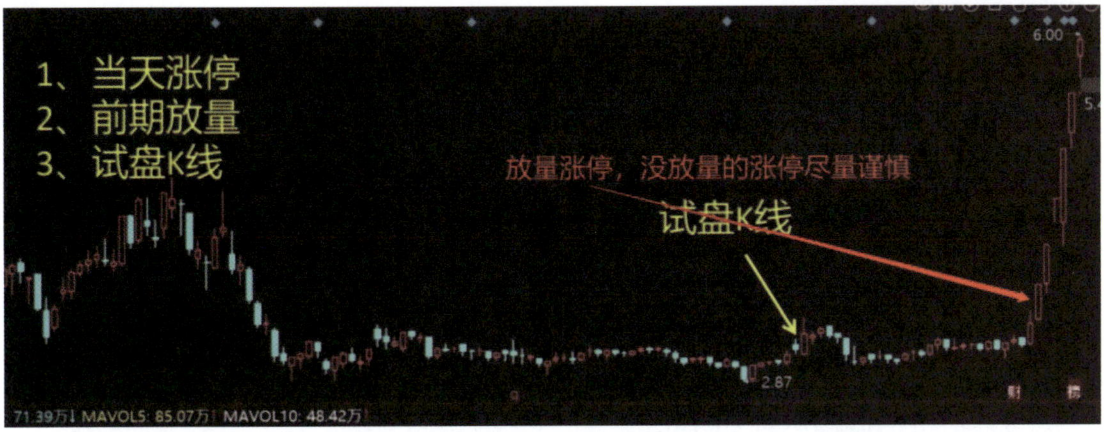

如果碰到在低位【不放量】的涨停，最好谨慎一点，即使不参与也可以。

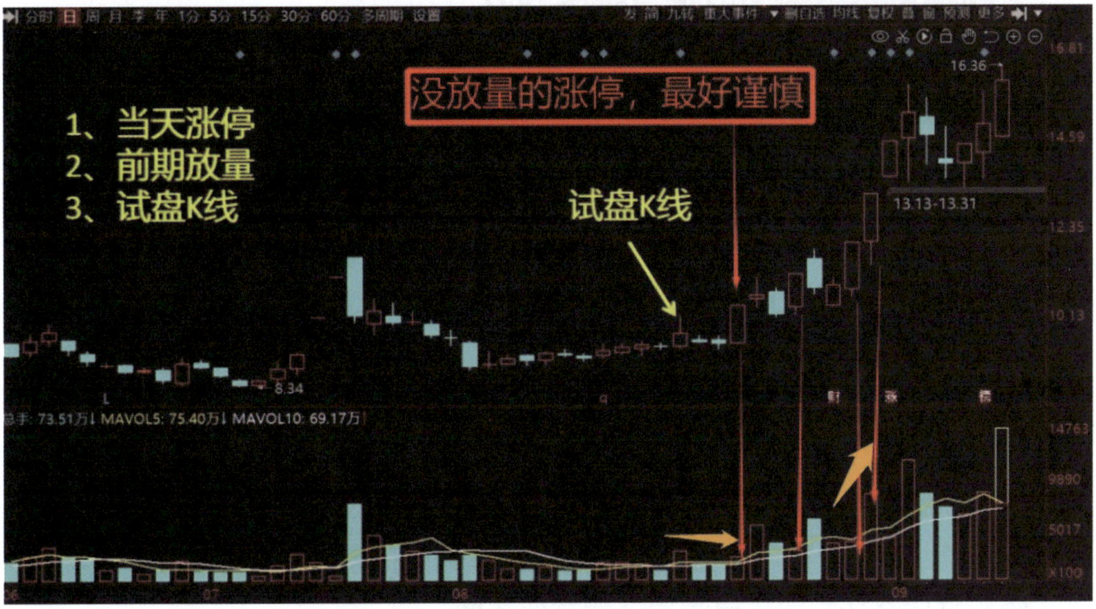

三、妖股必上龙虎榜

妖股必定会上龙虎榜！并且在二板上榜的概率比较大。

1.沪深主板龙虎榜上榜条件

（1）日价格涨幅偏离值±7%。

（2）日换手率达到±20%。

（3）日价格振幅达到±15%。

（4）连续三个交易日内，涨幅偏离值累计达到20%。

沪深主板股票选取前五名上龙虎榜

2.创业板股票龙虎榜上榜条件

（1）股票当日收盘价格与对应指数涨跌幅之间的偏离值达到±15%以上。

（2）股票日内价格振幅、日内换手率均为30%。

创业板股票选取前五名上龙虎榜

3.科创板股票龙虎榜上榜条件

（1）日收盘价格达±15%以上。

（2）连续3个交易日内日收盘价格涨跌幅偏离值累计达到±30%。

（3）证监会认定属于异常波动的其他情形。

科创板股票选取前五名上龙虎榜

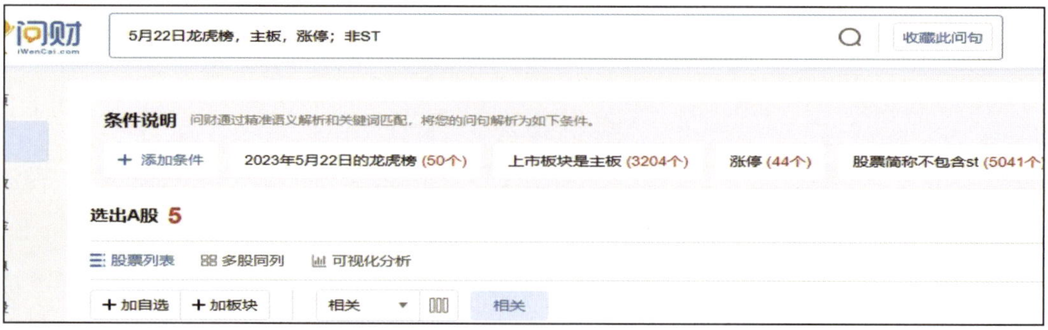

四、了解“游资大佬”

良心游资是我们加仓的理由，砸盘游资是对我们的考验。

（1）赵老哥。

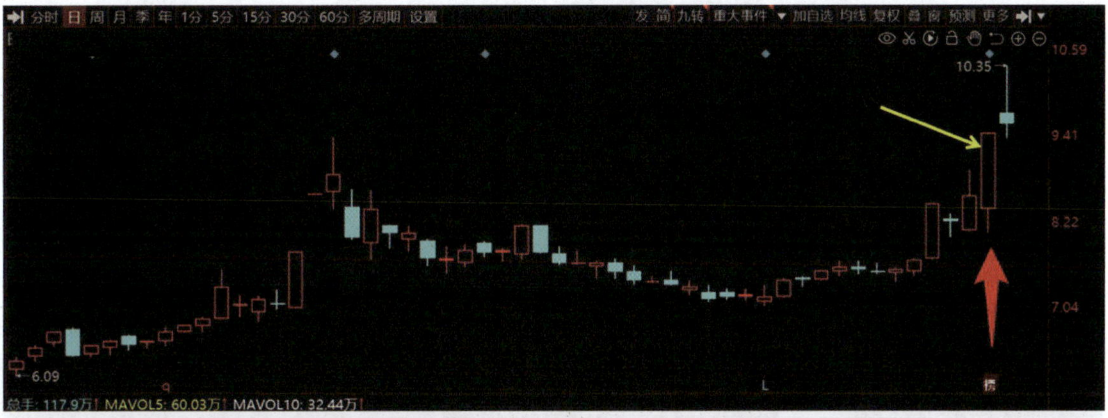

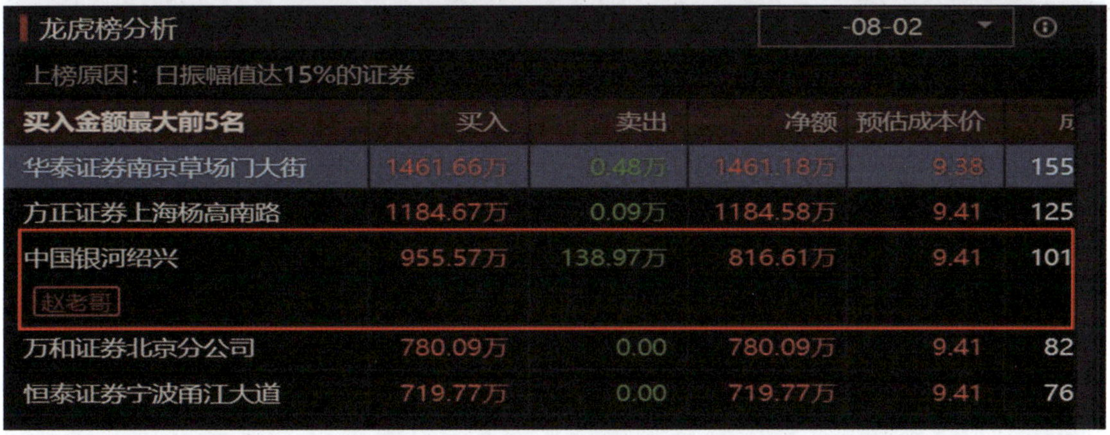

龙虎榜分析 -08-02

上榜原因：日振幅值达15%的证券

买入金额最大前5名	买入	卖出	净额	预估成本价	
华泰证券南京草场门大街	1461.66万	0.48万	1461.18万	9.38	155
方正证券上海杨高南路	1184.67万	0.09万	1184.58万	9.41	125
中国银河绍兴 赵老哥	955.57万	138.97万	816.61万	9.41	101
万和证券北京分公司	780.09万	0.00	780.09万	9.41	82
恒泰证券宁波甬江大道	719.77万	0.00	719.77万	9.41	76

赵老哥基本是“一日游”风格，不给散户跟进的机会，当日收盘龙虎榜出现“赵老哥”，次日散户追进，大概率被收割站岗。远离赵老哥！

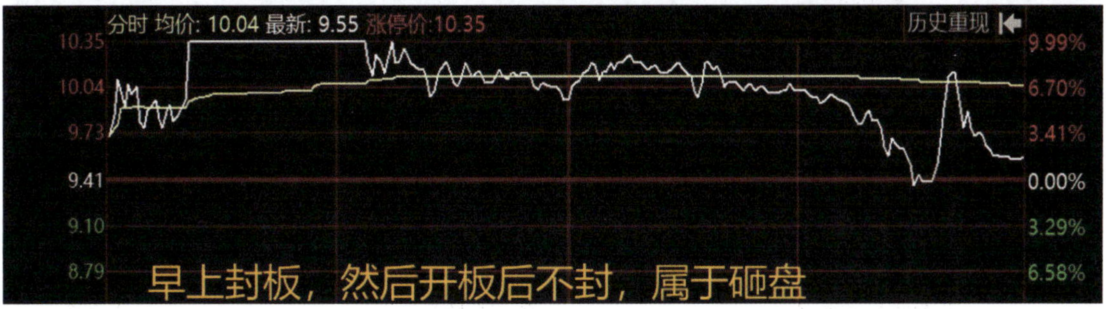

龙虎榜分析　-08-02

上榜原因：日换手率达20%的证券

买入金额最大前5名	买入	卖出	净额	预估成本价	反
中信证券上海瑞金南路 古北路	1218.45万	0.00	1218.45万	52.20	23
中国银河绍兴 赵老哥 昨买二	1033.88万	0.00	1033.88万	53.13	19
东吴证券苏州西北街	815.02万	0.00	815.02万	51.62	15
东方财富证券山南香曲东路	807.58万	0.00	807.58万	50.98	15
东方财富证券拉萨团结路第... 昨买四 昨卖五	683.26万	0.00	683.26万	52.08	13

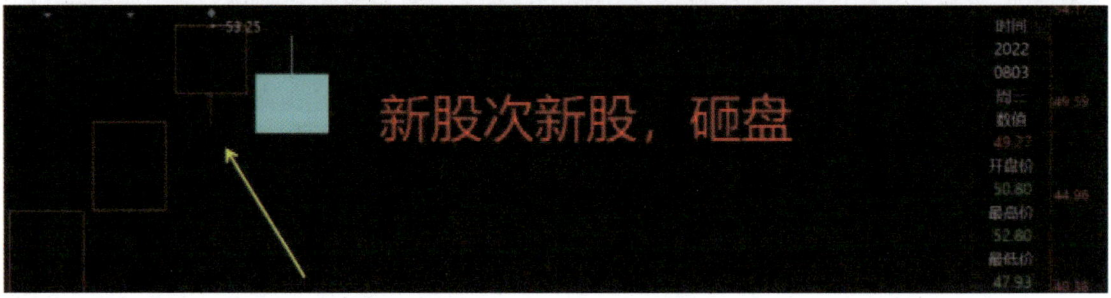

尾盘急涨急跌，也是砸盘的表现。

（2）上塘路。

操作风格：擅长日内情绪弱转强，未按时回封，首板突破，次日加速必砸。

龙虎榜分析　-08-02

上榜原因：日换手率达20%的证券

买入金额最大前5名	买入	卖出	净额	预估成本价	反
财通证券杭州上塘路 上塘路 昨卖四	2267.91万	1704.67万	563.24万	37.08	61
华鑫证券绍兴胜利东路	1590.67万	0.00	1590.67万	37.04	42
东方财富证券上海东方路	1133.21万	0.00	1133.21万	36.63	30
申万宏源证券深圳彩田路	1088.58万	9.05万	1079.53万	36.21	30
华泰证券南京草场门大街	1002.97万	66.18万	936.79万	37.06	27

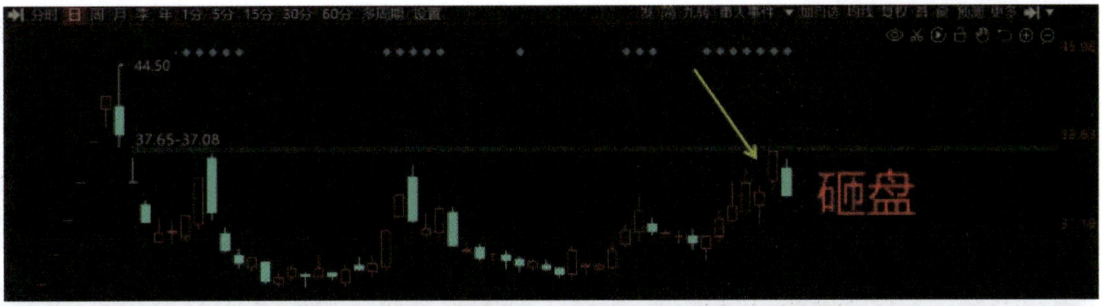

龙虎榜分析 -09-07

上榜原因：日振幅值达15%的证券

买入金额最大前5名	买入	卖出	净额	预估成本价	万
国泰君安宜昌珍珠路	2063.55万	0.73万	2062.82万	13.88	148
机构专用	1831.81万	542.69万	1289.12万	13.86	132
东亚前海证券北京分公司	1672.77万	0.00	1672.77万	13.42	124
财通证券杭州上塘路	1303.34万	2.90万	1300.44万	13.40	97

上塘路

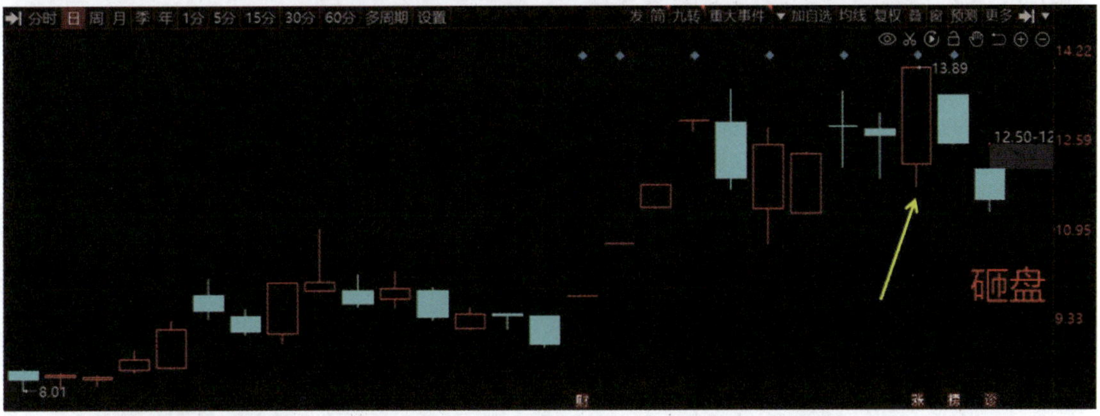

次日砸盘概率与赵老哥有一拼！

机构席位频繁出现在买入前五名，做多比较强势。

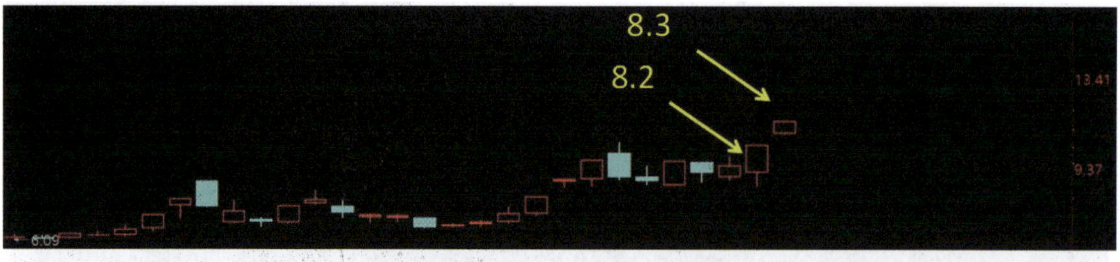

龙虎榜分析　08-02

上榜原因：日涨幅偏离值达7%的证券；日振幅值达15%的证券

买入金额最大前5名	买入	卖出	净额	预估成本价	历
财通证券杭州上塘路 上塘路	3748.24万	15.80万	3732.44万	10.36	361
国盛证券南昌金融大街	3676.17万	5.28万	3670.89万	10.36	354
华泰证券无锡金融一街 苏南帮	3108.45万	11.95万	3096.50万	10.36	300

龙虎榜分析　08-03

上榜原因：日涨幅偏离值达7%的证券

买入金额最大前5名	买入	卖出	净额	预估成本价	历
东兴证券合肥潜山路	2803.43万	0.00	2803.43万	11.40	245
华鑫证券上海莲花路	2022.62万	0.00	2022.62万	11.39	177
财通证券杭州上塘路 上塘路 昨买一	2007.17万	19.46万	1987.71万	11.35	176
财通证券绍兴上虞江扬路	1872.69万	9.00万	1863.69万	11.40	164
国元证券上海斜土路	1677.57万	0.00	1677.57万	11.13	150

卖出金额最大前5名	买入	卖出	净额	卖出均价	历
国盛证券南昌金融大街 昨买二	33.00万	3948.99万	-3915.99万	11.40	346

爱砸盘游资建仓的两天，股价依旧强势上涨，就无惧砸盘了。

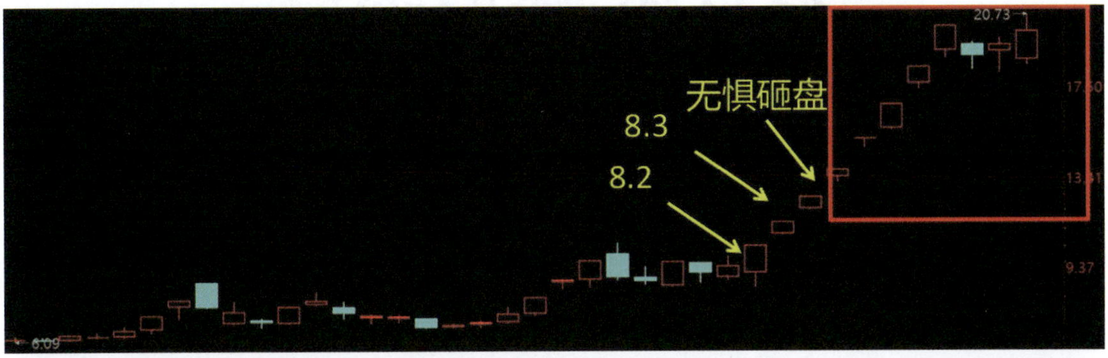

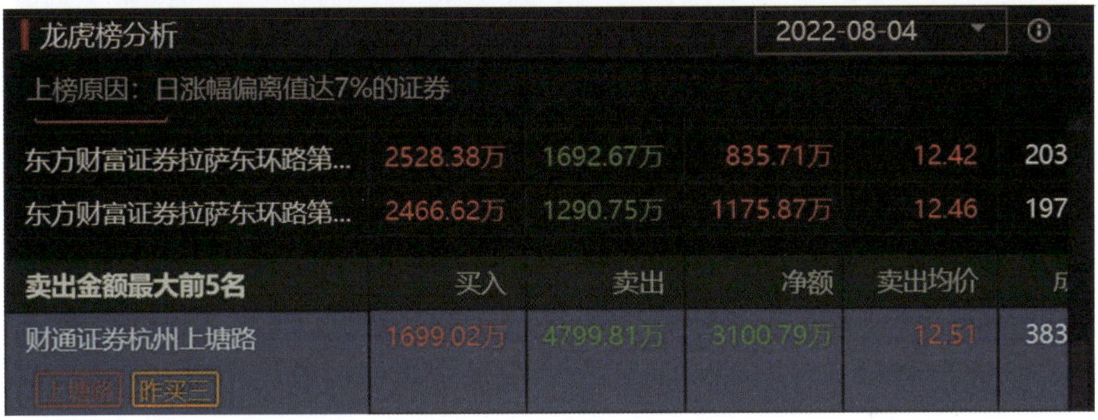

龙虎榜分析 2022-08-04

上榜原因：日涨幅偏离值达7%的证券

东方财富证券拉萨东环路第...	2528.38万	1692.67万	835.71万	12.42	203
东方财富证券拉萨东环路第...	2466.62万	1290.75万	1175.87万	12.46	197
卖出金额最大前5名	买入	卖出	净额	卖出均价	历
财通证券杭州上塘路 上塘路 昨买三	1699.02万	4799.81万	3100.79万	12.51	383

砸盘游资也无能为力。

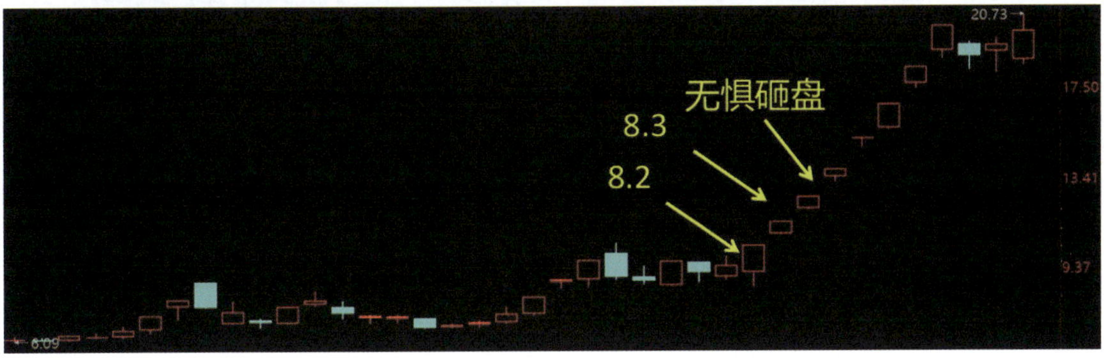

第七课 课后练习

1.低位倒锤头线形态的出现，以下答案错误的是?（　　）

A.可能是主力的试盘行为

B.前期有过放量阳线，未来有可能成为妖股

C.前期连续大阴线，未来有可能成为妖股

D.也有可能是冲高回落行为

2.前期有过放量阳线，过了几天出现低位倒锤头形态，震荡两天之后首次出现大阳线，但是分时一直高位震荡，直到最后半个小时才封住涨停，这种情况下，应该如何应对?（　　）【多选题】

A.分时高位震荡时不参与，但盯盘到涨停瞬间，扫板买入

B.分时高位震荡时参与，但第二天如果没有持续走强，采取轻微止盈或轻微止损措施

C.买入之后，复盘发现龙虎榜当中这只股票有砸盘游资席位，第二天应降低预期，快速获利离场

D.买入之后，复盘发现龙虎榜当中这只股票有良心游资席位，第二天可以继续加仓甚至全仓

第八课 游资席位现锋芒

一、妖股形成的原因

1.主力资金有意为之：影响股价短期走势

2.散户的推波助澜：追涨杀跌

3.证券规则

证券规则一直在变化，不变的是妖股会一直存在，只是风险性会随着变化而变化。

4.股票短期走势的核心要素：资金为王

5.妖股特点

有妖性，维持时间短，特别容易操作飞了，换手率最好不要超过20%，尤其是在高位。

思考：在碰到妖股时，该怎么操作比较好？

（1）妖股有两种情况可以不卖：① 不打开涨停板；② 不跌破5日均线。

（2）妖股卖出信号：高位成交量急剧增加，且股价出现滞涨或下跌，股价在高位放出巨量且价格还涨不上去，很有可能是主力已经在出货了，甚至可能是到了出货的最后阶段。

（3）回忆：股价在低位时，出现主力试盘时的【倒锤头线】。

（4）妖股的买点：反包上影定买点。

买点不在上影K线（试盘倒锤头线），而在后面【反包】了上影线。

【试盘倒锤头线】出现之后，后续不一定立即拉升，当之后出现了一根【K线】，能够成功【反包】前面【倒锤头线】的最高价时，即为入场点的信号。

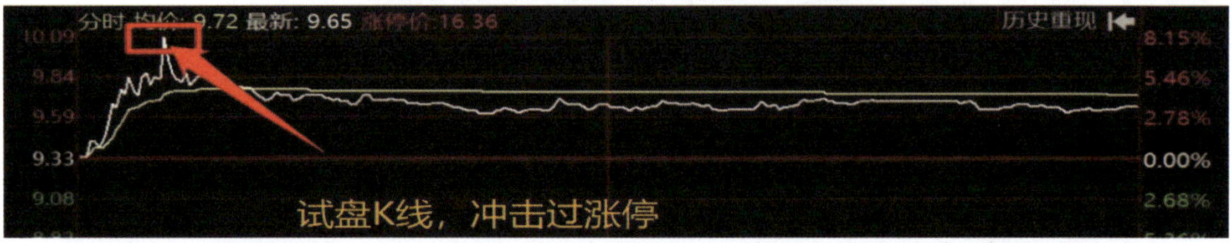

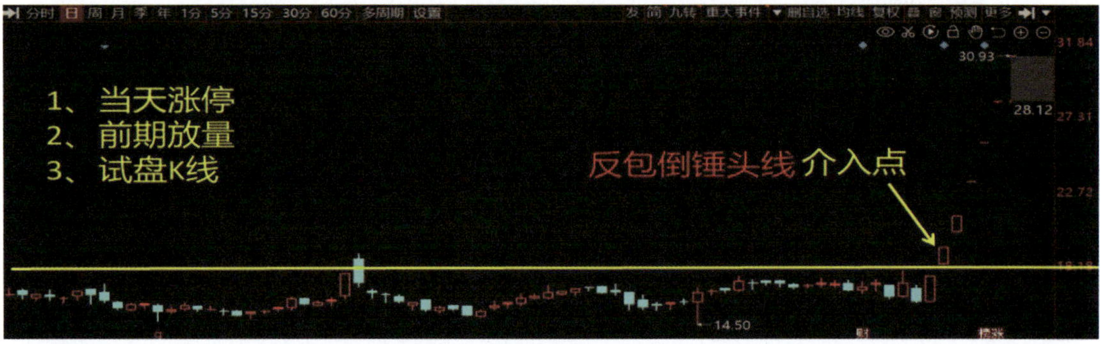

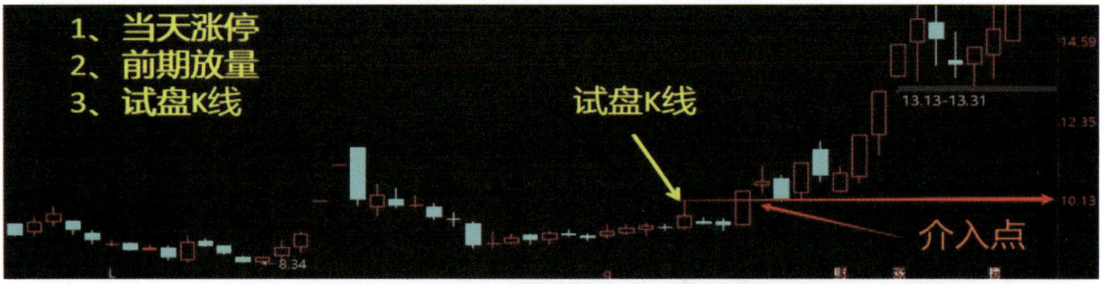

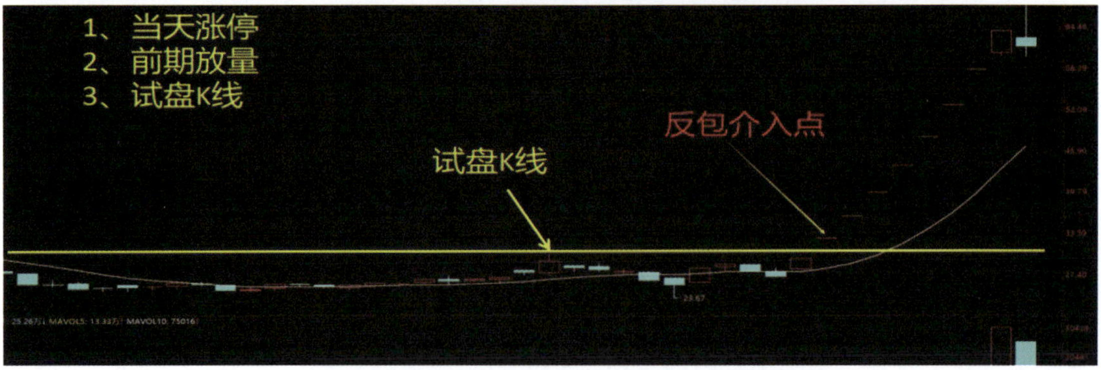

妖股在二板后，股价基本上都会在反包之前出现倒锤头线。

6.妖股买点

（1）涨停反包上影线。

（2）二板基本完成反包。

二、相对风险的介入点

1.突破阶段的箱体

2.未出现跌停板

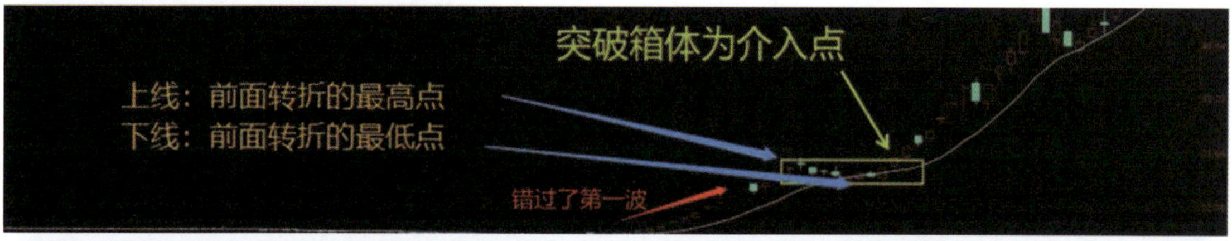
突破箱体为介入点
上线：前面转折的最高点
下线：前面转折的最低点
错过了第一波

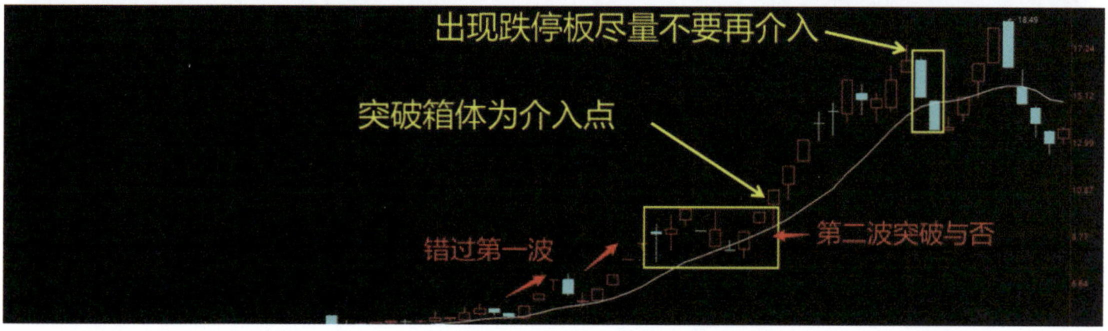
出现跌停板尽量不要再介入
突破箱体为介入点
第二波突破与否
错过第一波

注意：前面一旦出现过【跌停板】的K线，尽量不要介入第二波。

三、游资席位

1.席位的定义

席位是指交易所向会员提供的可在交易大厅用于报盘交易的终端，因此只有会员才能在交易所申请席位。

2.常见的席位

券商交易专用席位、QDII专用席位、基金专用席位、保险专用席位、游资席位等。

3.龙虎榜席位显示营业部

龙虎榜中的席位显示是“营业部”，一般代表游资和大户。

看游资吃肉，散户跟风喝汤，这就是跟随游资交易的本质。注意：妖股就是快进快出，如果平时盯盘时间少，尽量少参与短线。

第八课　课后练习

1.龙虎榜席位中，证券营业部的投资者主要是下面哪个？(　　)

A.机构　　B.游资　　C.陆股通　　D.国家队

2.学完了这节课，大家了解了游资操作的一个显著的特点，就是【快】，往往会快速拉升或封板。特别是涨停的股票，当天会发布龙虎榜，公开当天买入、卖出金额最高的各5个席位。

游资的资金规模是普通散户的千万倍级别，龙虎榜上的营业部，就相当于游资。如何挖掘一些知名游资的踪迹呢？比如徐翔、章建平、赵老哥，到哪里去寻找他们的操作痕迹呢？

【下面简单说一下自己的想法】

第九课 追踪游资龙飞翔

一、加仓的三种情况

（1）股价突破前期高点或者压力位置。

（2）股价受到下方支撑位支撑，出现反弹的情况。

（3）股价下跌时为了降低成本，可以根据实际情况决定是否补仓。

二、赚超预期的钱

1.基本理论

任何一件事都不是100%按照预期的轨迹去运行，所以我们要尝试赚超预期的钱。

2.重点关注三连板以上的阴线

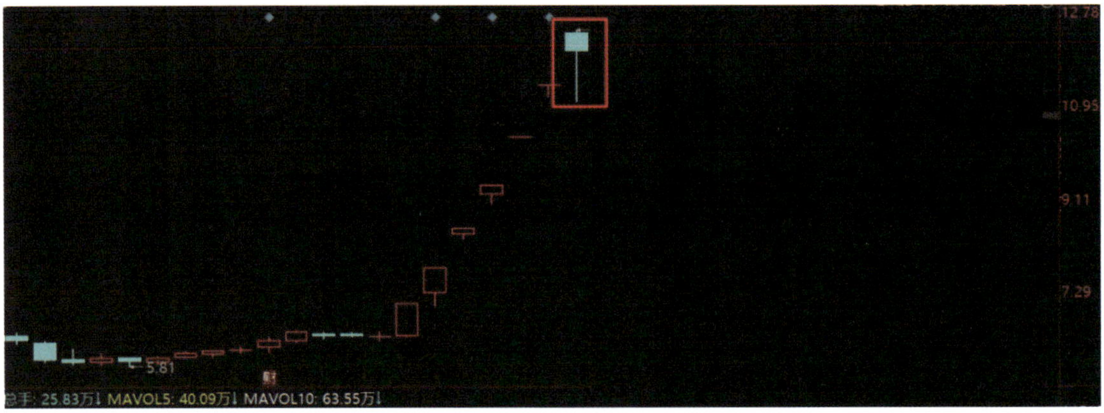

妖股的观察点：

（1）追踪查看最近两周单日成交量的分布状态。

（2）关注出现【首次阴线】的成交量。

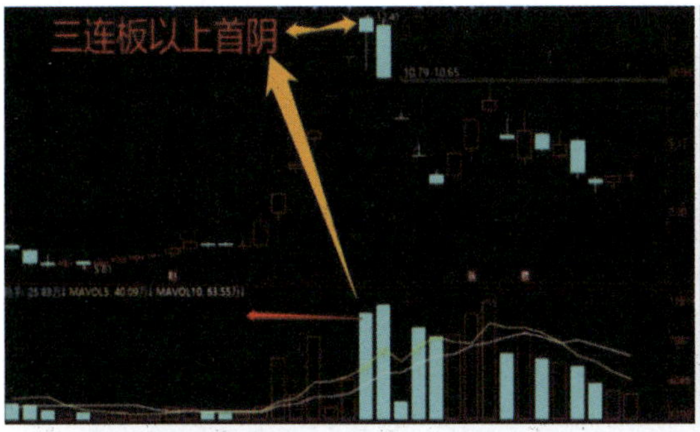
三连板以上首阴

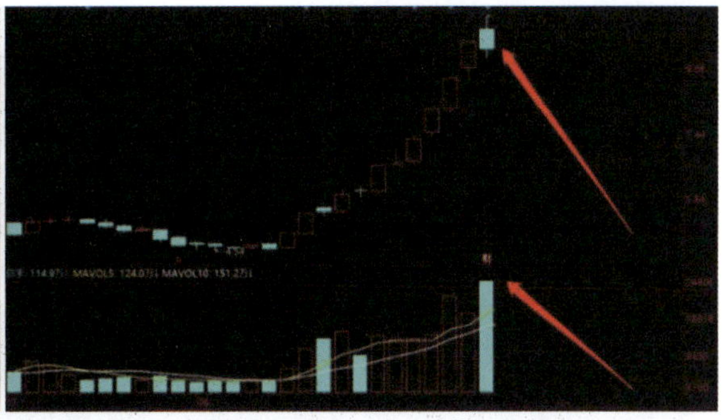

这个是天量阴线，三连板以上的高位阴线。

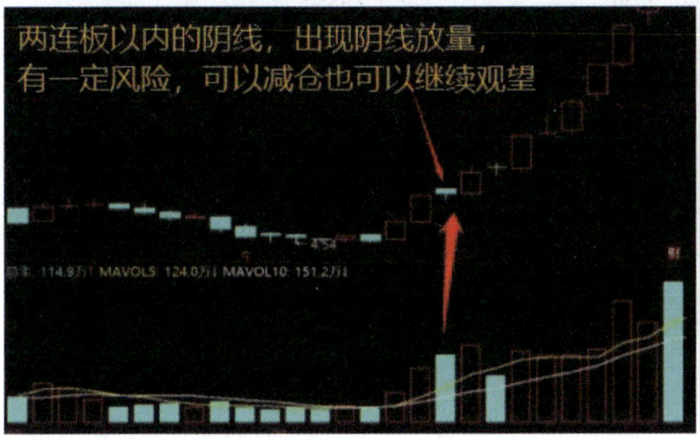
两连板以内的阴线，出现阴线放量，
有一定风险，可以减仓也可以继续观望

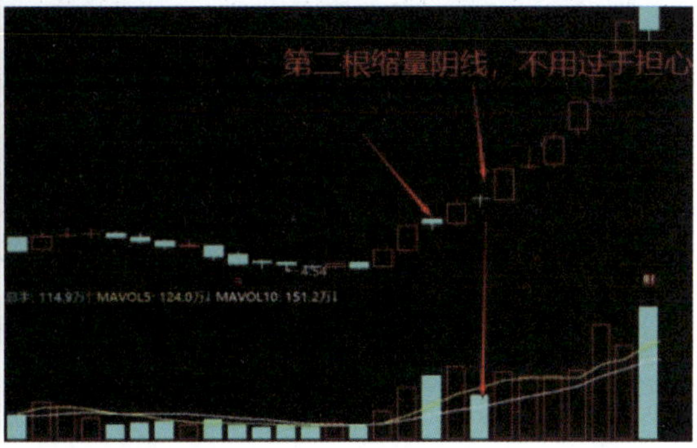
第二根缩量阴线，不用过于担心

天量放阴线，一定要特别谨慎！大多数股票的走势：涨停为强，断板为弱，弱之后走弱是正常预期。

3.回到核心点：如何赚超预期的钱

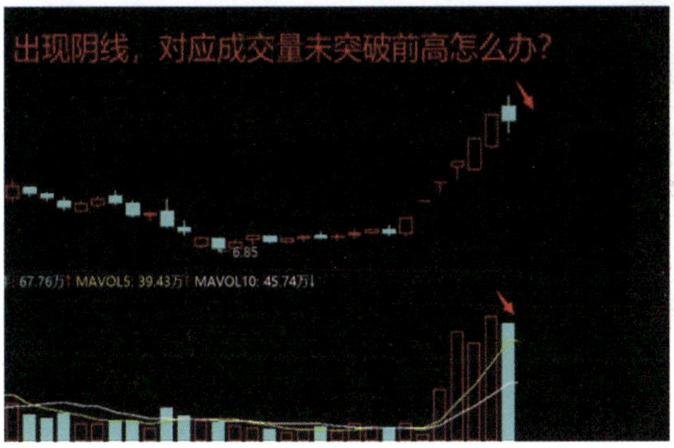
出现阴线，对应成交量未突破前高怎么办?

（1）拓展一下思维：正常的预期是走弱的，如果出现超预期，就会走强。

（2）常规观点：当在起涨过程中碰到阴线时，是可能走弱的。

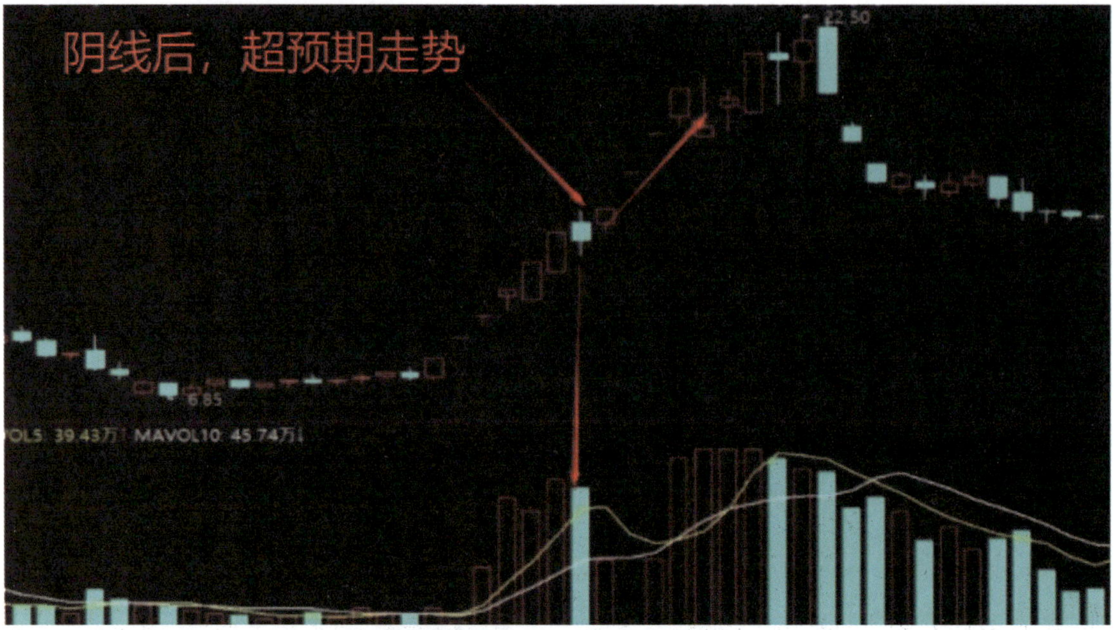

上图是断板后股票走出了“超预期”走势

（3）逆向思维：但是发现并不是【跌停的阴线】，成交量也没有突破前高，这个时候可以考虑后续再观察一天。

（4）为了保险起见，这个时候散户主动减仓20%左右，也是没问题的。

4. 如何更好地感知超预期的关键信息

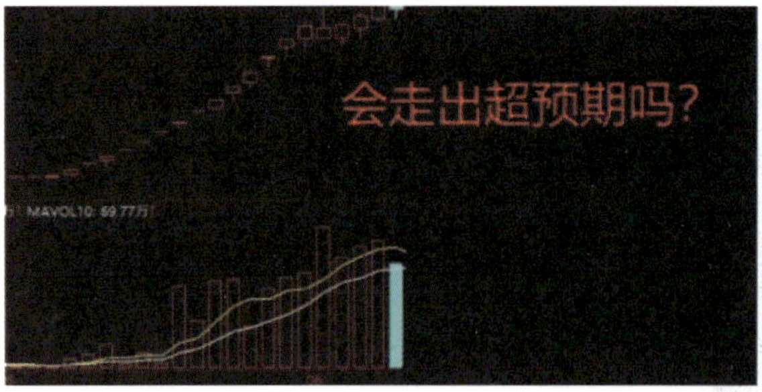

上涨走势中首阴，成交量没有明显放大，会走出超预期吗？

符合超预期的关键性观察信息：

（1）在当天出现阴线后，至少观察股价后续两天的完整走势。

（2）当天出现阴线后，并且【成交量】没有突破前高，更要观察第二天的走势，综合分析。

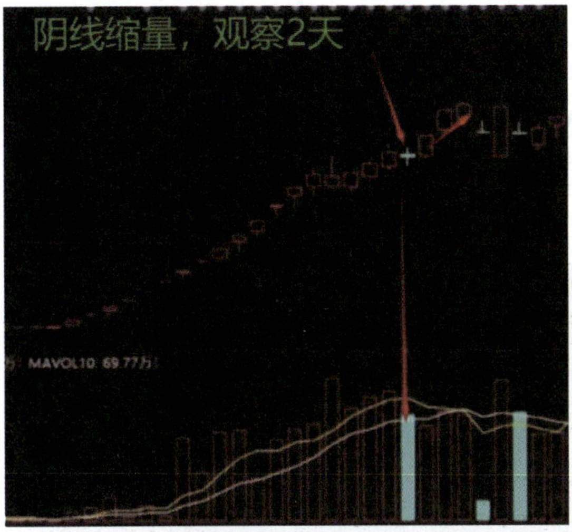

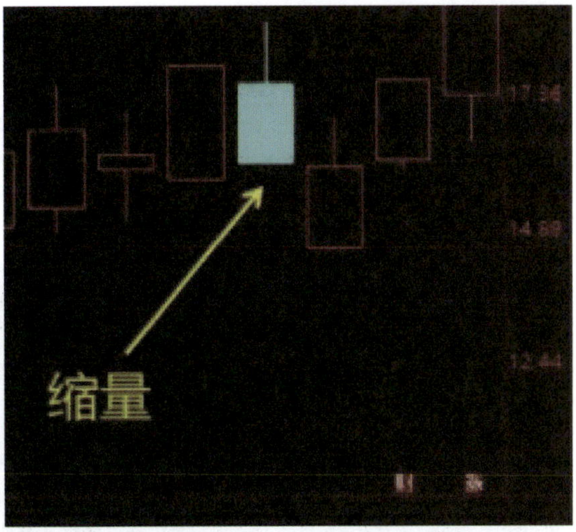

（3）断板之后出现阴线缩量，有可能后续走出第二波，但也要注意风险把控。

（4）“首阴超预期”的博弈入场点参考：断板后，当日是缩量的首阴，次日非阴，可以作为入场的建仓（加仓）点，参与博弈，也要看自己的承受力。

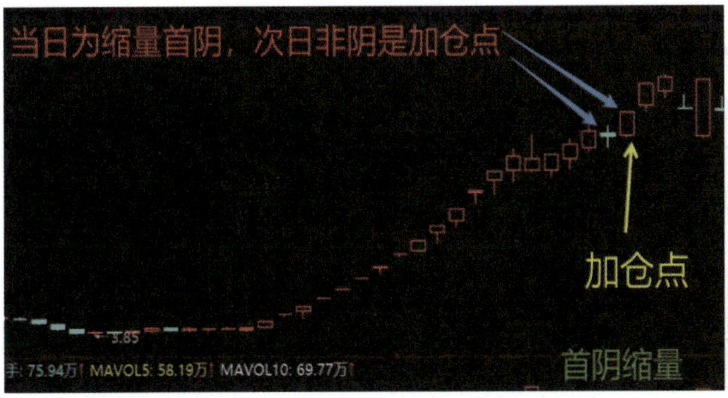

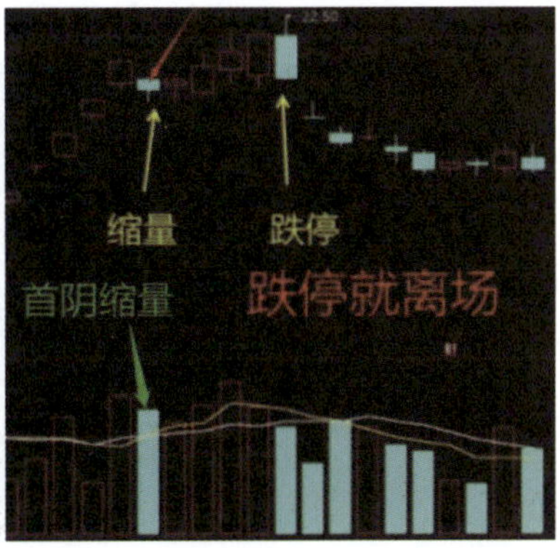

注意：如果【首阴】直接就是跌停板，不用再过多地去看成交量是缩量还是放量了。

三、适当跟随游资的脚步

1.结合龙虎榜操盘

人气股连板二波接力，回踩中枢二波接力。

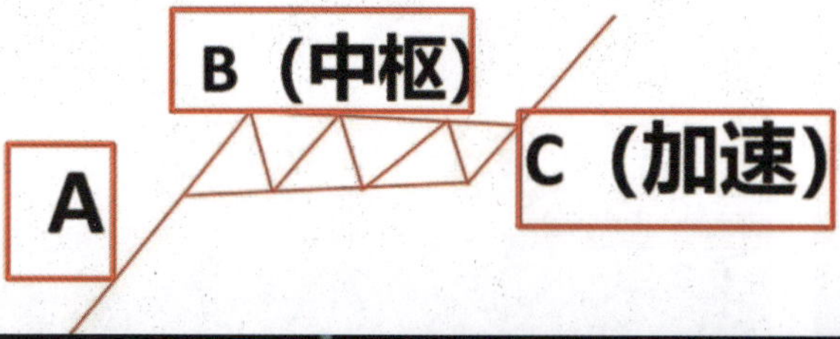

A：前期的第一波上升

B：中间的震荡期

C：第二波上升期

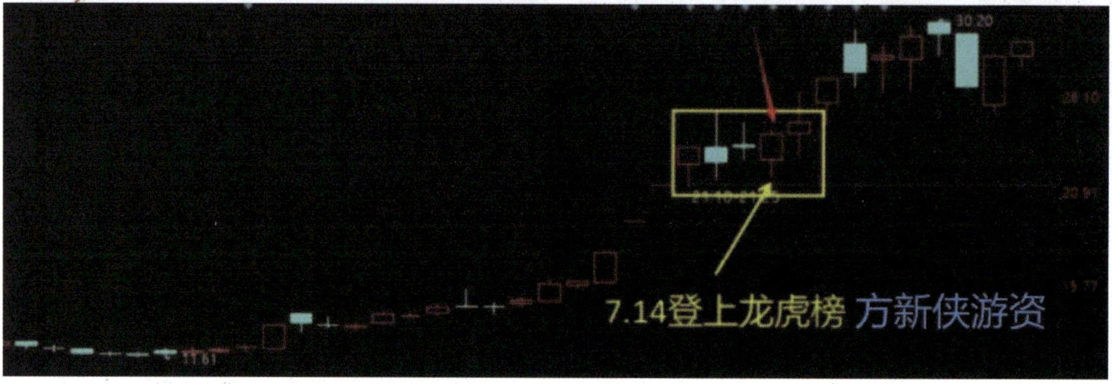

股价开启第一波上涨后，到了中枢震荡区间，同时又发现登上龙虎榜，果断查看龙虎榜上机构游资信息。

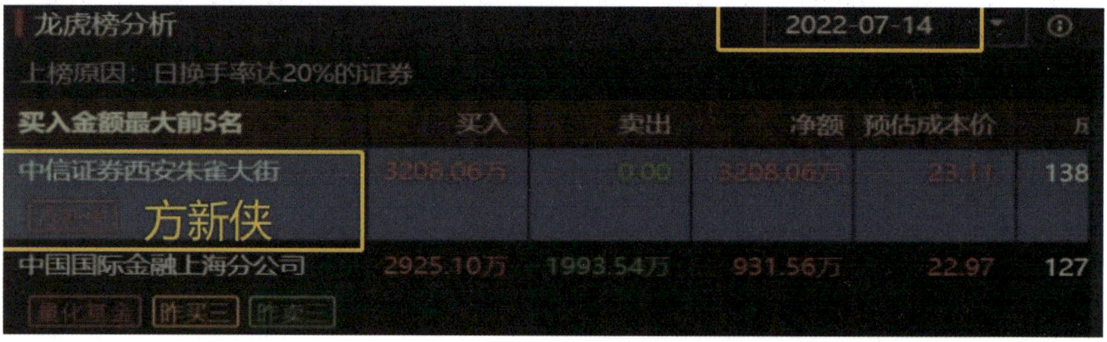

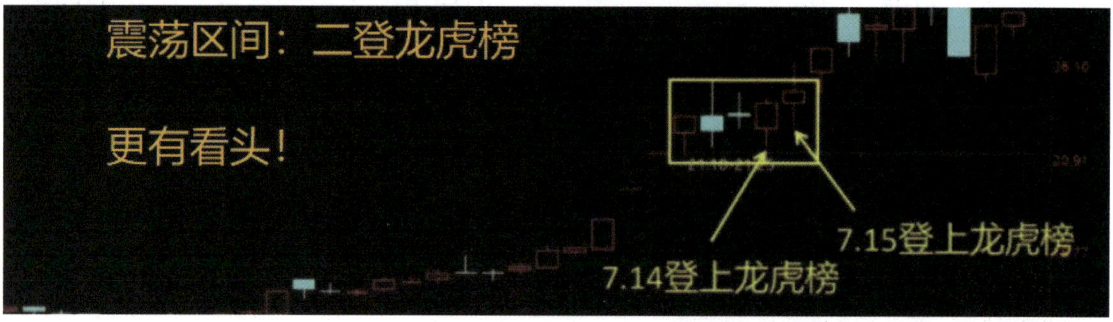

上图案例显示：方新侠在震荡区间连续买了两天。

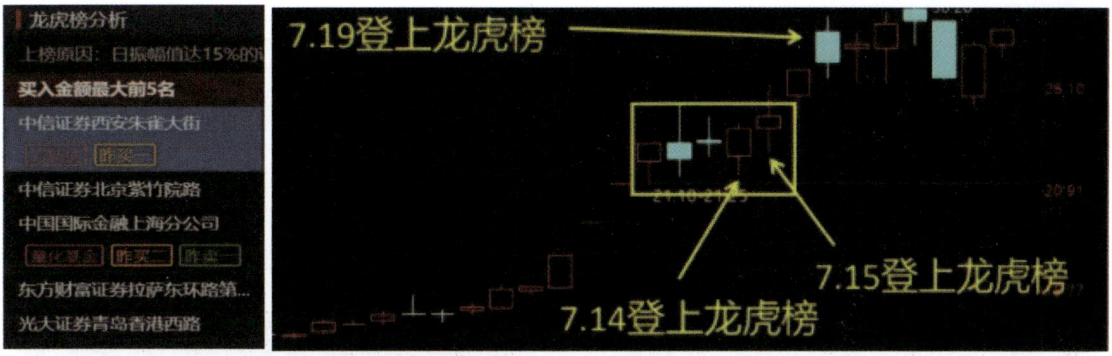

需要注意的是：游资方新侠在7月19日盘中卖出时，散户只能在19日收盘之后看龙虎榜数据，得知他离场了。

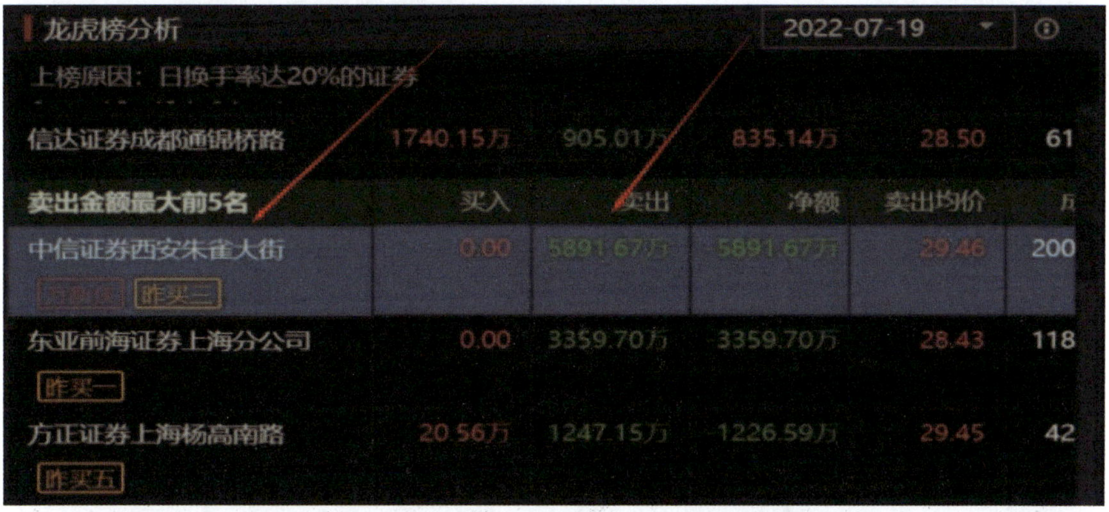

龙虎榜分析 2022-07-19

上榜原因：日换手率达20%的证券

信达证券成都通锦桥路	1740.15万	905.01万	835.14万	28.50	61

卖出金额最大前5名	买入	卖出	净额	卖出均价	历
中信证券西安朱雀大街 昨买三	0.00	5891.67万	5891.67万	29.46	200
东亚前海证券上海分公司 昨买一	0.00	3359.70万	3359.70万	28.43	118
方正证券上海杨高南路 昨买五	20.56万	1247.15万	1226.59万	29.45	42

不管是入场还是离场，散户只能后知后觉，这会导致回吐一些利润，只获得一部分盈利，就是所谓的游资吃肉，散户喝汤。

2022年7月14日和15日游资方新侠登上龙虎榜，散户可以尝试在15日和18日追踪建仓，19日方新侠离场，散户可以在20日离场。

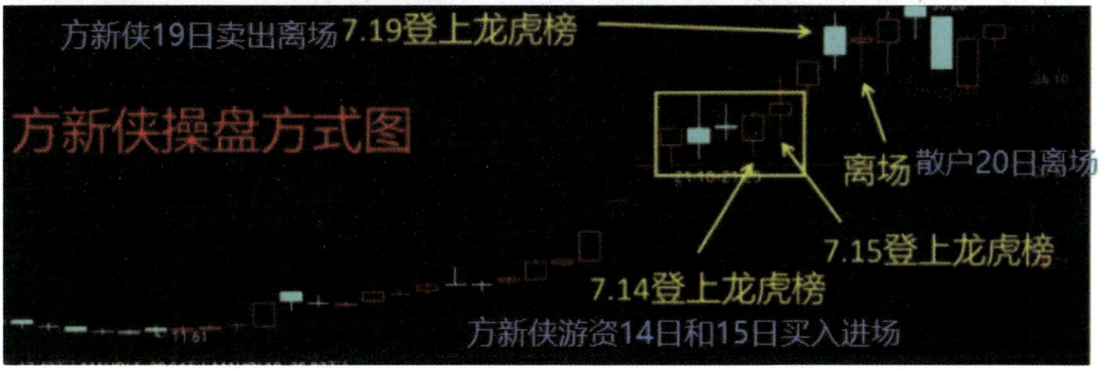

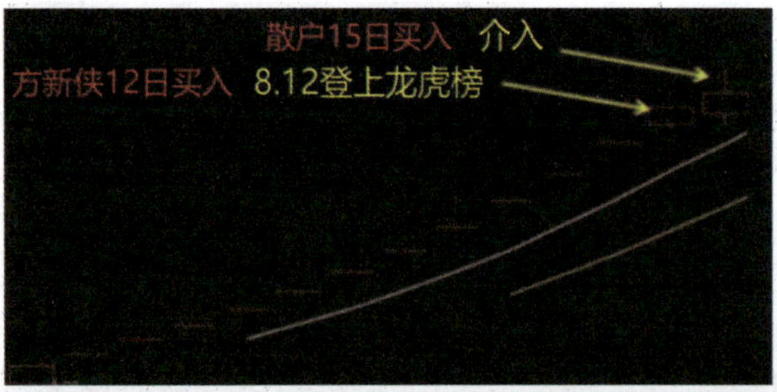

龙虎榜分析　2022-08-12

上榜原因：日涨幅偏离值达7%的证券；日换手率达20%的证券;连续三个交易日内,...

买入金额最大前5名	买入	卖出	净额	预估成本价	历
中信证券西安朱雀大街 方新侠	7673.74万	1.53万	7672.21万	15.31	501

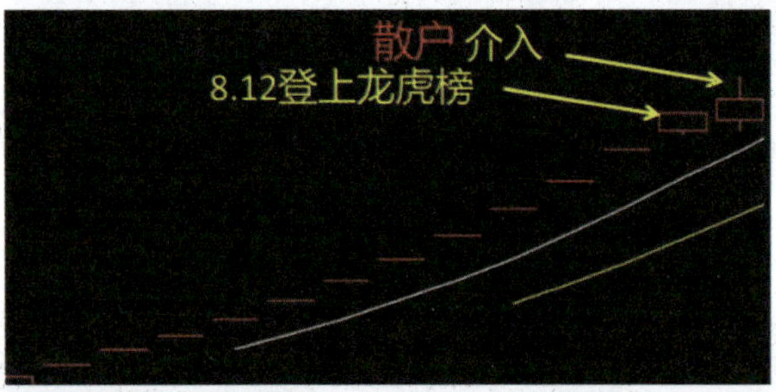

2022年8月12日方新侠入场，散户看到后可以在8月15日介入。

龙虎榜分析　2022-08-15

上榜原因：日换手率达20%的证券

卖出金额最大前5名	买入	卖出	净额	卖出均价	历
国盛证券宁波桑田路 昨买三	303.34万	4425.80万	-4122.46万	16.83	263
方正证券宁波江澄北路 昨买二	2.12万	4410.66万	-4408.54万	16.07	274
东莞证券四川分公司 苏南帮 昨买五	1014.34万	2452.76万	-1438.42万	15.78	155
华鑫证券深圳益田路 益田路	169.76万	2316.31万	-2146.55万	16.02	144
兴业证券南京分公司	446.56万	2216.48万	-1769.92万	15.78	140

8月15日个股再次登上龙虎榜，但是榜单里没有出现方新侠。

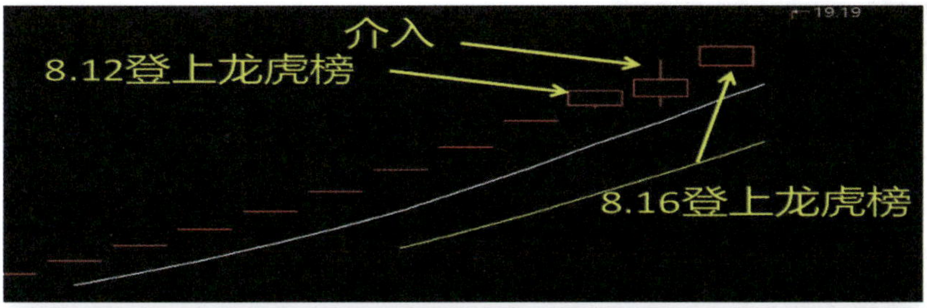

龙虎榜分析　2022-08-16

上榜原因：日涨幅偏离值达7%的证券；日换手率达20%的证券

卖出金额最大前5名	买入	卖出	净额	卖出均价	[illegible]
中国银河北京中关村大街 [illegible] 昨买二	2573.65万	5044.57万	-2470.92万	17.22	292
国泰君安证券上海分公司 昨买三	0.00	4715.41万	-4715.41万	17.18	274
兴业证券哈尔滨友谊路	0.85万	2576.37万	-2575.52万	17.46	147
中国银河绍兴 赵老哥	1282.12万	2394.63万	-1112.51万	17.42	137
东方财富证券拉萨团结路第... 昨买五	1726.01万	2081.36万	-355.35万	17.09	121

8月16日个股继续登上龙虎榜，但是榜单里依旧没有出现方新侠。

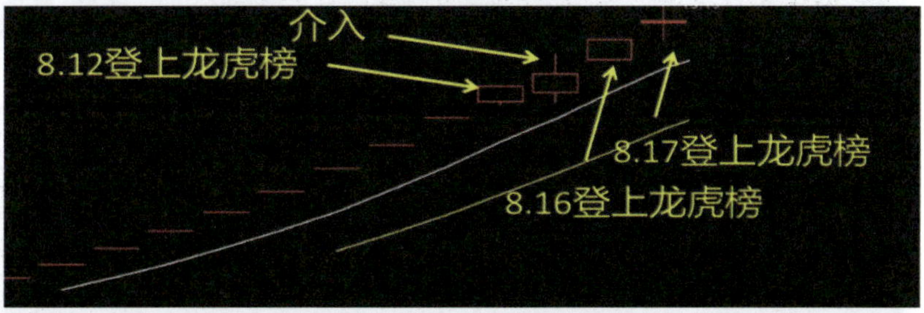

8月17日的龙虎榜榜单里出现方新侠，且是在卖出，那么散户可以在8月18日跟随离场。

龙虎榜分析　2022-08-17

上榜原因：日换手率达20%的证券

卖出金额最大前5名	买入	卖出	净额	卖出
中信证券西安朱雀大街 方新侠	0.91万	1.17亿	-1.17亿	1

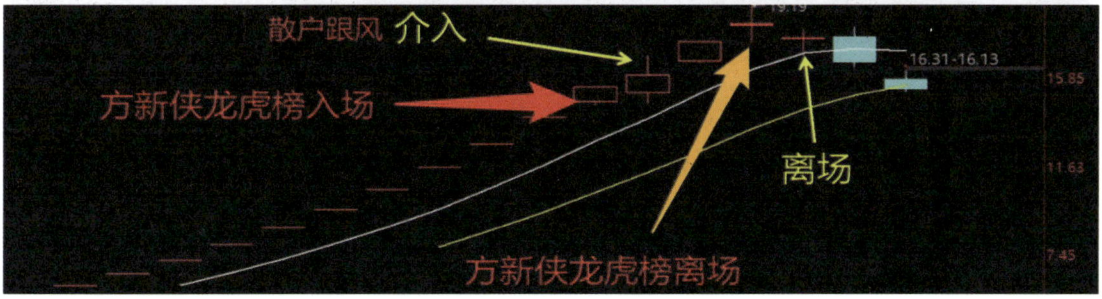

散户必然会回吐一些利润，但在可控范围内即可。

2. 遇到前高压力位要谨慎

需要注意一点：游资的参与，永远都不是散户无脑买入的原因，还要具体分析操作风格，把握自己的节奏。

重要提示：压力位是重中之重。

前高压力位对个股的压制是超乎想象的。

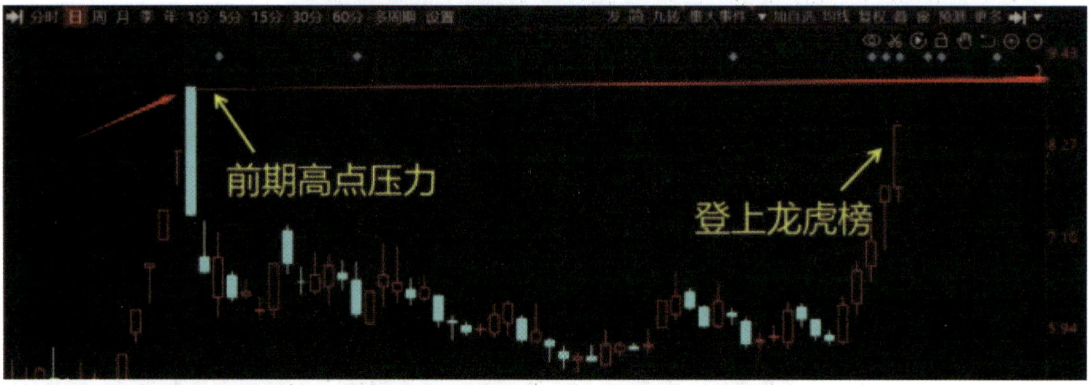

龙虎榜分析　2022-09-08 3日

上榜原因：连续三个交易日内,涨幅偏离值累计达20%的证券

买入金额最大前5名	买入	卖出	净额	预估成本价
中信证券西安朱雀大街 方新侠	1.38亿	0.50万	1.38亿	--
湘财证券杭州解放东路	5119.61万	1695.96万	3423.65万	--
安信证券西安芙蓉东路	3063.88万	3323.79万	-259.91万	--
中信证券北京紫竹院路	3041.94万	3515.86万	-473.92万	--
中国银河北京中关村大街 苏南帮	2584.67万	41.03万	2543.64万	--

登上龙虎榜这天，主力也大量买进，但是股价所在位置正好是前高压力位，谁强？游资买入强，还是压力位阻碍股价的作用更强？

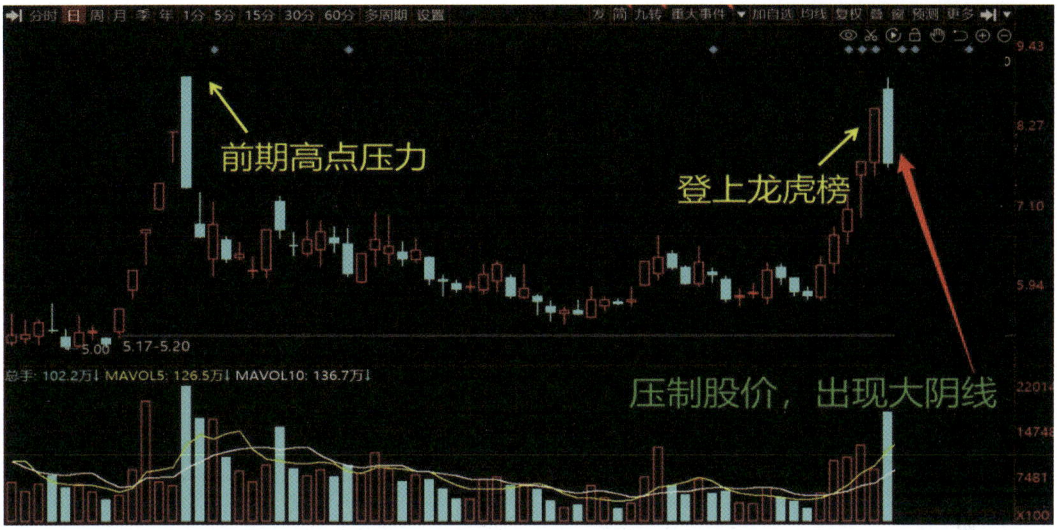

这是后续走势，高位大阴线，风险大于博弈的收益。

风险提示：一定要看股价的历史走势，如果发现股价目前即将触碰到前高压力位，这个时候即使看到游资进场，散户也要特别谨慎。

3. 散户如何抉择

问题：面对游资进场和前期高点压力位，这两个矛盾的条件因素时，散户如何抉择？

（1）炒股最忌满时，指的是投资者一年四季都始终不停地操作。炒股最重要的是研判大周期趋势，当大周期趋势向好时，要积极做多；大周期趋势转为震荡趋势或者下跌趋势时，可以空仓休息。

（2）炒股的另一大忌是满利，满利是指投资者总想买在最低价和卖在最高价，一味地追求利润最大化。

（3）炒股的第三大忌是满仓。我国股市的第一代大户中，大部分是因为满仓（透支）而被打穿的，最终落个被交易所强制平仓出局的结局。

（4）炒股第四大忌是自满。因为赚了些钱，就盲目自信起来，追涨杀跌，快速进出。结果反而输多赢少，亏损严重。骄傲自满会阻碍投资者提高操作水平，会使投资者对股市的认识出现偏差。

第九课　课后练习

任何一件事都不是100%按照预期的轨迹去运行，所以我们要赚超出预期的钱，赚风险承受能力范围内的钱，那么以下操作哪些是正确的?

1.某股票3连板，第四天出现跌停板，我们选择减仓甚至清仓落袋为安，因为我们认为股价明天大概率会回落。

对（　）错（　）

2.某股票3连板，第四天出现跌停板，我们认为明天股价会反弹，今天选择减仓但不清仓，明天如果没有出现反弹再做减仓、清仓的准备。

对（　）错（　）

3.某股票已经3连板了，今天出现缩量阴线，我们降低20%仓位，因为预期明天有反包的机会，所以只降了20%仓位，即使没有出现反弹，也保持良好心态。

对（　）错（　）

4.某股票已经3连板了，今天出现缩量阴线，我们选择减仓甚至清仓落袋为安，虽然缩量下跌还可能反弹，但是我们风险承受能力有限，所以接受卖飞的可能，选择落袋为安。

对（　）错（　）

第十课 识别信号应离场

一、减仓离场看信号

1. DDE大单净额：通常指主力资金

红色为净流入，绿色是净流出，查询当天的主力资金流向。

i问财：XX股票；主力资金流向；DDE大单净额

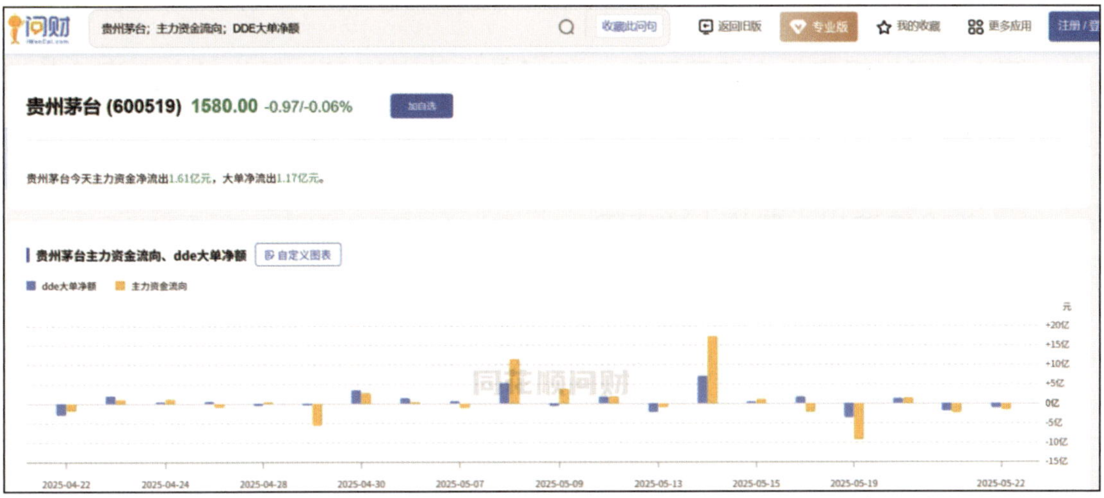

通常，使用时把【DDE大单净额】看作主力资金流向，而只看DDE大单（主力资金流向），参考性一般，需要结合更多指标来提升参考价值。

DDE大单和主力资金的区别如下。

（1）首先搞清楚DDE大单数据是怎么统计出来的。

DDE大单净额=DDE大单买入金额-DDE大单卖出金额

DDE大单买入金额= 主动买入特大单金额+主动买入大单金额+被动买入特大单金额+被动买入大单金额

DDE大单卖出金额= 主动卖出特大单金额+主动卖出大单金额+被动卖出特大单金额+被动卖出大单金额

（2）其次搞清楚主力资金数据是怎么统计出来的。

主力资金净额=主力流入资金-主力流出资金

主力流入资金=主动买入特大单金额+主动买入大单金额

主力流出资金=主动卖出特大单金额+主动卖出大单金额

可以看到，DDE和主力资金的统计信息，差别在于DDE会多统计一个被动买卖的金额数据。统计口径的不同，会导致【DDE大单净额】和【主力资金净流入】出现不同的情况，是非常正常的。

所以，通常观察小市值股票时，把【DDE大单净额】看作【主力资金的流向】就可以。

主力资金净流出，股价上涨原因。

（1）散户大量买入，主力资金流出，股价靠惯性推动上涨。

（2）主力用大单展示卖出，偷偷用小单吃货。

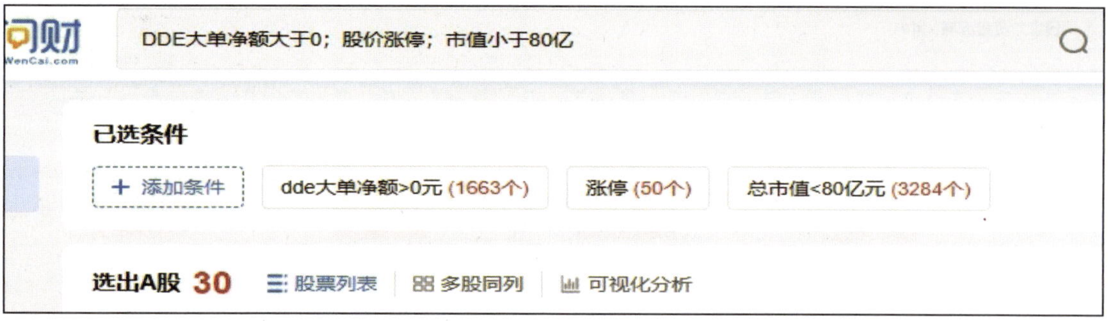

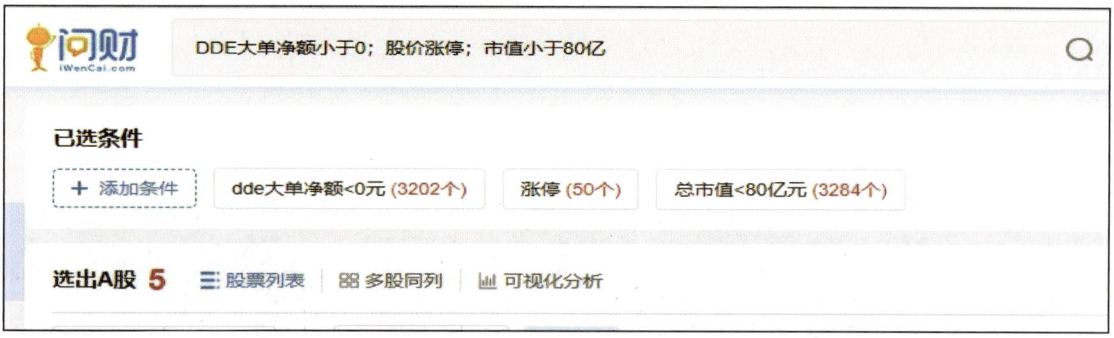

可以看到，越是小市值的股票，受资金影响越大，也意味着风险越高，所以一定要注意妖股的仓位控制。

2. 妖股=连板股

连板股对资金极其敏感，资金意味着成交量形态、DDE大单流向。

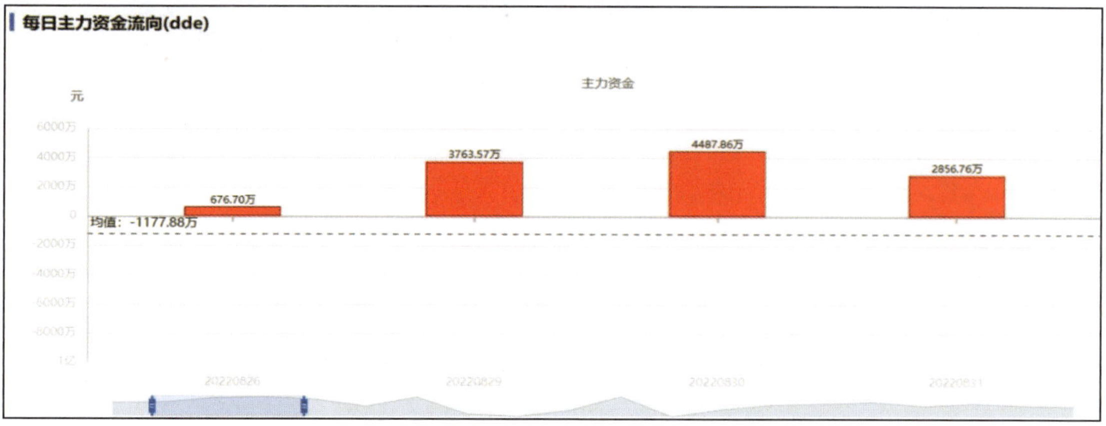

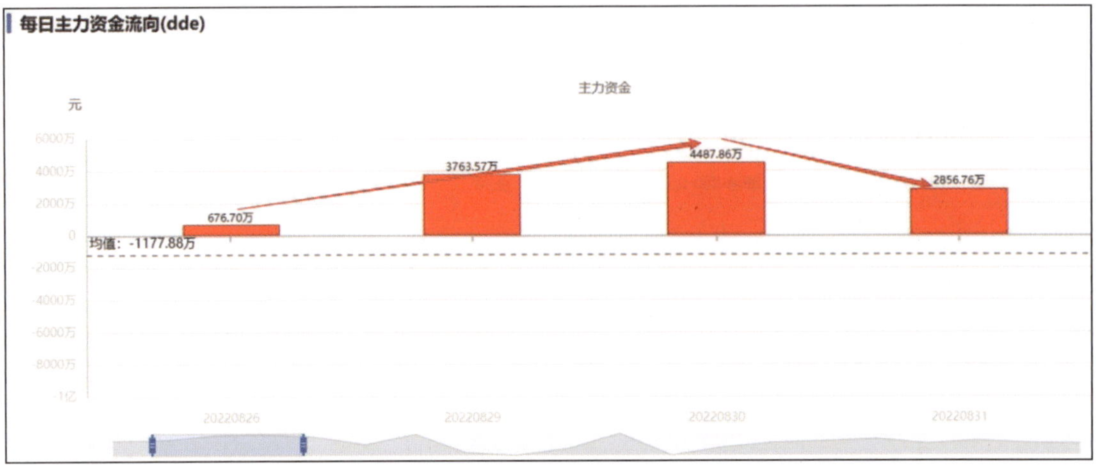

如图所示，DDE大单前三天资金持续放大，第四天资金缩量。

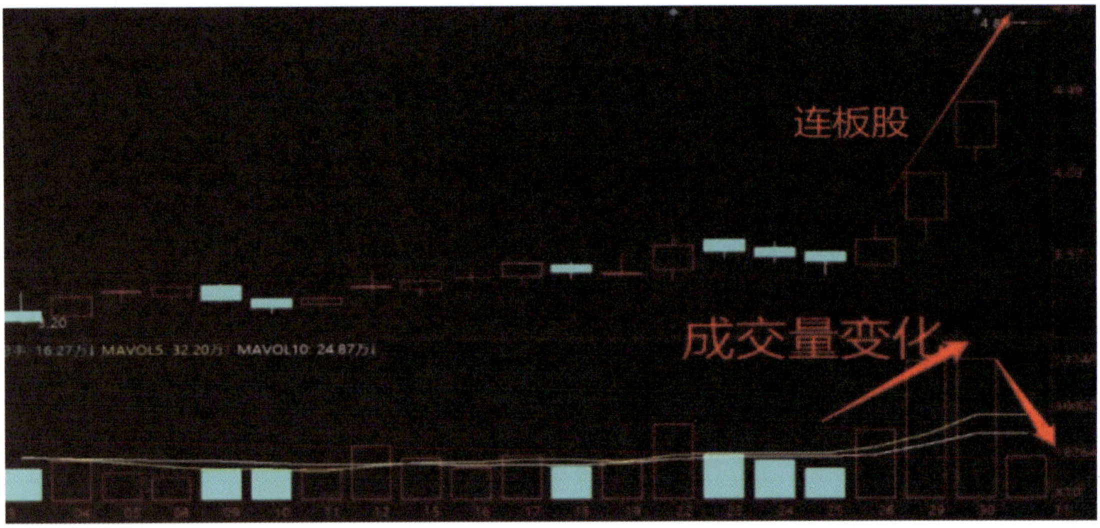

一般来说，DDE大单净额与成交量成正比关系，正比是正常预期，当出现反比时需要重点关注。

反比的两种情况。

（1）成交量缩量，主力DDE大单上升，主力在接货，散户还没接过来。

（2）成交量放量，主力DDE大单下降，主力在出货，散户在接手。

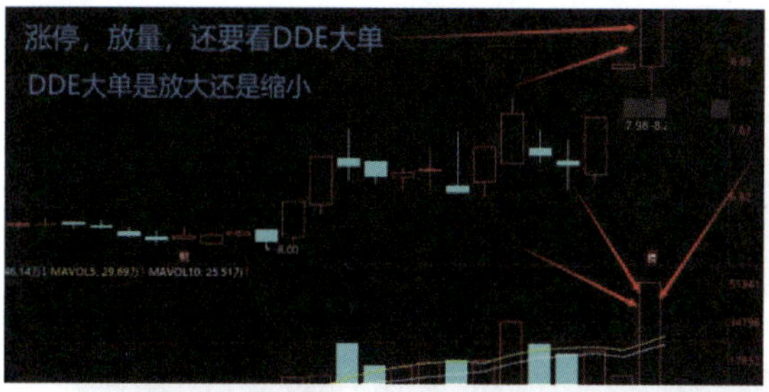

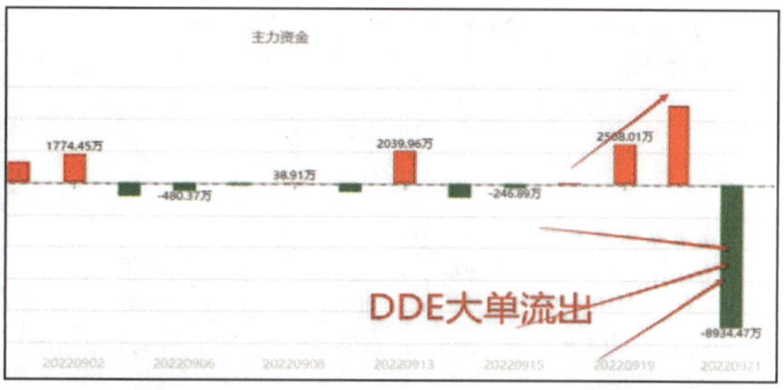

K线图上的形态是：成交量放量，股价涨停，但是关注当天DDE大单是净流出，就是主力出货、散户接盘的状态。

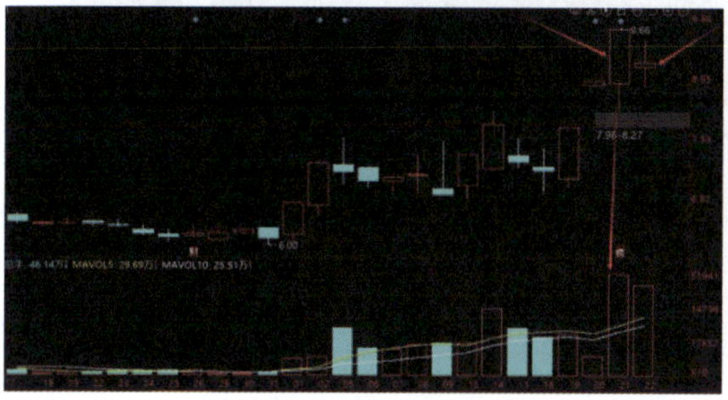

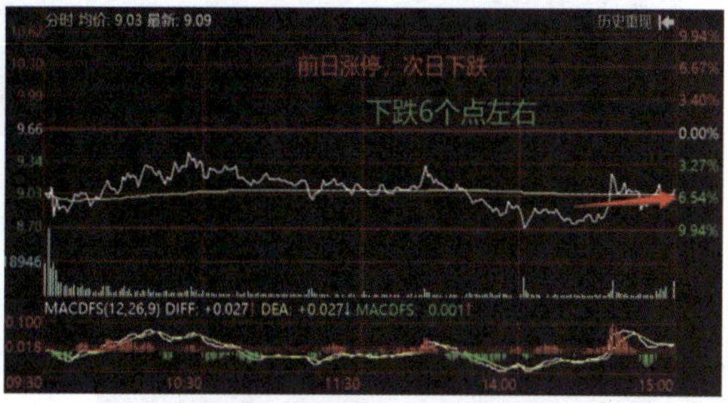

前一天放量涨停，但是关注DDE大单流出，大概率是主力出货、散户接盘的状态，次日出现假阳线，股价下跌6个点。

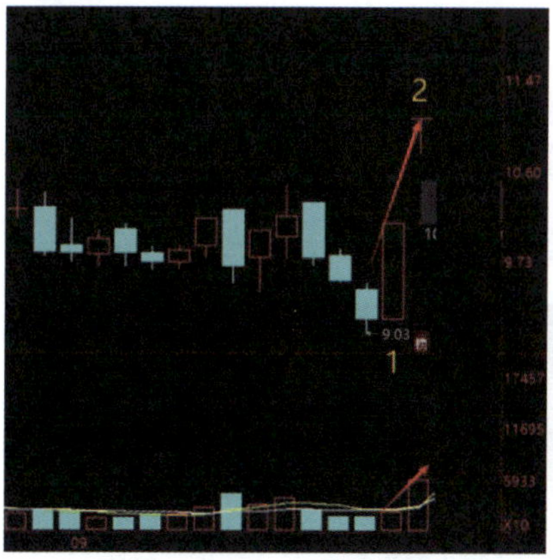

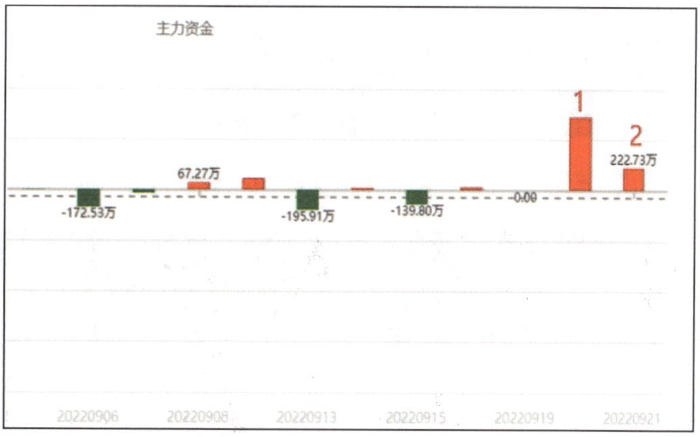

第一天DDE大单放量，成交量同步放量涨停，趋势良好。

第二天DDE大单缩量，成交量继续放量涨停，主力出货概率大，散户接盘。

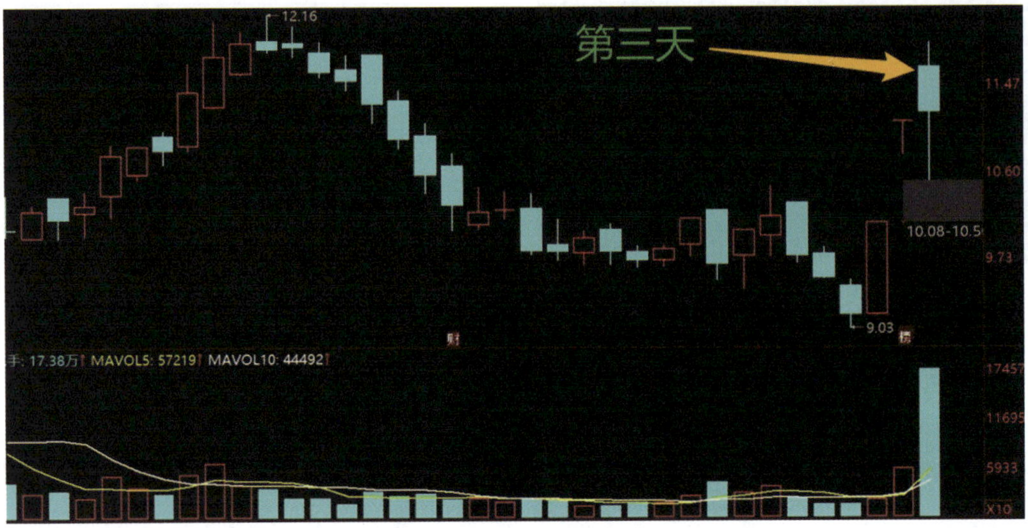

第三天是放量状态，但是第二天的DDE大单成交量减少，提示散户要考虑远离第三天的打板了，风险太大。

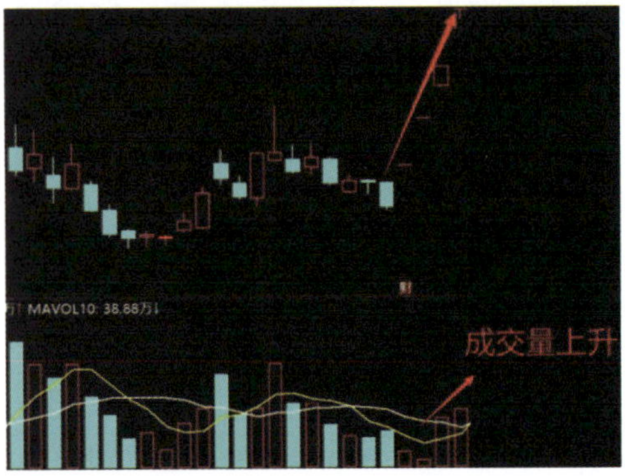

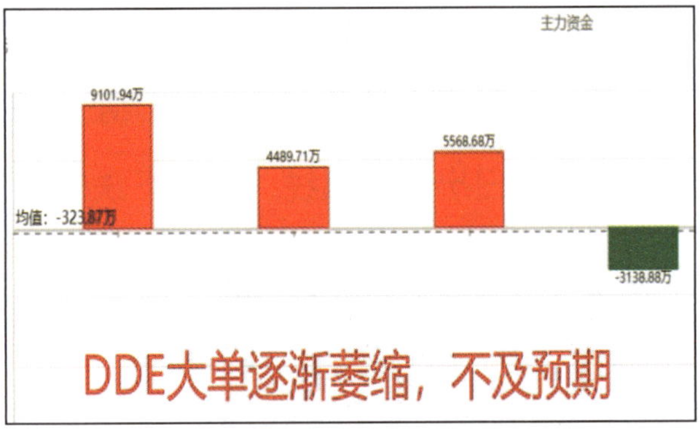

成交量增加，大单净额减少或流出，呈现背离状态，不及预期，走弱。

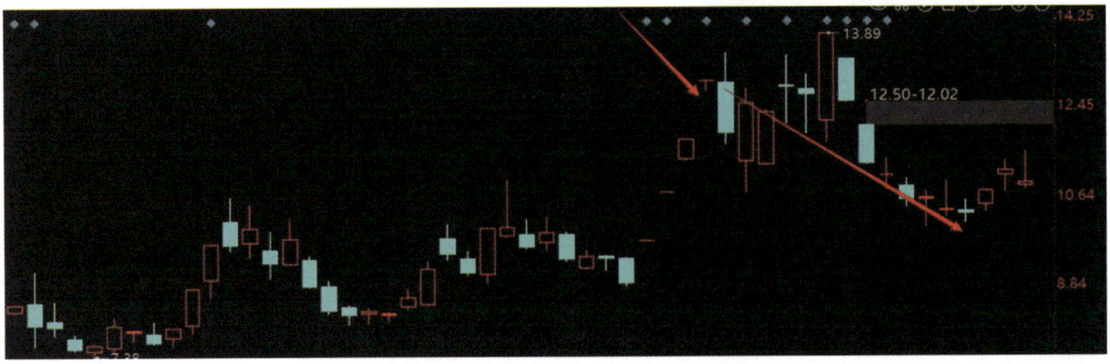

尤其是连板股，DDE大单只要流出，后续走势整体可能不强，要注意投资的安全性。

思考：有没有超预期走强呢？

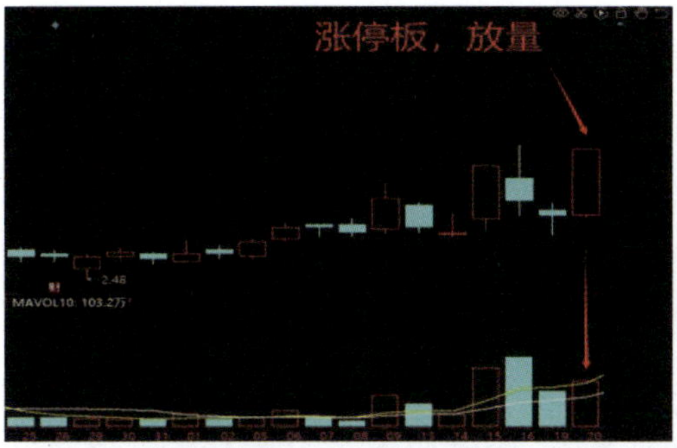

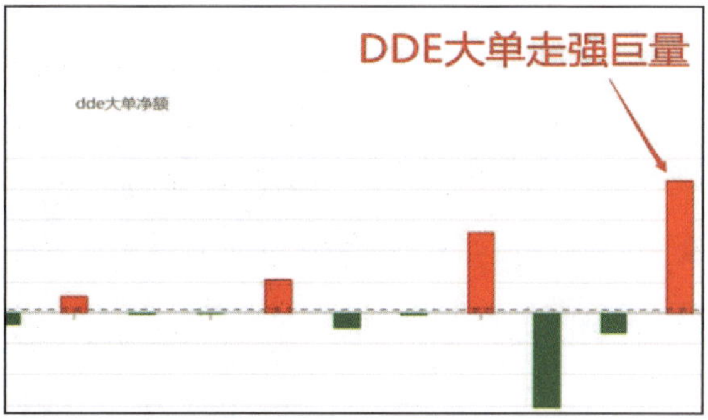

上图当天股价也是放量，而且DDE大单资金放巨量，超预期。

成交量减少，大单净额流出增加，不及预期，走弱。

成交量增加，大单净额流入增加，超预期，走强。

股价处于低位，效果更佳。

DDE大单数据可以实时更新，尾盘可决定买卖。

3.龙虎榜识散户

席位通常代表着机构和游资，但是散户也有席位，就是东方财富拉萨营业部。东方财富是毫无争议的互联网券商龙头，市场上很多个人投资者都在东方财富开过账户，而这些账户基本会开在拉萨营业部。

全部营业部　近1年　搜索营业部名称

序号	营业部名称	上榜次数	合计成交资金	买入次数	买入金额	卖
1	机构专用	7358	5399.78亿	4923	2728.61亿	
2	东方财富证券拉萨东环路第...	4758	930.16亿	3573	545.63亿	
3	东方财富证券拉萨团结路第...	4641	746.84亿	3316	425.32亿	
4	东方财富证券拉萨东环路第...	4480	1081.79亿	3470	613.89亿	
5	中国国际金融上海分公司	3664	881.52亿	2105	453.32亿	

思考：为什么主力拉升前，需要洗盘呢？

因为主力想赚50%，但是散户通常赚10%就会跑。

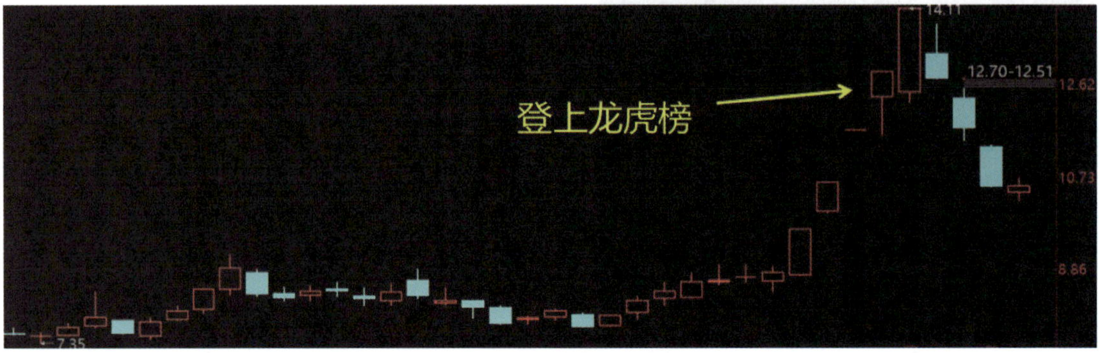

上榜类型1：日涨幅偏离值达7%的证券　　前往数据中心>>

排序	营业部名称	买入金额（万）	卖出金额（万）	净额（万）
买入金额最大的前5名　买入总计 **17577.52** 万元，占总成交比例 **7.45%**				
1	华鑫证券有限责任公司宁波分公司	4187.30	0.00	4187.30
2	华鑫证券有限责任公司上海红宝石路证券营业部	3834.58	3.61	3830.97
3	东方财富证券股份有限公司拉萨团结路第二证券营业部	3287.78	1573.75	1714.03
4	东方财富证券股份有限公司拉萨东环路第二证券营业部	3212.51	1135.47	2077.04
5	东方财富证券股份有限公司拉萨东环路第一证券营业部	2980.48	1132.24	1848.24
卖出金额最大的前5名　卖出总计 **14952.96**万元，占总成交比例 **6.34%**				

股价拉升几个涨停板后，引起散户注意，开始入场喝汤，这个时候主力就要逐步离场了。

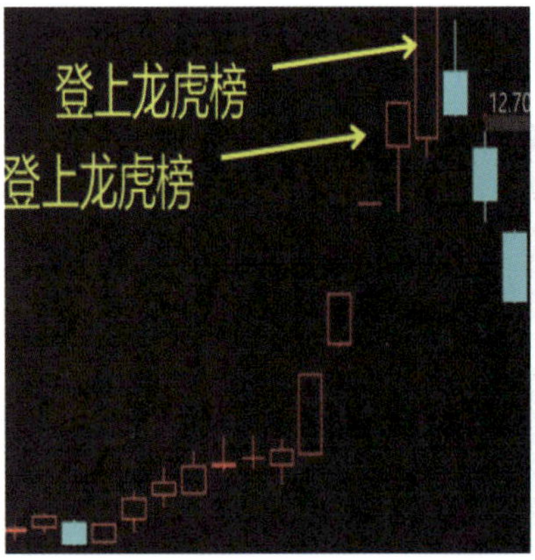

上榜类型1：日涨幅偏离值达7%的证券　　前往数据中心>>

排序	营业部名称	买入金额（万）	卖出金额（万）	净额（万）
买入金额最大的前5名　买入总计 **18743.48** 万元，占总成交比例 **6.67%**				
1	东方财富证券股份有限公司拉萨东环路第二证券营业部	3088.63	3064.00	24.63
2	东方财富证券股份有限公司拉萨团结路第二证券营业部	3054.22	3373.84	-319.62
3	东兴证券股份有限公司晋江和平路证券营业部	3052.19	0.42	3051.77
4	东方财富证券股份有限公司拉萨团结路第一证券营业部	2896.49	2586.88	309.61
5	机构专用	2724.23	318.68	2405.55
卖出金额最大的前5名　卖出总计**20800.63**万元，占总成交比例 **7.40%**				
1	申港证券股份有限公司深圳深南东路证券营业部	123.38	4430.29	-4306.91
2	华鑫证券有限责任公司上海莲花路证券营业部	1396.37	4145.83	-2749.46
3	东方财富证券股份有限公司拉萨团结路第二证券营业部	3054.22	3373.84	-319.62
4	东方财富证券股份有限公司拉萨东环路第二证券营业部	3088.63	3064.00	24.63
5	东方财富证券股份有限公司拉萨东环路第一证券营业部	2407.97	2880.69	-472.72

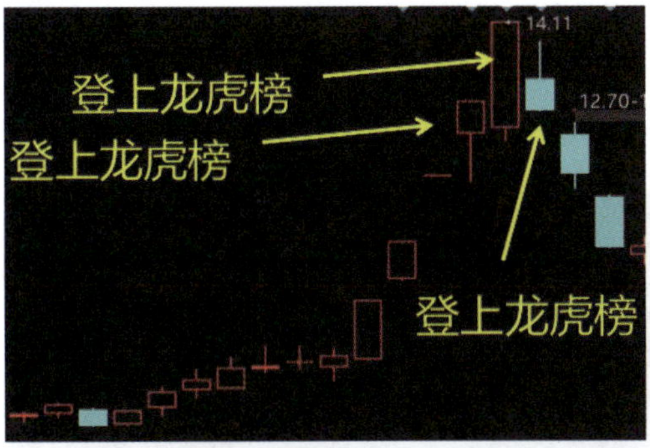

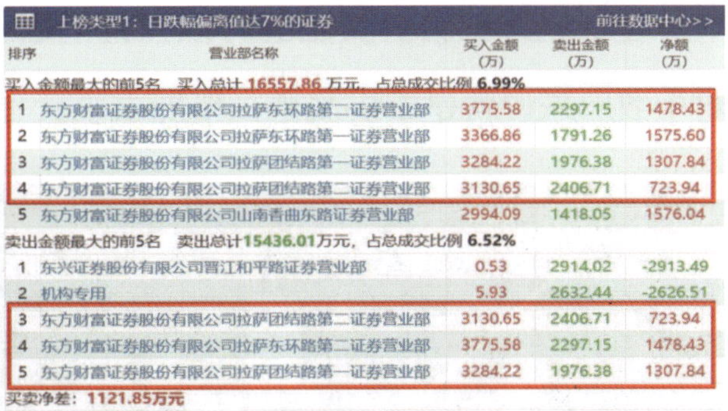

上榜类型1：日跌幅偏离值达7%的证券　　前往数据中心>>

排序	营业部名称	买入金额（万）	卖出金额（万）	净额（万）
买入金额最大的前5名　买入总计 16557.86 万元，占总成交比例 6.99%				
1	东方财富证券股份有限公司拉萨东环路第二证券营业部	3775.58	2297.15	1478.43
2	东方财富证券股份有限公司拉萨东环路第一证券营业部	3366.86	1791.26	1575.60
3	东方财富证券股份有限公司拉萨团结路第一证券营业部	3284.22	1976.38	1307.84
4	东方财富证券股份有限公司拉萨团结路第二证券营业部	3130.65	2406.71	723.94
5	东方财富证券股份有限公司山南香曲东路证券营业部	2994.09	1418.05	1576.04
卖出金额最大的前5名　卖出总计15436.01万元，占总成交比例 6.52%				
1	东兴证券股份有限公司晋江和平路证券营业部	0.53	2914.02	-2913.49
2	机构专用	5.93	2632.44	-2626.51
3	东方财富证券股份有限公司拉萨团结路第二证券营业部	3130.65	2406.71	723.94
4	东方财富证券股份有限公司拉萨东环路第二证券营业部	3775.58	2297.15	1478.43
5	东方财富证券股份有限公司拉萨团结路第一证券营业部	3284.22	1976.38	1307.84

买卖净差：1121.85万元

散户大量接盘后，我们一定要注意避开这只股票。因为股价上涨需要市场合力，而散户的介入是衰落的开始。

二、追踪游资

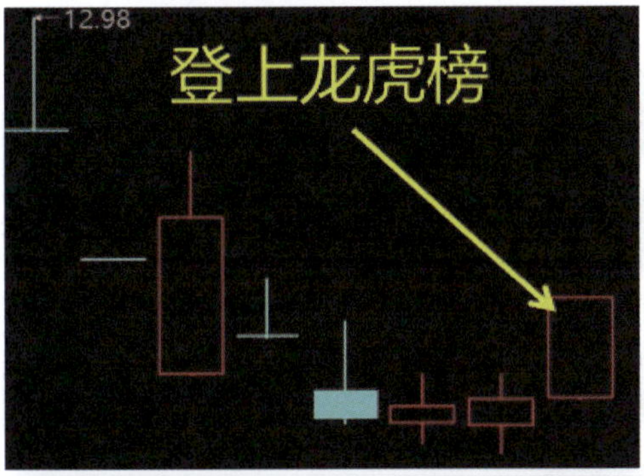

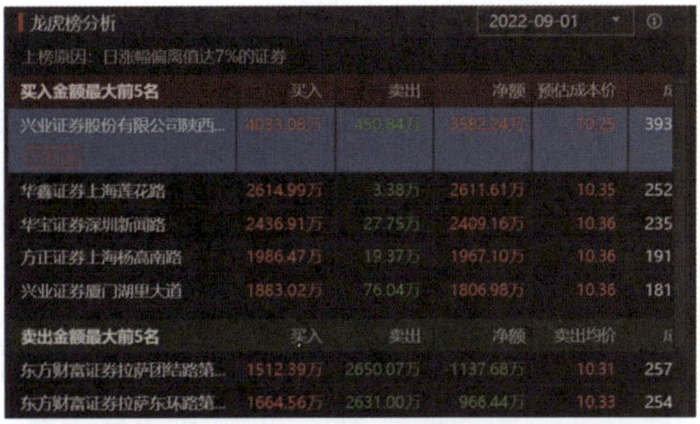

龙虎榜分析　2022-09-01

上榜原因：日涨幅偏离值达7%的证券

买入金额最大前5名	买入	卖出	净额	预估成本价	
兴业证券股份有限公司陕西...	4033.08万	450.84万	3582.24万	10.25	393
华鑫证券上海莲花路	2614.99万	3.38万	2611.61万	10.35	252
华宝证券深圳新闻路	2436.91万	27.75万	2409.16万	10.36	235
方正证券上海杨高南路	1986.47万	19.37万	1967.10万	10.36	191
兴业证券厦门湖里大道	1883.02万	76.04万	1806.98万	10.36	181
卖出金额最大前5名	买入	卖出	净额	卖出均价	
东方财富证券拉萨团结路第...	1512.39万	2650.07万	-1137.68万	10.31	257
东方财富证券拉萨东环路第...	1664.56万	2631.00万	-966.44万	10.33	254

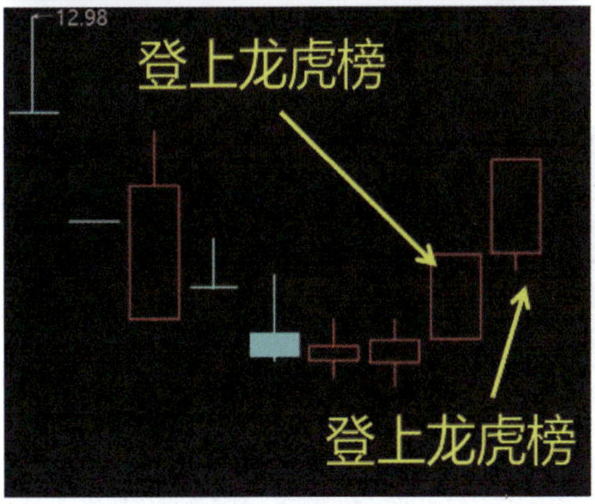

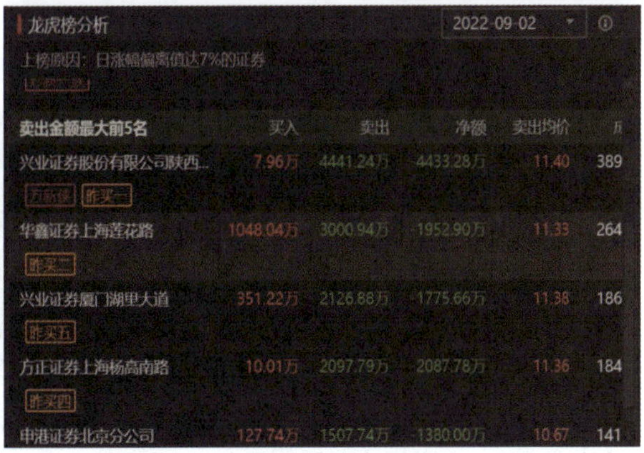

龙虎榜分析　2022-09-02

上榜原因：日涨幅偏离值达7%的证券

卖出金额最大前5名	买入	卖出	净额	卖出均价	
兴业证券股份有限公司陕西... 昨买一	7.96万	4441.24万	-4433.28万	11.40	389
华鑫证券上海莲花路 昨买二	1048.04万	3000.94万	-1952.90万	11.33	264
兴业证券厦门湖里大道 昨买五	351.22万	2126.88万	-1775.66万	11.38	186
方正证券上海杨高南路 昨买四	10.01万	2097.79万	-2087.78万	11.36	184
申港证券北京分公司	127.74万	1507.74万	-1380.00万	10.67	141

游资也会不讲武德，直接做隔日T。

看到追踪的游资卖出的时候，我们也要果断跟着卖出，做隔日T的游资，对于散户来说就是不讲武德，格局太小。

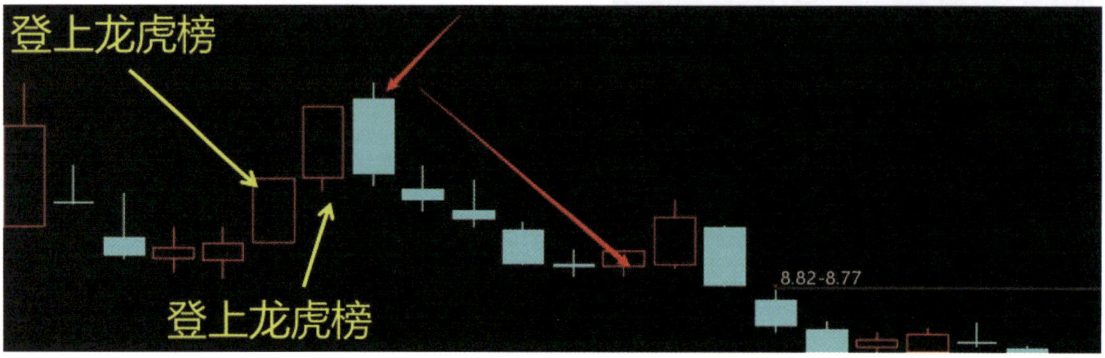

高开的时候要舍得卖。

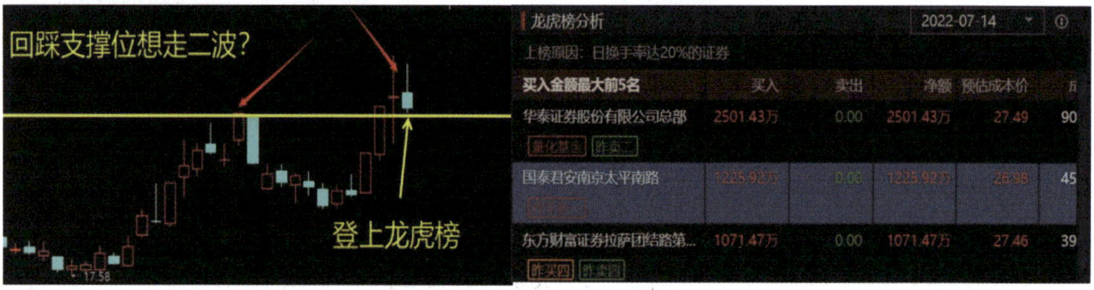

观察走二波的股票，看下登上龙虎榜的游资作手新一。

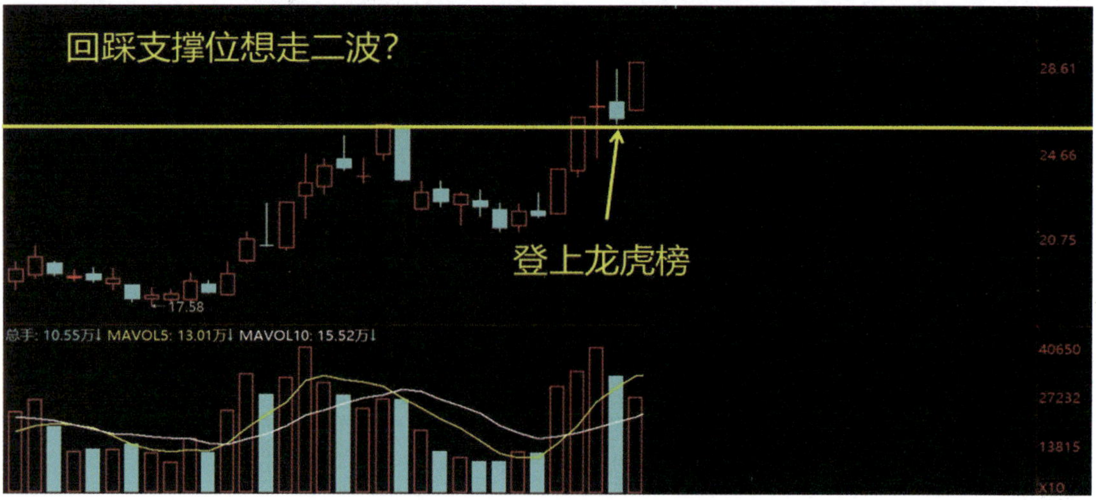

散户看到龙虎榜之后，第二天涨停之前给了入场机会。

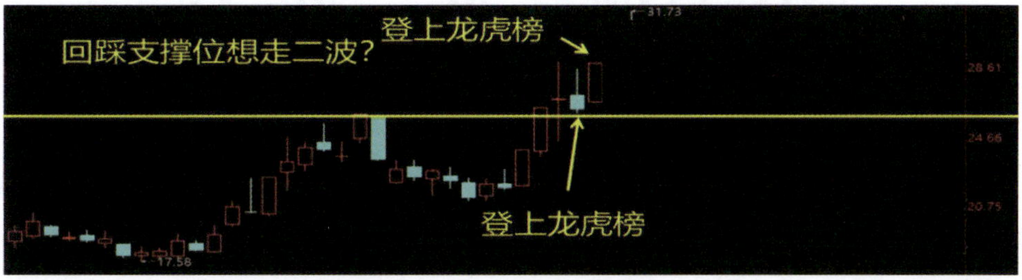

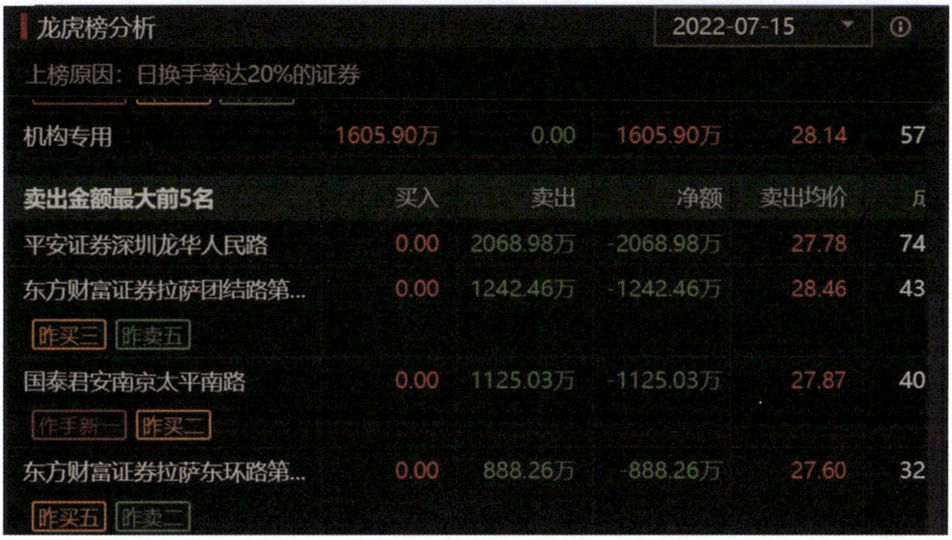

龙虎榜分析 2022-07-15

上榜原因：日换手率达20%的证券

机构专用	1605.90万	0.00	1605.90万	28.14	57
卖出金额最大前5名	买入	卖出	净额	卖出均价	历
平安证券深圳龙华人民路	0.00	2068.98万	-2068.98万	27.78	74
东方财富证券拉萨团结路第... 昨买三 昨卖五	0.00	1242.46万	-1242.46万	28.46	43
国泰君安南京太平南路 作手新一 昨买二	0.00	1125.03万	-1125.03万	27.87	40
东方财富证券拉萨东环路第... 昨买五 昨卖二	0.00	888.26万	-888.26万	27.60	32

2022年7月14日，作手新一介入，登上龙虎榜，7月15日作手新一离场，登上龙虎榜。

散户如果在7月15日当天择机跟进，7月15日主力给了散户一个低吸进场的机会，7月16日离场时也给了散户冲高逃跑的机会。追踪龙虎榜主打的就是快进快出，执行慢的就尽量不要参与。

第十课　课后练习

1.关于DDE指标，描述正确的是？（　）

A.因为统计的口径不同，会导致DDE大单净量和主力资金净流入出现相反的情况，是非常正常的，我们要侧重主力资金净流入数据

B.DDE大单净额=DDE大单买入金额+DDE大单卖出金额

C.通常在观察小市值股票时，把DDE大单净额看作主力资金的流向就可以，尤其连板股，对资金极其敏感

D.一般来说，DDE大单净额与成交量成正比关系，所以必须要每天放更大的量才行

2.关于DDE指标的分析，以下说法哪些是正确的？

A. 第一天DDE大单放量，成交量同步放量涨停，趋势大概率良好

对（　）错（　）

B.第一天DDE大单放量，成交量缩量涨停，趋势大概率良好

对（　）错（　）

C.前一天DDE大单缩量，成交量同步放量未涨停，趋势大概率良好

对（　）错（　）

D.前一天DDE大单缩量，成交量同步缩量涨停，趋势大概率良好

对（　）错（　）

第十一课 放量首阴速清仓

一、游资异动警惕信号

1. 核心风险提示

物极必反，【股价疯涨后是过山车】，对于龙虎榜同样适用，过度上涨是风险，过度下跌是机会。

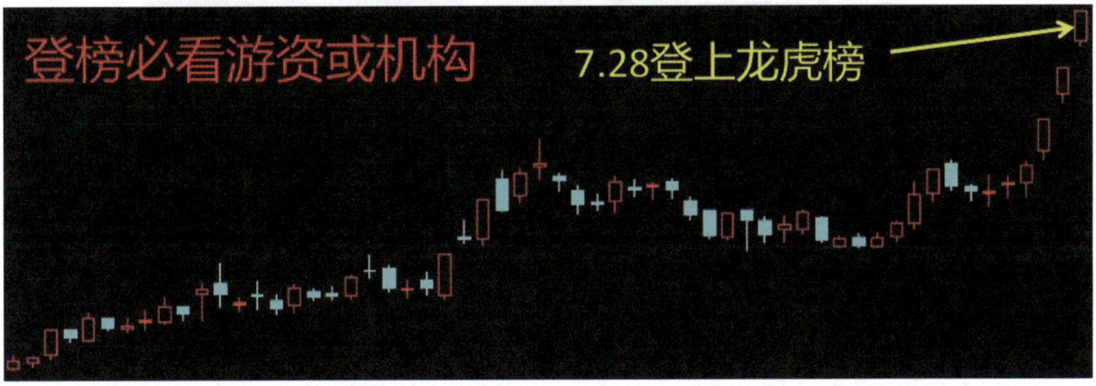

登上龙虎榜后：看席位，看游资。

龙虎榜分析　2022-07-28

上榜原因：日换手率达20%的证券

买入金额最大前5名	买入	卖出	净额	预估成本价	
华泰证券深圳益田路荣超商… [illegible]	1078.00万	0.00	1078.00万	35.78	30
华泰证券郑州经三路 温州帮	804.33万	0.00	804.33万	35.76	22
中国国际金融上海分公司 量化基金	786.81万	0.00	786.81万	35.76	22
华鑫证券南京中山北路 首板挖掘	772.27万	0.00	772.27万	35.59	21
中信证券东阳吴宁西路	755.24万	0.00	755.24万	35.78	21

如上图所示，这种豪华阵容游资扎堆，初看耳目一新，感觉不涨都天理难容。但事实是这样吗？

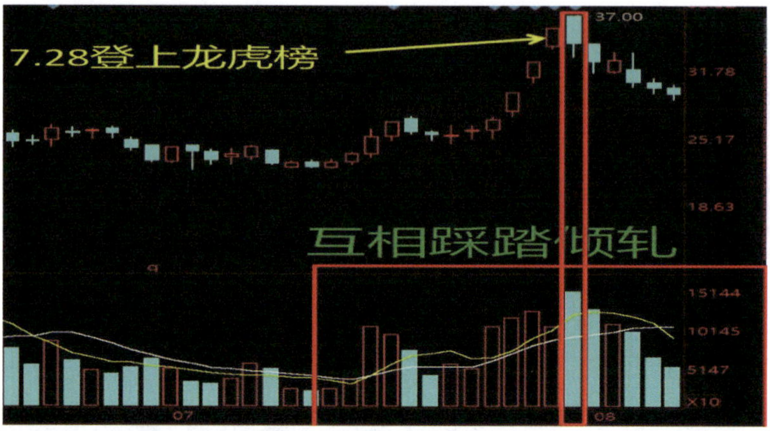

看到游资撞车的情形时，可能产生的想法是：谁也不想谁好过。

例如“量化基金”“首板挖掘”等游资 都是 T+1好手，今天买次日卖。一旦看到各方游资撞车，那就只能比一比谁跑得比较快。这对散户来说不是好信号，物极必反！

2. 警惕信号

四个甚至更多的游资同时出现在龙虎榜，就是比谁跑得快、亏得少，跑得慢的最后没人接盘。

重点：看到大阴线放量，就是减仓、清仓的好机会，不要犹豫。

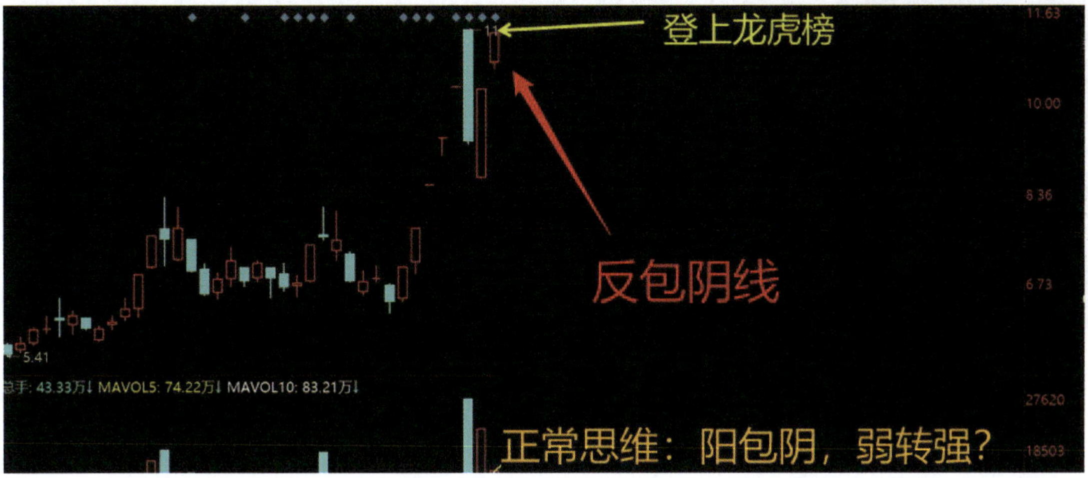

如果只看K线形态是反包的阳线，弱转强，散户会想，股价是不是要起飞了？但是，“正确”的思维逻辑，却不一定带来好结果。

当天走出【阳包阴】K线形态，背后隐藏着龙虎榜的数据。

营业部名称	近三月成功率	买入/卖出
国盛证券宁波桑田路证券营业部 知名游资	36.59%	1.60亿 115.62万
机构专用	46.97%	6868.25万 866.78万
中信证券上海溧阳路证券营业部 上海溧阳路	30.23%	6068.20万 96.76万
中国银河证券北京中关村大街证券营... 苏南帮 知名游资	47.90%	5396.88万 29.71万
华鑫证券上海分公司 量化打板 一线游资	39.83%	3438.97万 155.84万

出现豪华阵容游资聚集扎堆，可能带来更坏的结果。

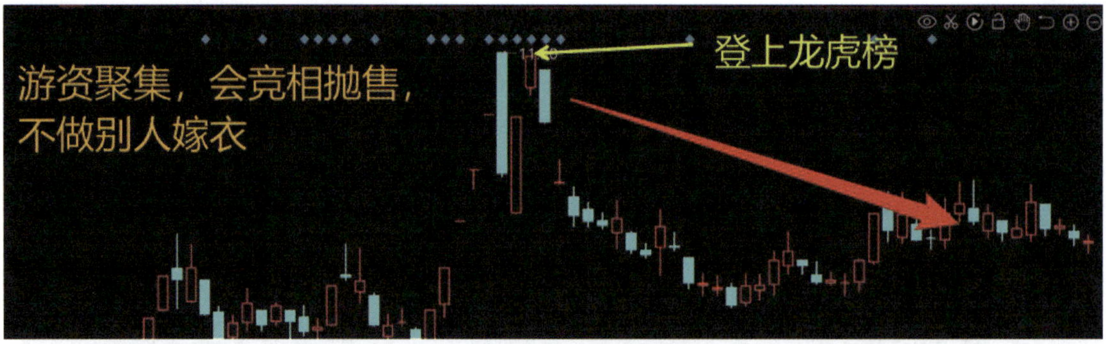

当龙虎榜上出现游资扎堆聚集时，即便是【阳线反包了阴线】，也很有可能掉坑里，要万分警惕。

核心点：放量首阴速清仓。

妖股在上涨途中出现阴线时，正常预期是应该走弱的。

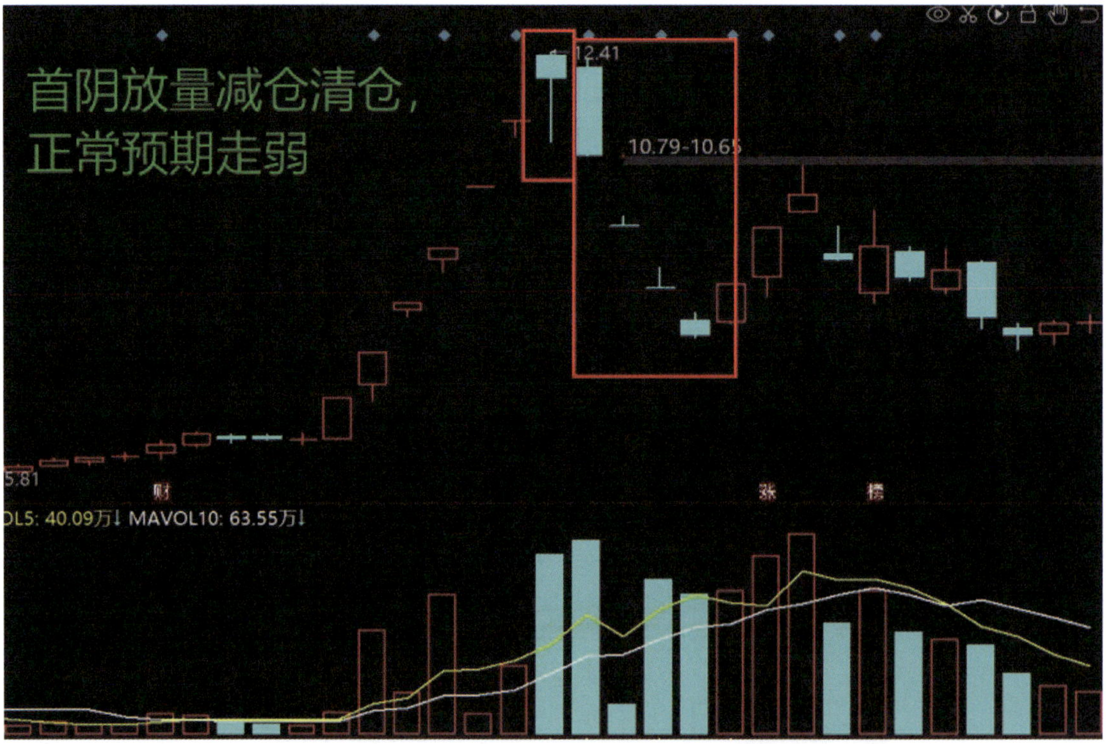

尤其是3连板以上出现首阴放量，风险极大，注意及时避险！

二、主力思维

1. 主力建仓的特点

股价低位时的成交量放量，是主力在建仓吸筹，因为此时出货完全没有必要，赚不到钱。

2. 主力出货的特点

股价到了一定的高位，出现放量或者盘整震荡【出货】。

3. 基本思路

在股价低位时，通过放量建仓，然后开始缩量盘整，洗出去浮筹，再开始资金拉升。

拉升后，主力想快速出货，必然需要放量。

但是散户也会恐慌跟抛，因为快速的放量下跌会影响主力收益，所以，通常主力也会在拉升后采取横盘震荡的形式出货。

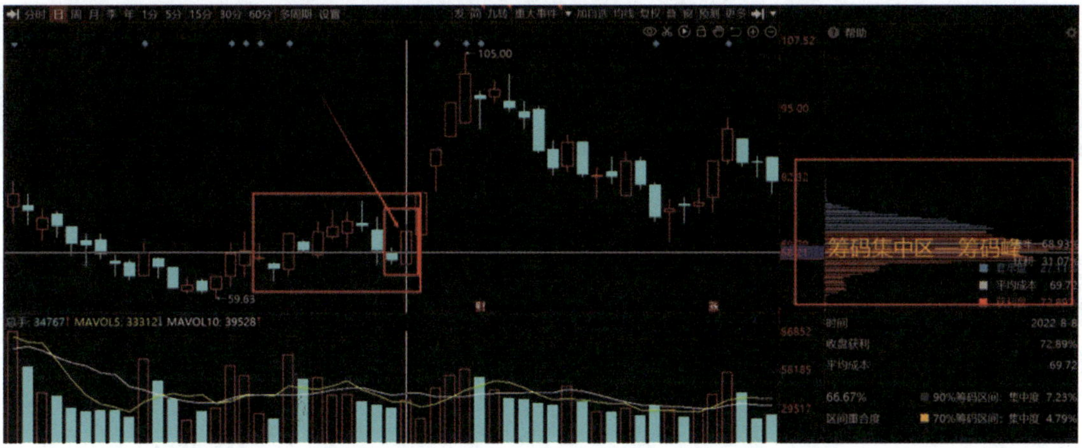

底部筹码最聚集的状态，就是主力建仓的成本区附近。

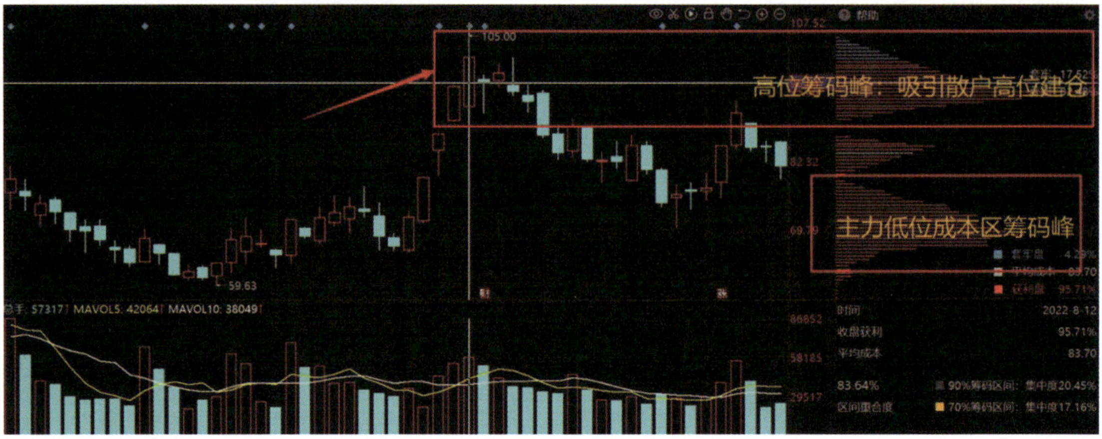

上方筹码聚集，是散户追涨跟风聚集起来的，主力出货的时机已到 。

筹码底部单峰密集是主力建仓的特征。

筹码高位单峰密集是主力出货的特征。

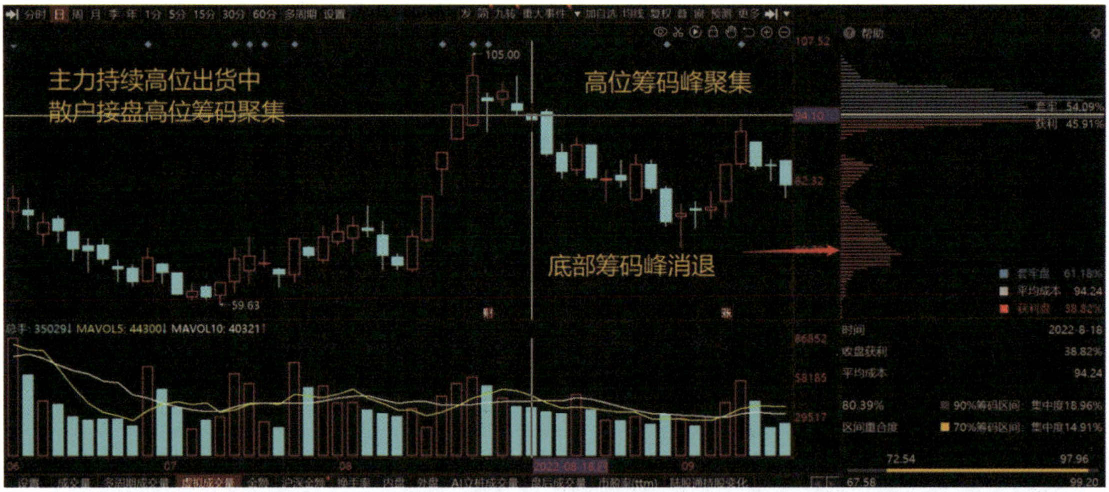

上方筹码进一步聚集，下方筹码峰逐步消退，主力持续出货。

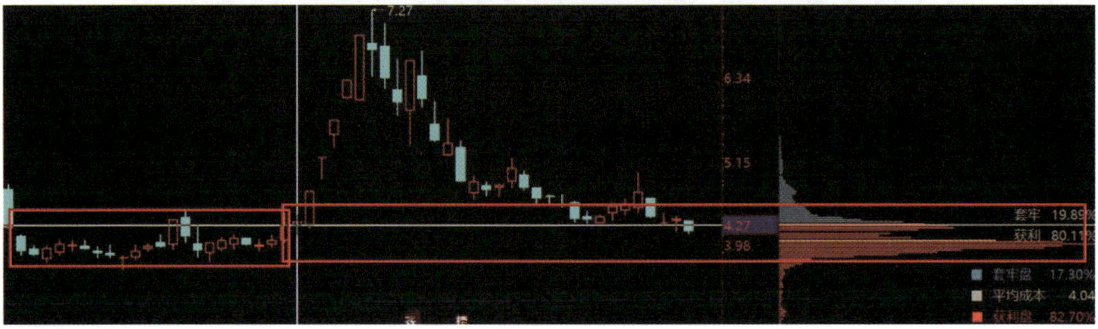

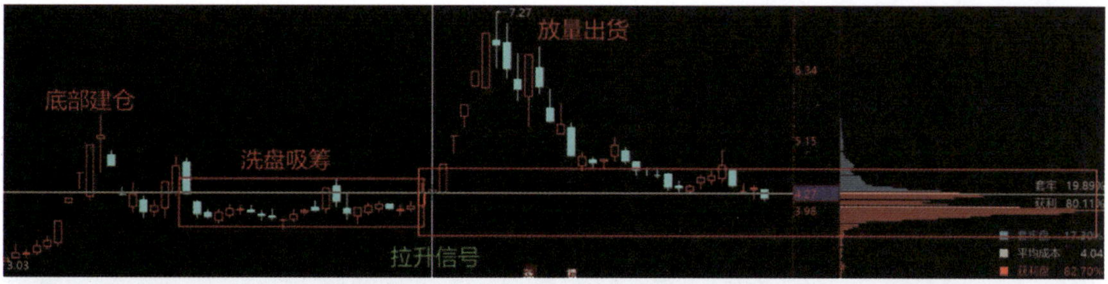

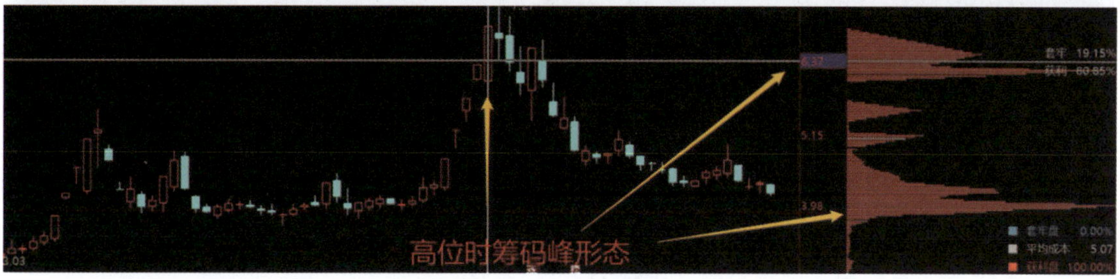

筹码峰的高低位置、运动轨迹，如上图所示。

筹码从最开始的底部单峰密集，到拉升后到了高位，开始聚集大量的散户筹码。

4. 二次参与

有没有新的主力主动接力第二波，推动股价继续上涨?

散户想参与第二波的操作步骤如下。

（1）如果吃到了第一波，就先获利离场观望。

（2）如果出现明确信号，做二波的游资【方新侠】或者【作手新一】登上龙虎榜，散户此时可以考虑二次参与。

当机构和游资共同看好时，会产生什么样的化学反应?

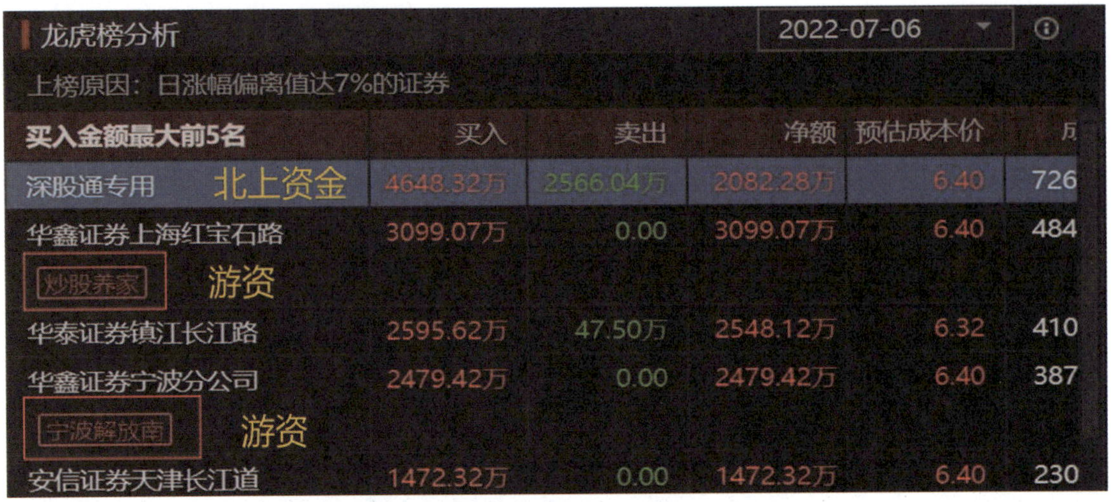

龙虎榜分析　2022-07-06

上榜原因：日涨幅偏离值达7%的证券

买入金额最大前5名	买入	卖出	净额	预估成本价	
深股通专用　北上资金	4648.32万	2566.04万	2082.28万	6.40	726
华鑫证券上海红宝石路 炒股养家　游资	3099.07万	0.00	3099.07万	6.40	484
华泰证券镇江长江路	2595.62万	47.50万	2548.12万	6.32	410
华鑫证券宁波分公司 宁波解放南　游资	2479.42万	0.00	2479.42万	6.40	387
安信证券天津长江道	1472.32万	0.00	1472.32万	6.40	230

机构的入驻，往往意味着中长期行情可期。

而【机游一体】，游资与机构混杂，说明游资和主流资金达成共识，这种情况下，股价继续有所表现的概率较大。

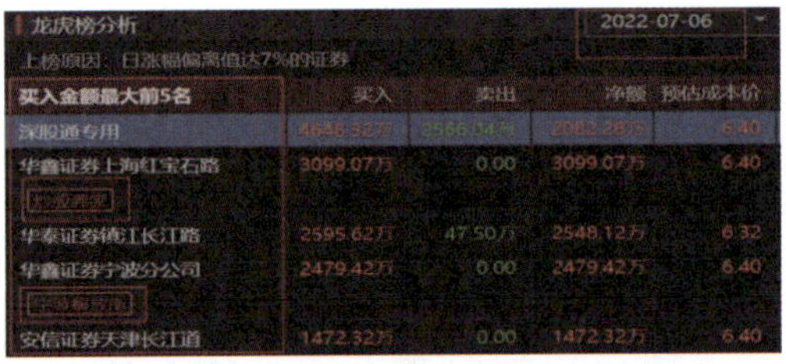

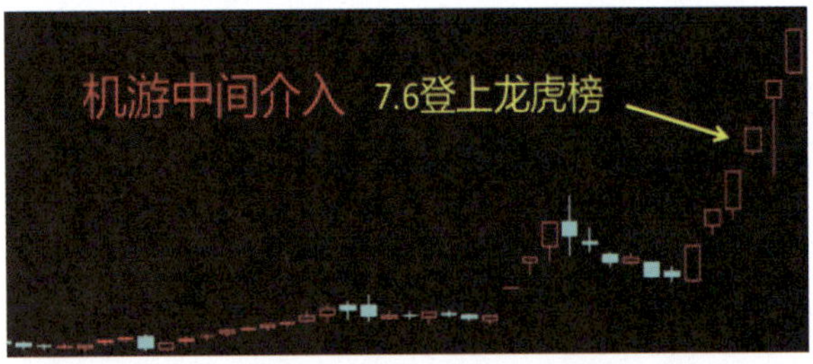

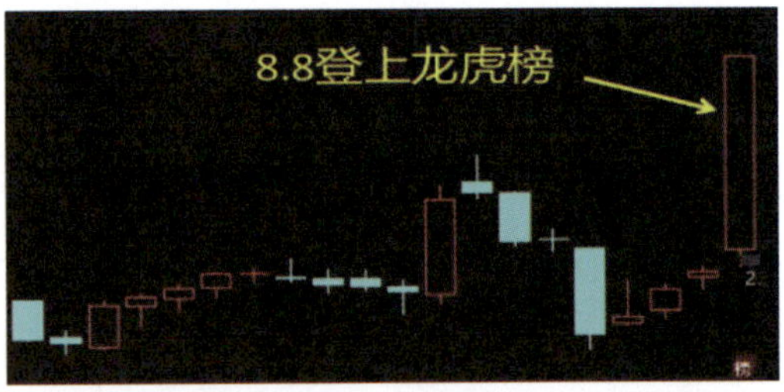

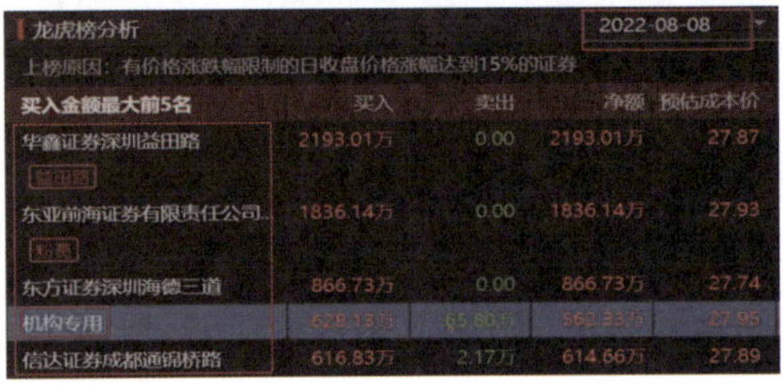

龙虎榜分析　2022-08-08

上榜原因：有价格涨跌幅限制的日收盘价格涨幅达到15%的证券

买入金额最大前5名	买入	卖出	净额	预估成本价
华鑫证券深圳益田路 益田路	2193.01万	0.00	2193.01万	27.87
东亚前海证券有限责任公司... 帅康	1836.14万	0.00	1836.14万	27.93
东方证券深圳海德三道	866.73万	0.00	866.73万	27.74
机构专用	628.13万	65.80万	562.33万	27.95
信达证券成都通锦桥路	616.83万	2.17万	614.66万	27.89

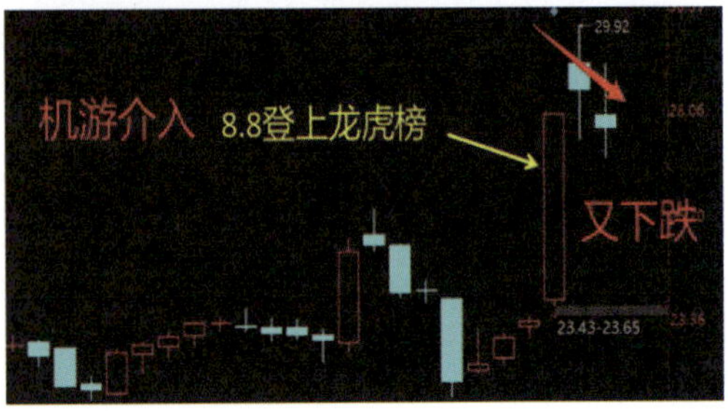

5. 重点

同样是机构和游资介入，为什么次日有的股票会下跌，有的股票会上涨?

龙虎榜分析　2022-07-06

上榜原因：日涨幅偏离值达7%的证券

机构和游资资金量介入差别小

买入金额最大前5名	买入	卖出	净额	预估成本价	[illegible]
深股通专用	4648.32万	2566.04万	2082.28万	6.40	726
华鑫证券上海红宝石路 炒股养家	3099.07万	0.00	3099.07万	6.40	484
华泰证券镇江长江路	2595.62万	47.50万	2548.12万	6.32	410
华鑫证券宁波分公司 宁波解放南	2479.42万	0.00	2479.42万	6.40	387
安信证券天津长江道	1472.32万	0.00	1472.32万	6.40	230
卖出金额最大前5名	**买入**	**卖出**	**净额**	**卖出均价**	[illegible]
深股通专用	4648.32万	2566.04万	2082.28万	6.40	400

上涨的股票，机构和游资的资金量差异小。

龙虎榜分析　2022-08-08

机构和游资资金量差别大

上榜原因：有价格涨跌幅限制的日收盘价格涨幅达到15%的证券

买入金额最大前5名	买入	卖出	净额	预估成本价	[illegible]
华鑫证券深圳益田路 益田路	2193.01万	0.00	2193.01万	27.87	78
东亚前海证券有限责任公司... 粉葱	1836.14万	0.00	1836.14万	27.93	65
东方证券深圳海德三道	866.73万	0.00	866.73万	27.74	31
机构专用	628.13万	65.80万	562.33万	27.95	22
信达证券成都通锦桥路	616.83万	2.17万	614.66万	27.89	22

下跌的股票，机构和游资的资金量差异大。

第一张图机构和游资资金差距不大。

第二张图机构和游资资金差距过大。

游资和机构持仓均衡，没有谁占主导地位，相互制衡才能走得更远。相反，当机构和游资持仓差距过大，很容易造成相互砸盘的走势。

资金量：

机构＞游资（机构无惧游资砸盘）

机构＜游资（机构挡不住游资砸盘）

特别是机构与砸盘风格的游资一起上榜时，更容易出现砸盘。

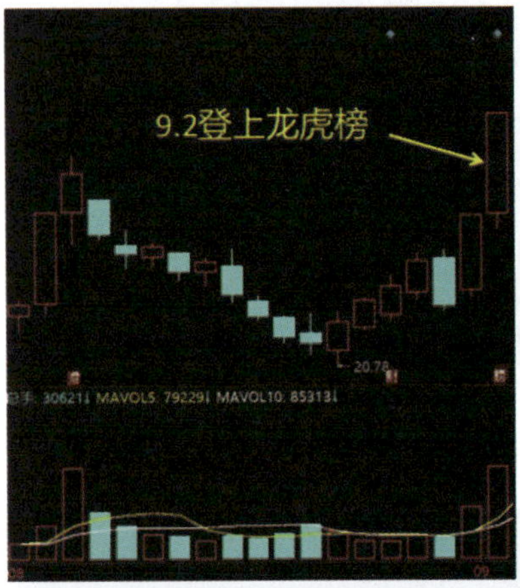

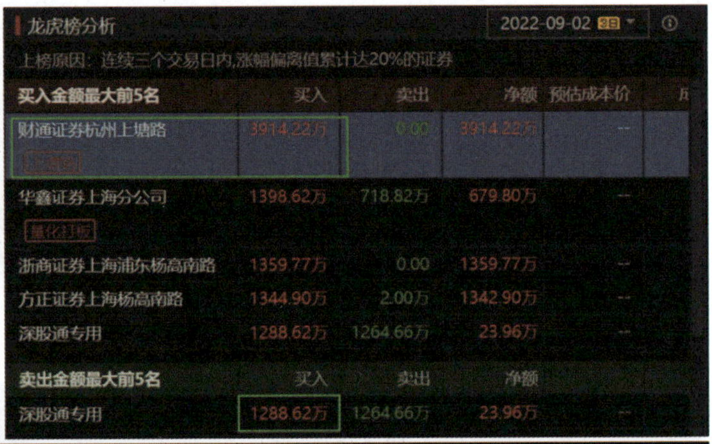

龙虎榜分析　2022-09-02

上榜原因：连续三个交易日内,涨幅偏离值累计达20%的证券

买入金额最大前5名	买入	卖出	净额	预估成本价
财通证券杭州上塘路	3914.22万	0.00	3914.22万	--
华鑫证券上海分公司 量化打板	1398.62万	718.82万	679.80万	--
浙商证券上海浦东杨高南路	1359.77万	0.00	1359.77万	--
方正证券上海杨高南路	1344.90万	2.00万	1342.90万	--
深股通专用	1288.62万	1264.66万	23.96万	--
卖出金额最大前5名	**买入**	**卖出**	**净额**	
深股通专用	1288.62万	1264.66万	23.96万	--

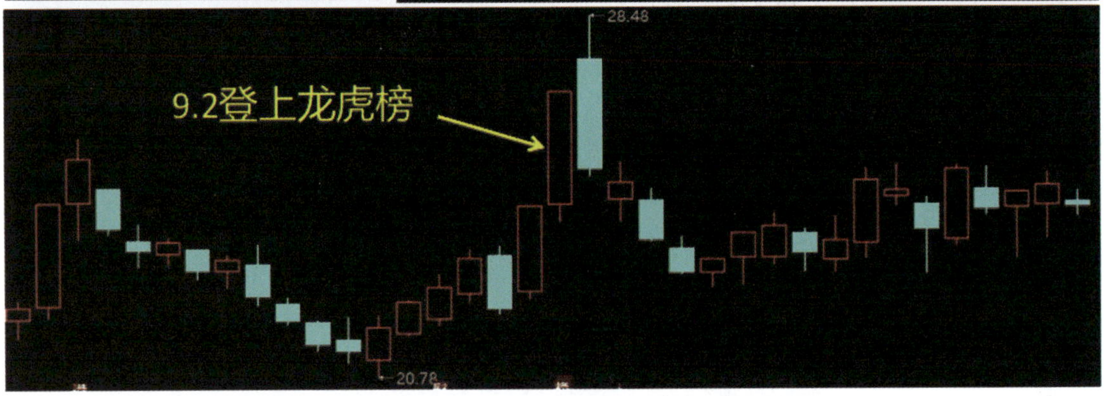

资金量上，机构＜游资，且游资是砸盘王，速速清仓离场。

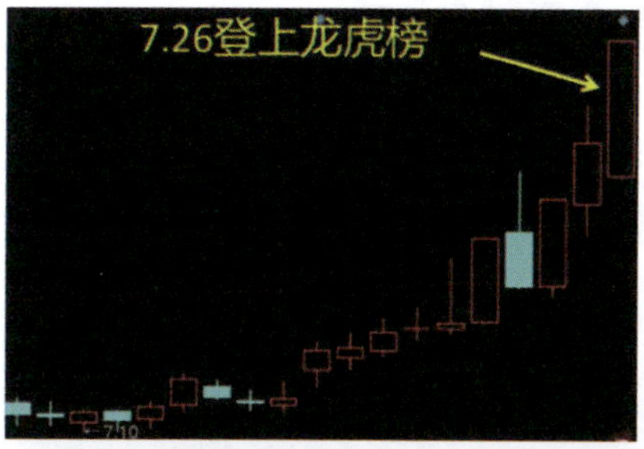

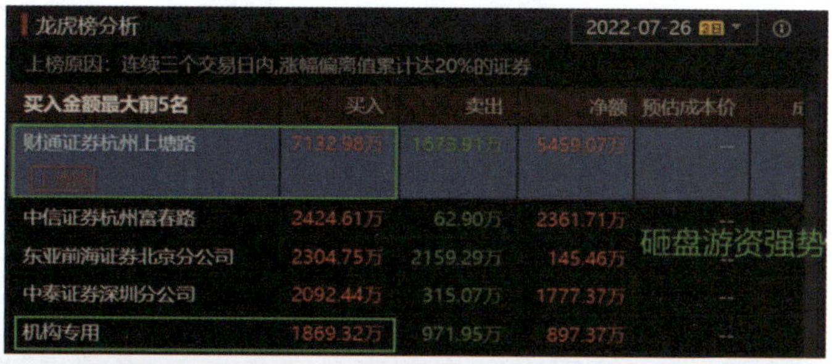

龙虎榜分析 2022-07-26

上榜原因：连续三个交易日内，涨幅偏离值累计达20%的证券

买入金额最大前5名	买入	卖出	净额	预估成本价
财通证券杭州上塘路	7132.98万	1673.91万	5459.07万	--
中信证券杭州富春路	2424.61万	62.90万	2361.71万	--
东亚前海证券北京分公司	2304.75万	2159.29万	145.46万	--
中泰证券深圳分公司	2092.44万	315.07万	1777.37万	--
机构专用	1869.32万	971.95万	897.37万	--

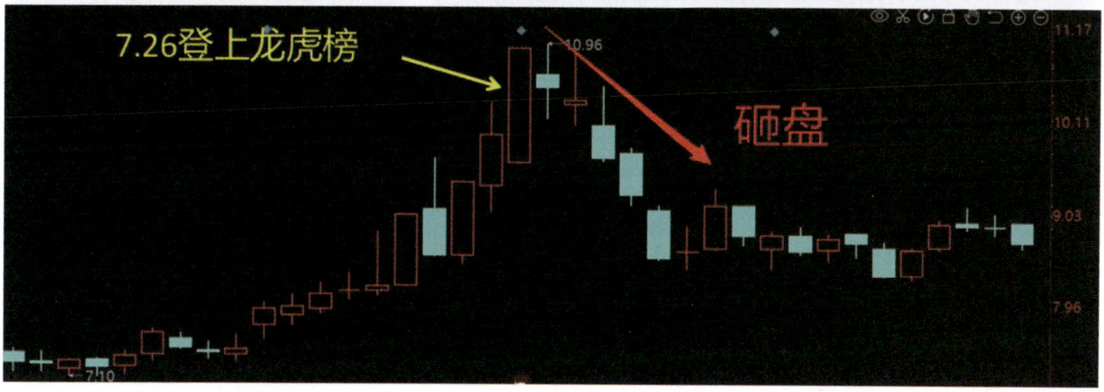

三、清仓信号

三连板以上涨停，换手率大于30%，风险大！

三连板以上高位放量巨阴，风险大！

尾盘最后十五分钟炸板，风险大！

第十一课　课后练习

请判断对错。

1.筹码底部单峰密集，极可能是主力建仓的特征。

对（　　）错（　　）

2.上方筹码进一步聚集，下方筹码峰逐步消退，是主力在持续出货。

对（　　）错（　　）

3.筹码从最开始的底部单峰密集，到拉升后到了高位，开始聚集大量散户筹码。

对（　　）错（　　）

4.主力基本思路：在股价低位时通过放量建仓，然后开始缩量盘整，洗出去浮筹，再开始资金拉升。

对（　　）错（　　）

5.遇到方新侠或者作手新一登上龙虎榜，散户可以考虑二次参与。

对（　　）错（　　）

6.游资与机构混杂，说明游资和主流资金达成共识，这种情况下，股价继续有所表现的概率较大。

对（　　）错（　　）

第十二课 反弹补仓解套时

一、个股反弹解套方法

（1）适用于在前一个上涨行情中被套，但上市公司股票没有出现违法违规的问题，公司的基本面正常，主营业务运营正常。

（2）主要技术指标没有破位（跌破60日均线），可以考虑继续等待个股的反弹。

（3）如果日K线跌到60日均线处站稳了，开始逐步回弹，在支撑位置可以择机进行加仓，降低成本，尽早解套。

（4）如果当前或者未来跌破60日均线，尽可能选择减仓或者离场。

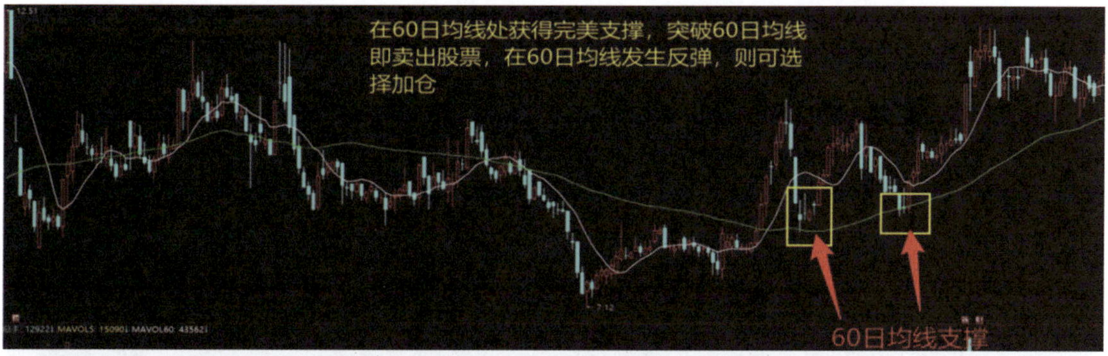
在60日均线处获得完美支撑，突破60日均线
即卖出股票，在60日均线发生反弹，则可选
择加仓
60日均线支撑

60日均线处如果发现支撑有效，出现阳线后可以择机补仓。

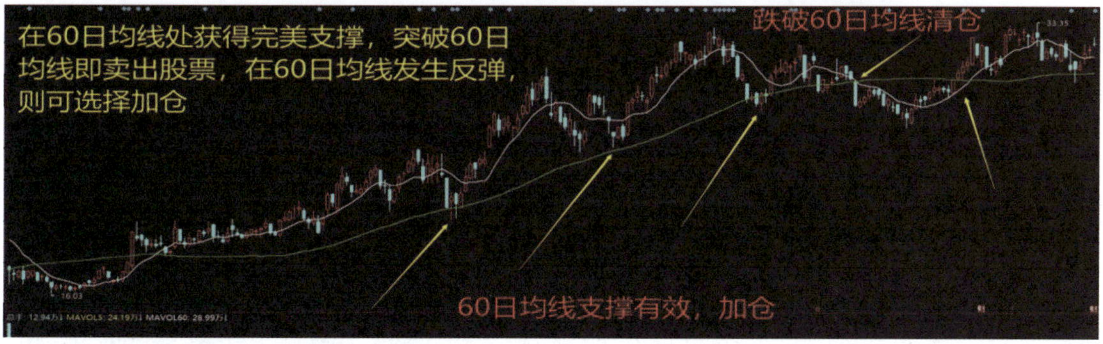
在60日均线处获得完美支撑，突破60日
均线即卖出股票，在60日均线发生反弹，
则可选择加仓
跌破60日均线清仓
60日均线支撑有效，加仓

60日均线有效支撑，加仓。

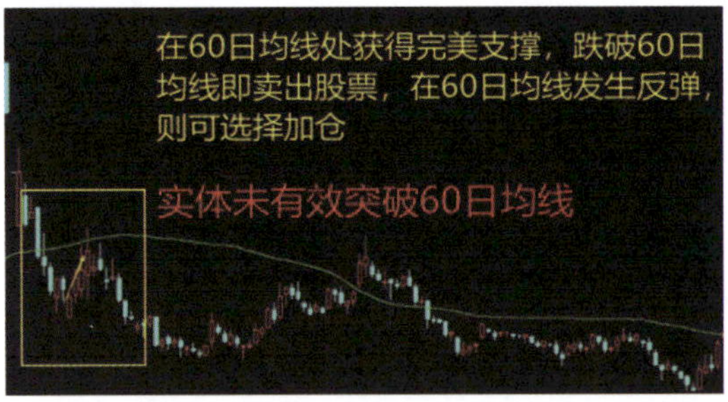
在60日均线处获得完美支撑，跌破60日均线即卖出股票，在60日均线发生反弹，则可选择加仓
实体未有效突破60日均线

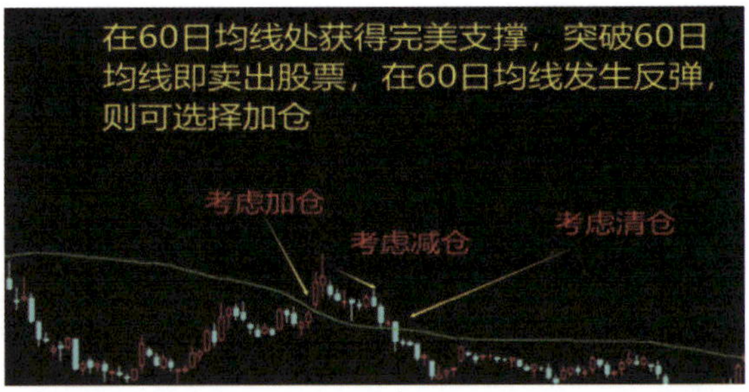
在60日均线处获得完美支撑，突破60日均线即卖出股票，在60日均线发生反弹，则可选择加仓
考虑加仓
考虑减仓
考虑清仓

跌破60日均线支撑，离场。

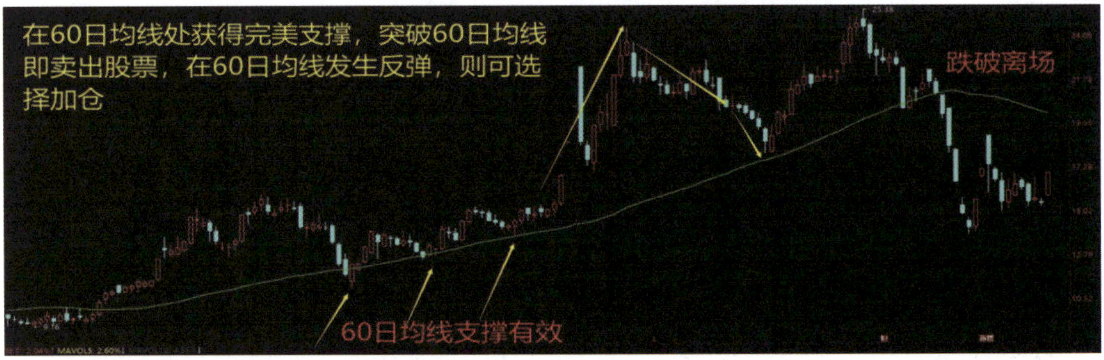
在60日均线处获得完美支撑，突破60日均线即卖出股票，在60日均线发生反弹，则可选择加仓
跌破离场
60日均线支撑有效

未破60日均线，且60日均线是这段走势的明显支撑线，坚定持有。

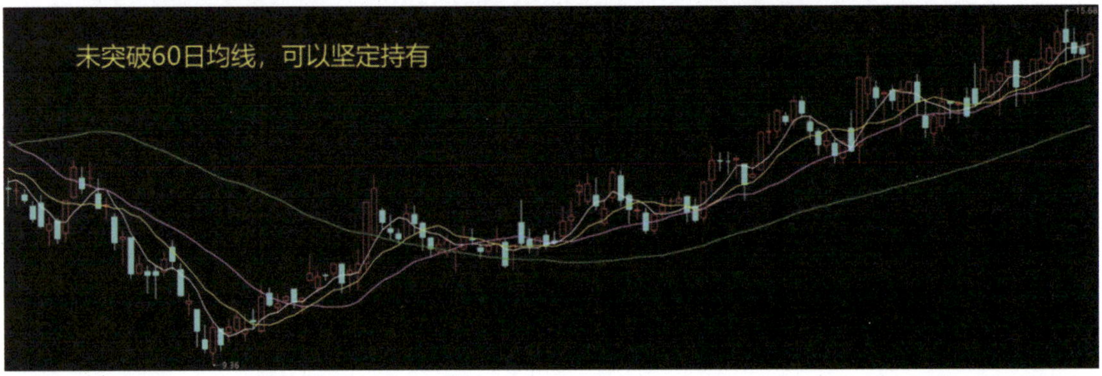
未突破60日均线，可以坚定持有

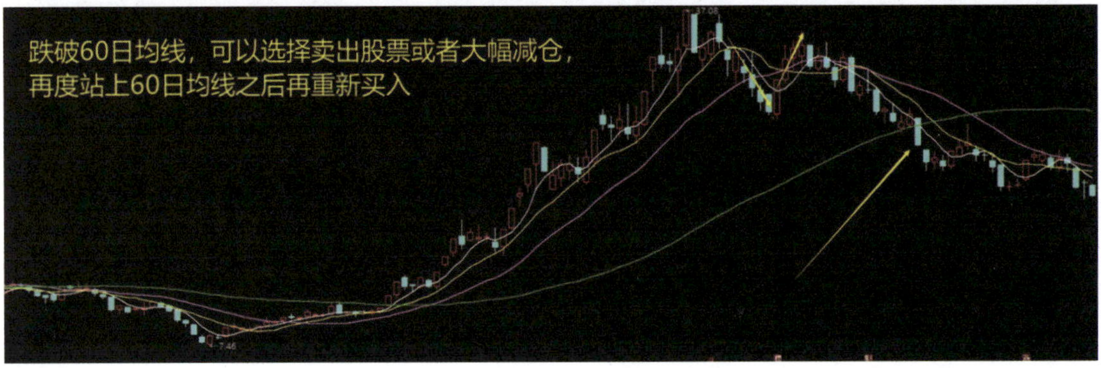
跌破60日均线，可以选择卖出股票或者大幅减仓，再度站上60日均线之后再重新买入

妖股难解套，一般基本面都很烂，快进快出即可；趋势股解套容易，有基本面支撑，但也要注意规避风险。

二、“果断割肉”的解套思维逻辑

（1）果断割肉，主要是针对业绩并不好，又缺乏实质性热门题材的股票，甚至出现预亏，或者是受到有关部门公开惩罚公示的股票。

（2）当发现自己当初的买入是一种很严重的错误，特别是买在前期暴涨过的牛股顶峰时，一定要拿出壮士断腕的决心，及时斩仓割肉，才能丢车保帅。

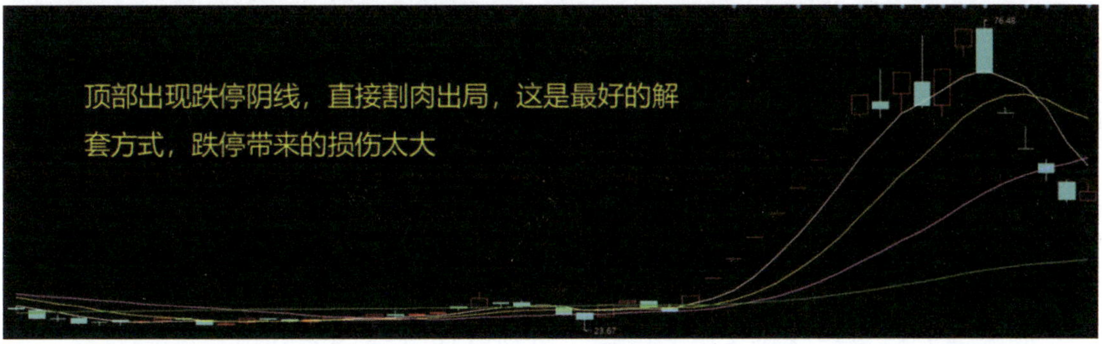
顶部出现跌停阴线，直接割肉出局，这是最好的解
套方式，跌停带来的损伤太大
76.48
23.67

只要能保证资金不受大的损失，股市中永远有无数的机会可以再赚回来。

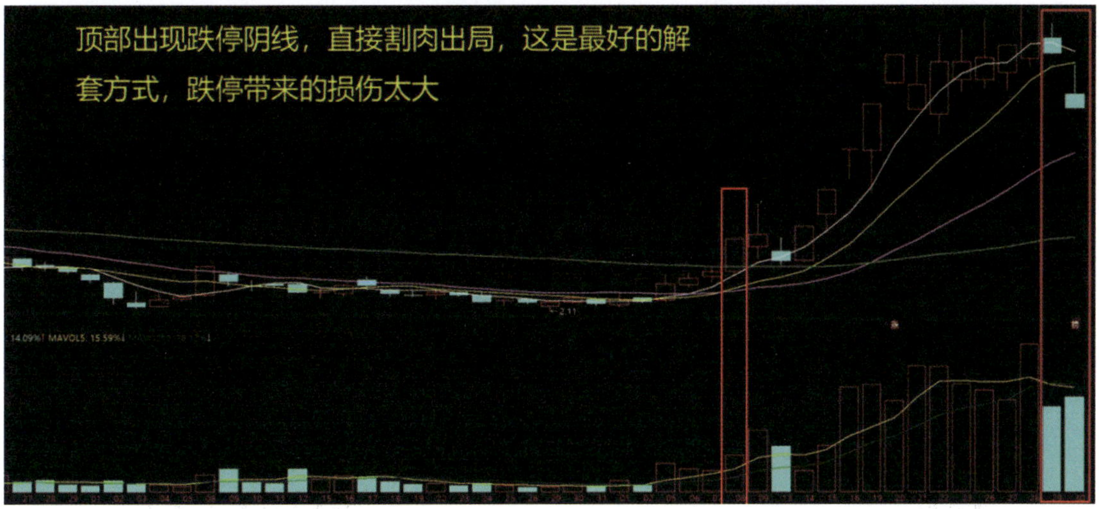
顶部出现跌停阴线，直接割肉出局，这是最好的解
套方式，跌停带来的损伤太大

顶部跌停阴线，不管放量缩量，最好清仓出局。

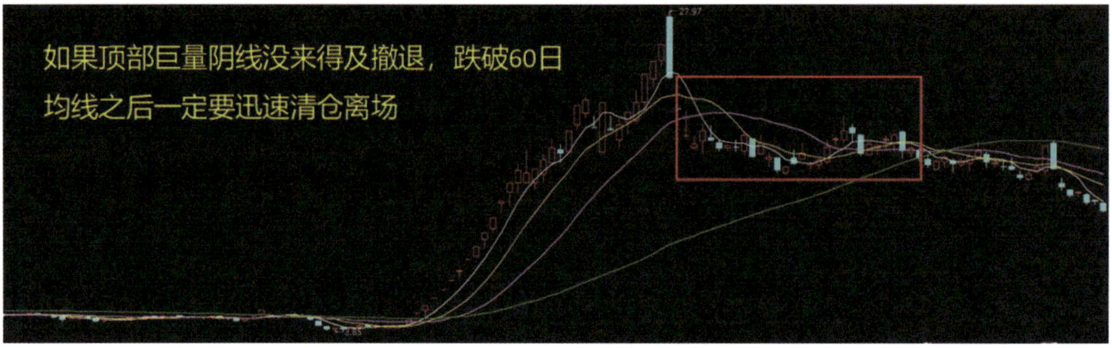
如果顶部巨量阴线没来得及撤退，跌破60日
均线之后一定要迅速清仓离场

如果顶部巨量阴线没来得及撤退，或者犹豫还想等等，后续看到跌破60日均线生命线，要迅速清仓离场。

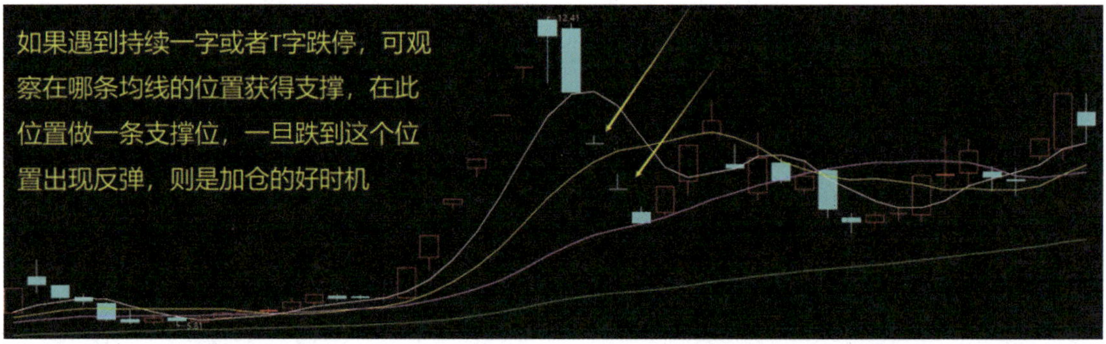
如果遇到持续一字或者T字跌停，可观
察在哪条均线的位置获得支撑，在此
位置做一条支撑位，一旦跌到这个位
置出现反弹，则是加仓的好时机

如果遇到持续一字或者T字跌停，可观察在哪条均线的位置获得支撑，在此位置做一条支撑位，一旦跌到这个位置能获得有效支撑出现反弹，则是加仓的好时机。

股票有专属于自己的股性，一定要多观察不同股票的支撑线是哪条，加以利用。

三、下跌过程补仓的解套方法【参考60日线】

（1）解套思路：在较低的价位买进之前被套的股票，逢低补仓，逐步降低成本，若遇适当时机，还可以高抛低吸，加速成本的摊薄。使用这种方法，要注意一条非常重要的线：60日均线。

（2）如果当前持有的股票处于60日均线之下，可以提前减仓或者清仓，等到股票站上60日均线时，再进行补仓，这样资金的利用率会大幅提高 。

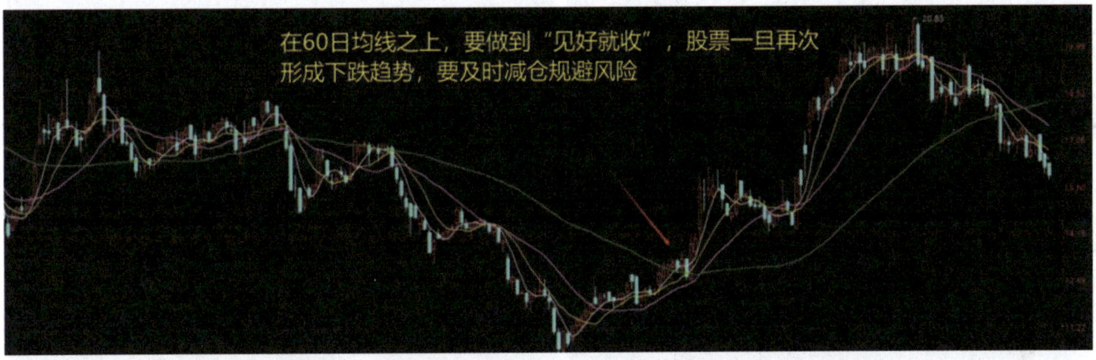
在60日均线之上，要做到“见好就收”，股票一旦再次
形成下跌趋势，要及时减仓规避风险

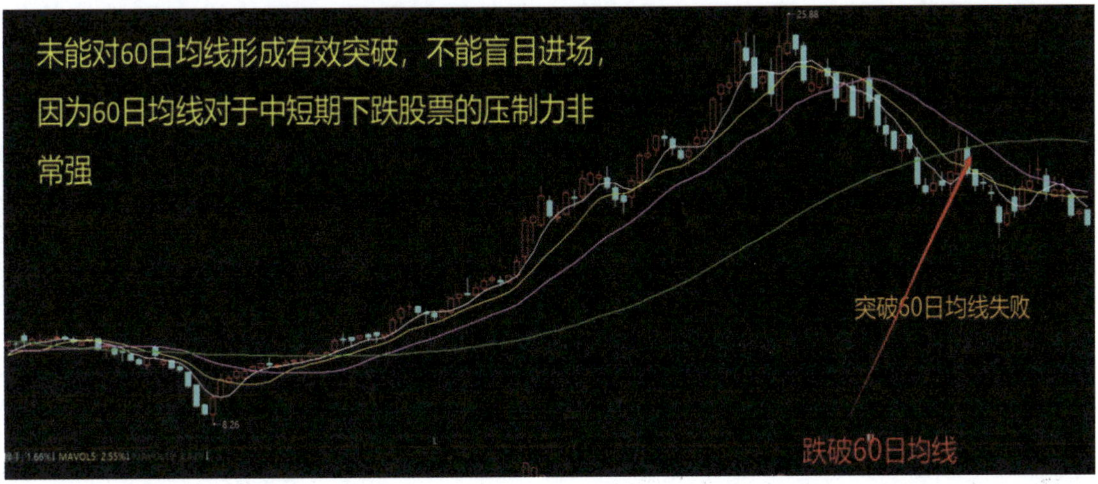
未能对60日均线形成有效突破，不能盲目进场，
因为60日均线对于中短期下跌股票的压制力非
常强
突破60日均线失败
跌破60日均线

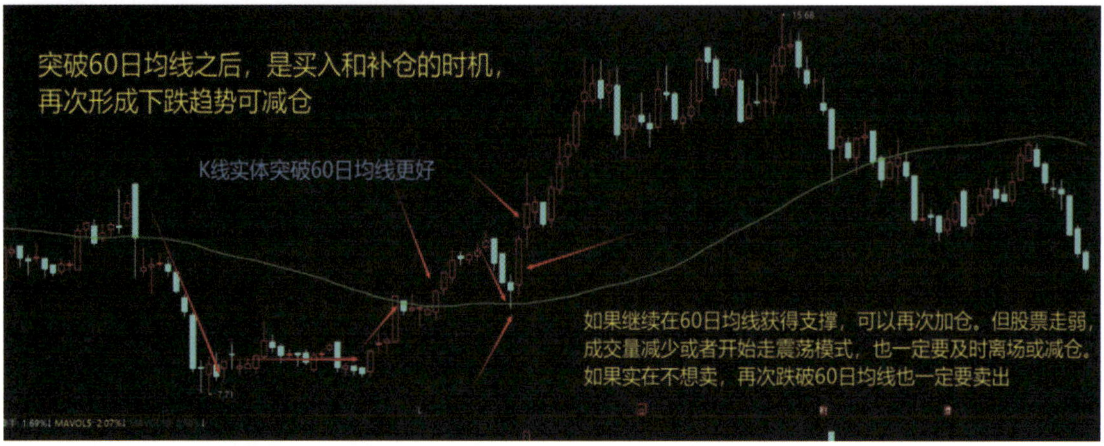
突破60日均线之后，是买入和补仓的时机，
再次形成下跌趋势可减仓
K线实体突破60日均线更好
如果继续在60日均线获得支撑，可以再次加仓。但股票走弱，
成交量减少或者开始走震荡模式，也一定要及时离场或减仓。
如果实在不想卖，再次跌破60日均线也一定要卖出

最好是K线实体部分突破60日均线，而不是上影线。

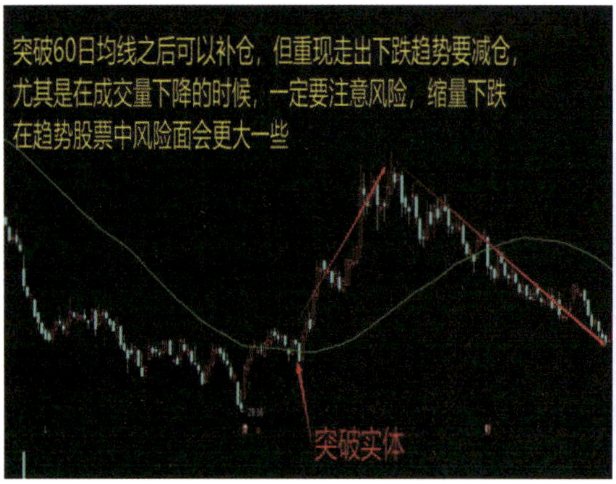
突破60日均线之后可以补仓，但重现走出下跌趋势要减仓，
尤其是在成交量下降的时候，一定要注意风险，缩量下跌
在趋势股票中风险面会更大一些
突破实体

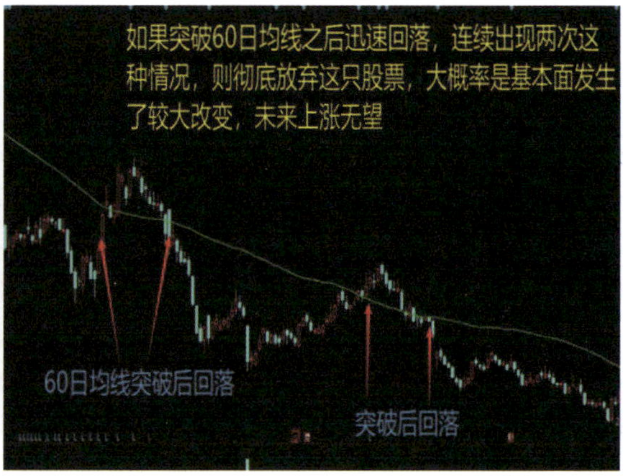
如果突破60日均线之后迅速回落，连续出现两次这
种情况，则彻底放弃这只股票，大概率是基本面发生
了较大改变，未来上涨无望
60日均线突破后回落
突破后回落

连续两次突破60日均线，没站稳，又往回跌破了60日均线，下跌趋势得到进一步的强化，及早远离。

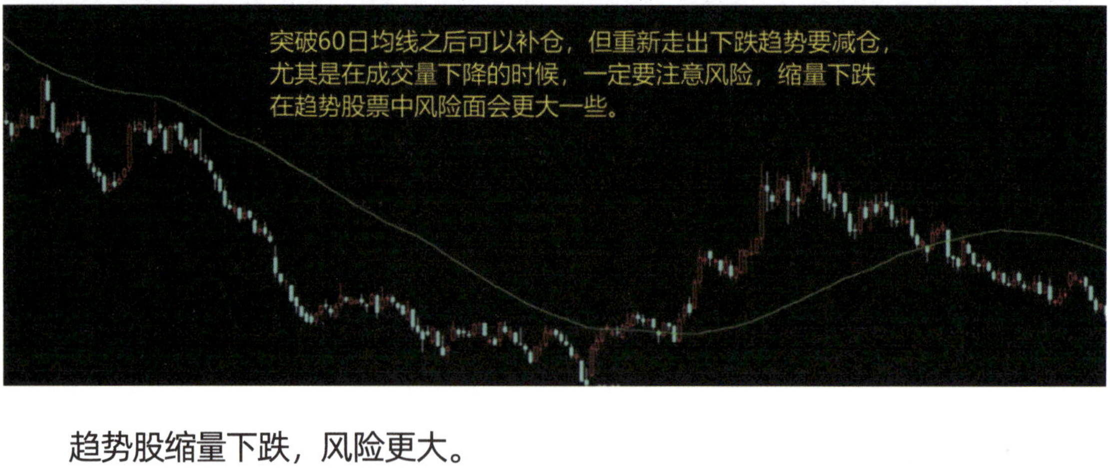
突破60日均线之后可以补仓，但重新走出下跌趋势要减仓，
尤其是在成交量下降的时候，一定要注意风险，缩量下跌
在趋势股票中风险面会更大一些。

趋势股缩量下跌，风险更大。

四、及时调仓换股解套法

（1）使用这种方法时，要注意选择当前的热门股、强势股，最好选择成长性好的绩优强势股，而且处于指标启动的初期（股价较低）。

（2）调仓换股的逻辑：换股，换的是在相对低位时的个股，而不是在高位的个股，否则就会出现一边割肉、一边继续高位被套的恶性循环。

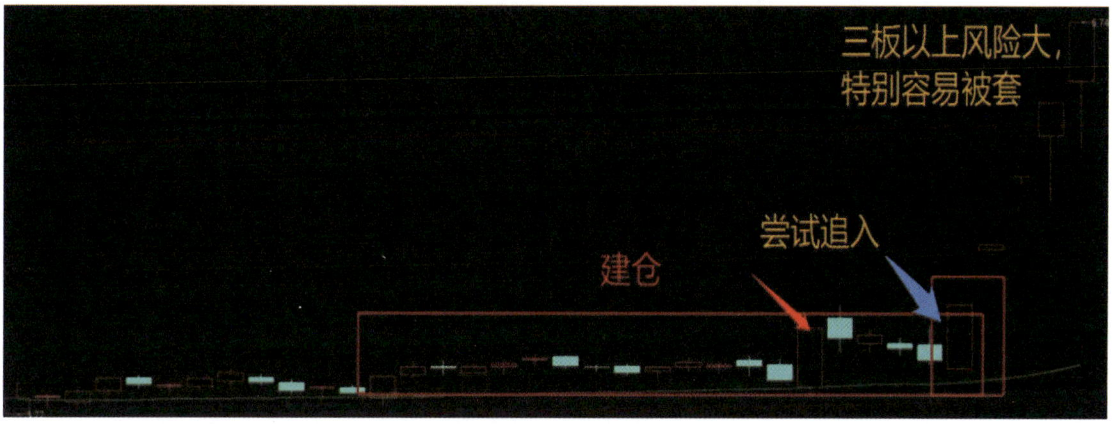
三板以上风险大，
特别容易被套
尝试追入
建仓

五、做T降低成本解套法

利用股价的波动，高价卖出、低价买入赚取差价，从而降低持仓成本。

做T逻辑：统计发现，一只股票在大多数时间都是处于震荡的行情状态。

做T可以让股民在持股待涨的时候不断套利，直至将成本T为负值转为盈利，等到股价回升，就会赚取双向收益。

（1）做T风险较小，但是执行起来难度较大，要有耐心。

（2）做T需要时刻盯盘，注意股价变动，避免出现异动。

（3）做T讲究盘中的低买高卖，分时形态要烂熟于心。

（4）做T降低成本的基本要素。

①被套股票为持有被套底仓的股票。

②当股价站上60日均线，加20%～50%的仓位。

③第二天股价只要高开3个点以上，卖出。

④如果股价第二天没有高开，在没有跌破60日均线的情况下，可以继续持有，一旦跌破，减仓50%。

⑤个股站上60日均线之后，一旦发生回踩不破，均线显示出支撑作用，那在回弹后的第二天直接加仓20%～50%。

⑥第三天股价高开3个点以上，卖出。

第十二课　课后练习

请判断以下说法是否正确?

1.妖股难解套，一般基本面都很烂，原则上建议快进快出。

对（　　）错（　　）

2.如果决定解套处理，没有跌破60日均线的话，可以考虑继续等待个股的反弹。

对（　　）错（　　）

3.如果日K线跌到60日均线处站稳了，开始逐步回弹，在支撑位置可以择机进行加仓。

对（　　）错（　　）

4.如果日K线跌破60日均线支撑，建议离场。

对（　　）错（　　）

5.当发现自己买入的股票业绩预披露亏损，果断止损。

对（　　）错（　　）

6.前期连板，顶部放量跌停，果断止损。

对（　　）错（　　）

第十三课 上升通道收益久

一、上升趋势的关键点

（1）均线多头排列，代表整体走势为上升走势，对于均线非多头排列的短期上升走势，往往趋势性不强。

（2）10日、20日、60日均线方向向上，且股价大于20日均线，说明中短期走势较强，趋势向上。

（3）上升趋势中，走势没有跌破上升支撑线，整个股价被一条支撑线牢牢支撑 。

（4）行业指数的走势要稳，大盘指数环境也是考虑的因素。

（5）阶段涨幅排名靠前，热度较高。一只股票能走成趋势，一定因为本身有故事可讲，积累了足够的人气，因此有一定上升趋势的股票，趋势延续的力量更强。

二、均线多头排列

均线系统体现了长中短周期的走势情况，只有多头排列走势的趋势性才有保障。

i问财搜索语句：5日均线>10日均线>20日均线>60日均线>120日均线>250日均线>500日均线。

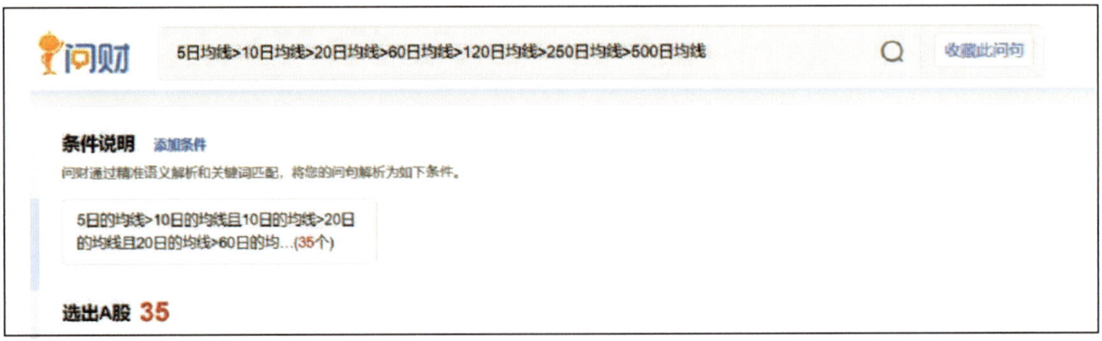

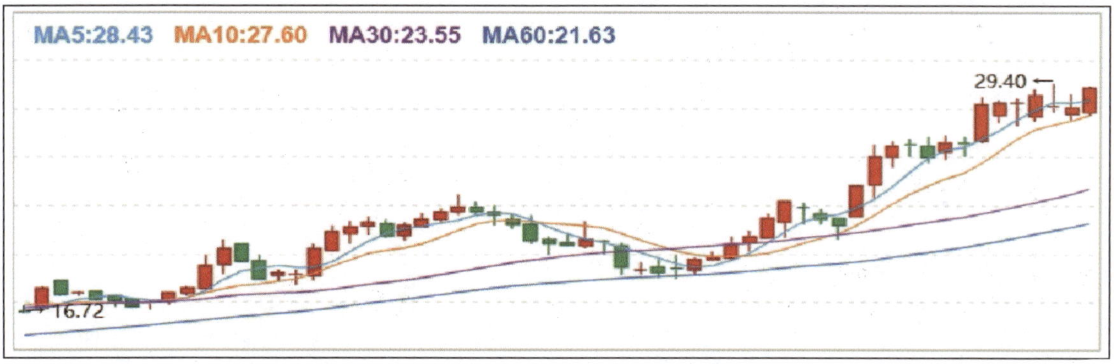
MA5:28.43 MA10:27.60 MA30:23.55 MA60:21.63
29.40
16.72

均线多头排列的股票，趋势性更强。

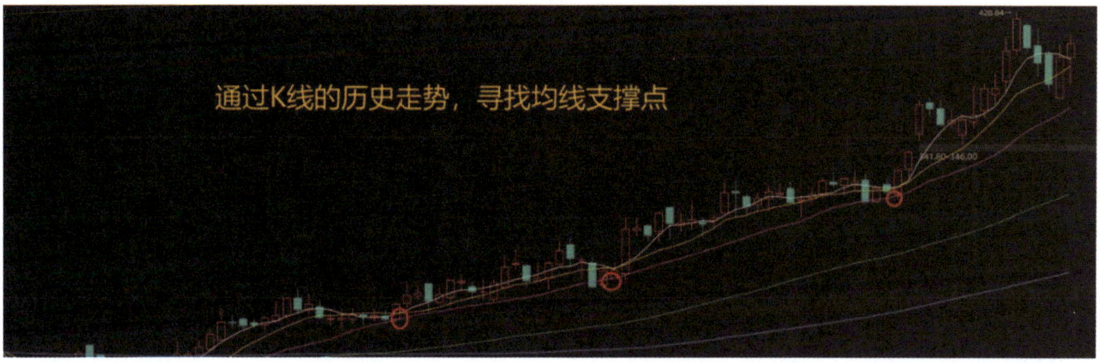
通过K线的历史走势，寻找均线支撑点

根据历史走势，可以找出支撑走势的均线是哪条，均线系统也提供了该股明确的支撑均线：20日均线。

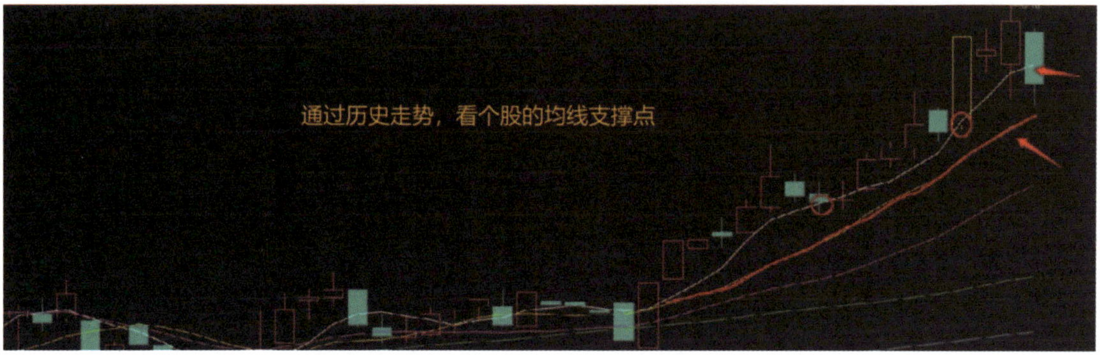
通过历史走势，看个股的均线支撑点

如上图所示，不同股票不同时间的支撑均线不一定相同，一定要灵活应变。该股支撑均线：10日均线。

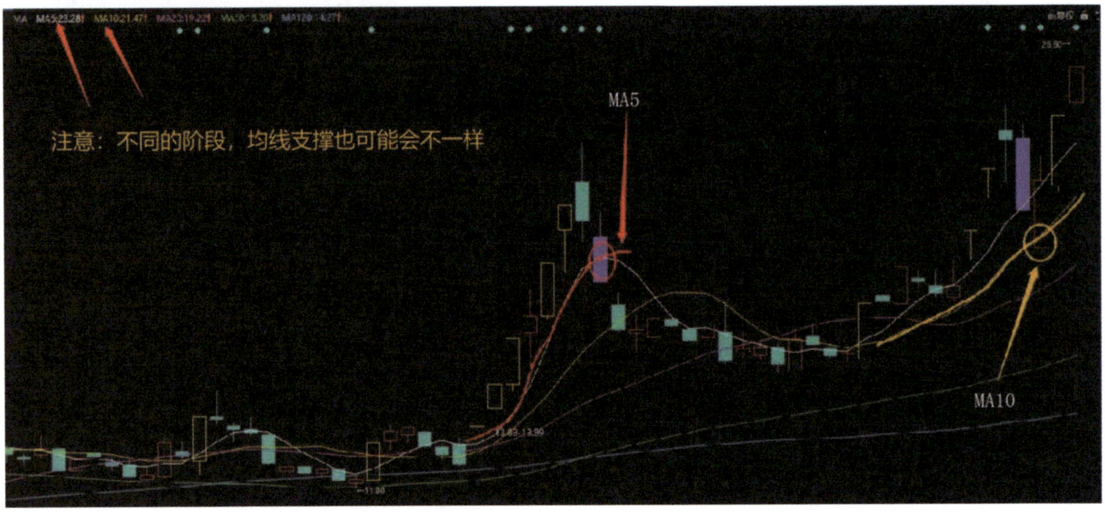

同一只股票，在不同阶段的支撑均线也可能是不同的，前一段是5日均线，后一段是10日均线。

三、均线方向向上，股价大于MA20

i问财搜索语句：5日均线>10日均线>20日均线>60日均线>120日均线>250日均线>500日均线；10日、20日、60日均线方向向上；股价大于20日均线。

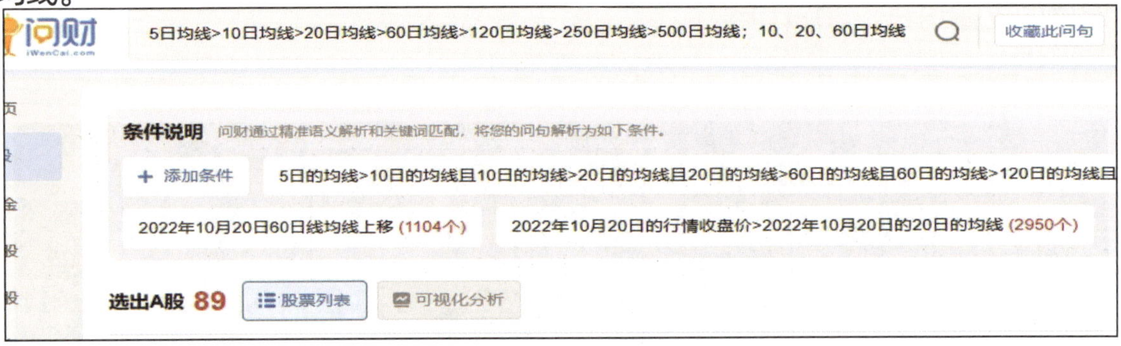

筛选出来的89只个股，就是要深入研究的投资标的。

要注意：没有必要为了筛选而筛选，也就是说，i问财不是万能的，只是一种工具而已。

投资要综合考虑，考虑技术面优良的同时，还要参考大盘行情、行业走势、个股的基本条件，不然无法看到投资的全景图，容易以偏概全。

四、没有跌破上升支撑线

1.趋势线

（1）上升趋势时为支撑线。股价被支撑线支撑，保持上升走势，画上升趋势线时，连接相关短期低点，使支撑点尽可能位于线上，形成上升支撑线。

（2）下降趋势时为压力线。股价被压力线压制，难以突破，连接相关短期高位，使压力点尽可能位于线上，形成下跌压力线。

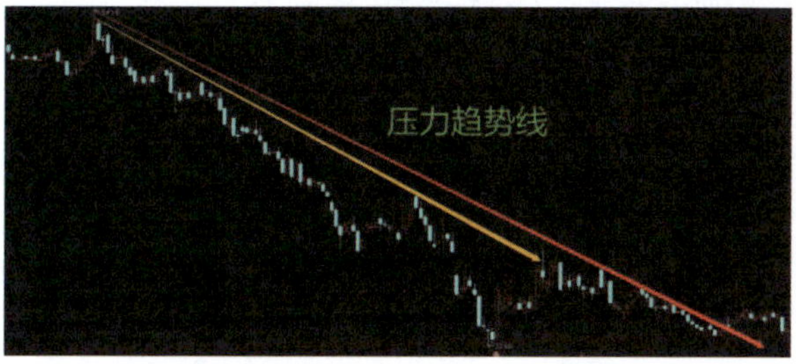

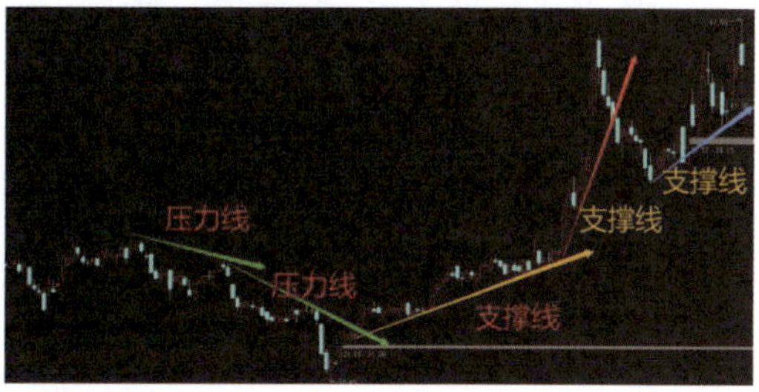

当有新的趋势形成时，要画新的支撑压力线。

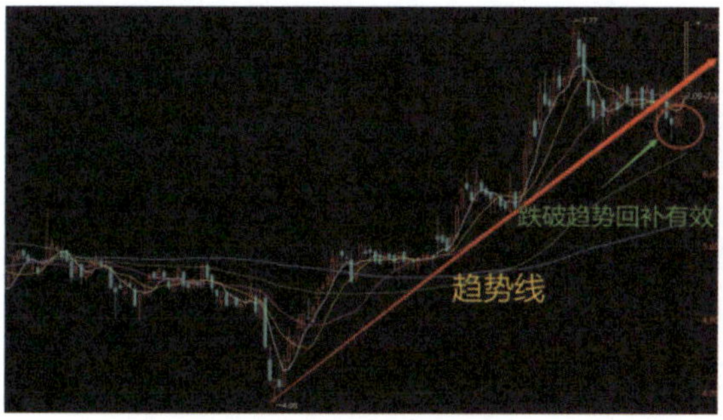

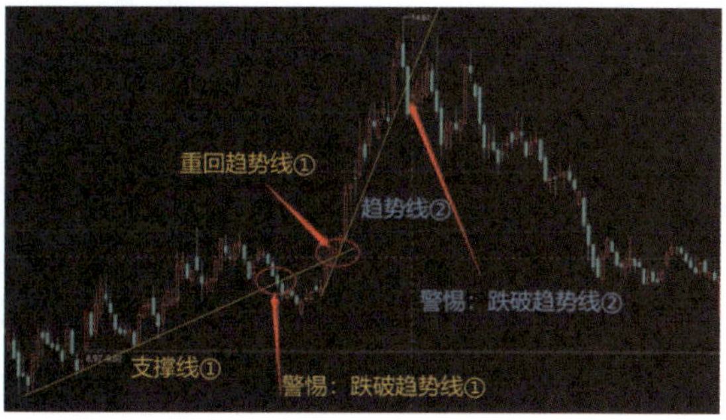

跌破趋势线又拉回的走势，也是上升趋势。

2.重点注意

趋势被跌破时一定要注意风险，哪怕卖掉之后，等到股价重回趋势线之上，再把仓位接回来也可以。

五、行业、大盘

i问财搜索语句：5日均线>10日均线>20日均线>60日均线>120日均线>250日均线>500日均线；10日、20日、60日均线方向向上；股价大于20日均线；行业。

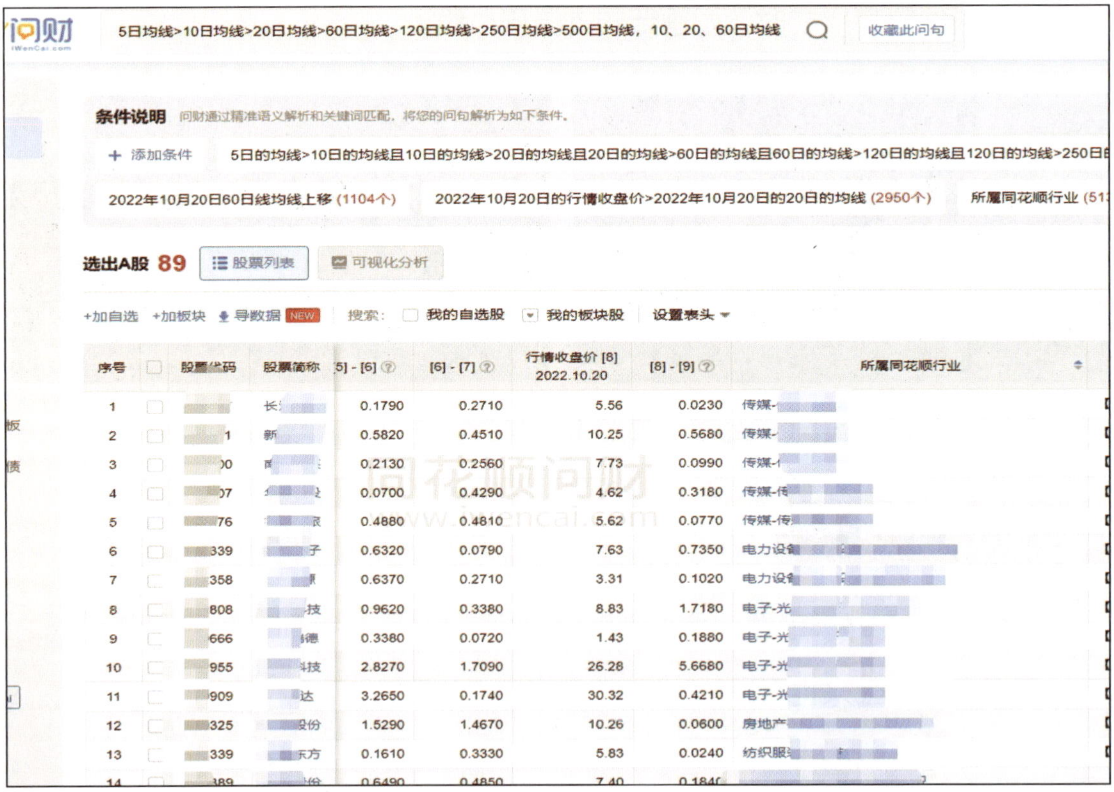

序号	股票代码	股票简称	[5] - [6]	[6] - [7]	行情收盘价 [8] 2022.10.20	[8] - [9]	所属同花顺行业
1		长	0.1790	0.2710	5.56	0.0230	传媒-
2	1	新	0.5820	0.4510	10.25	0.5680	传媒-
3	00		0.2130	0.2560	7.73	0.0990	传媒-
4	07		0.0700	0.4290	4.62	0.3180	传媒-传
5	76		0.4880	0.4810	5.62	0.0770	传媒-传
6	339	子	0.6320	0.0790	7.63	0.7350	电力设备
7	358		0.6370	0.2710	3.31	0.1020	电力设备
8	808	技	0.9620	0.3380	8.83	1.7180	电子-光
9	666		0.3380	0.0720	1.43	0.1880	电子-光
10	955	科技	2.8270	1.7090	26.28	5.6680	电子-光
11	909	达	3.2650	0.1740	30.32	0.4210	电子-光
12	325	股份	1.5290	1.4670	10.26	0.0600	房地产
13	339	东方	0.1610	0.3330	5.83	0.0240	纺织服装
14	389	份	0.6490	0.4850	7.40	0.1840	

在筛选出的这些个股中，选择行业走势强劲的股票，即选择热门行业。这时还要看涨停股票所在的行业，要用到另一个i问财语句：人气排行榜前10名；涨停；行业。

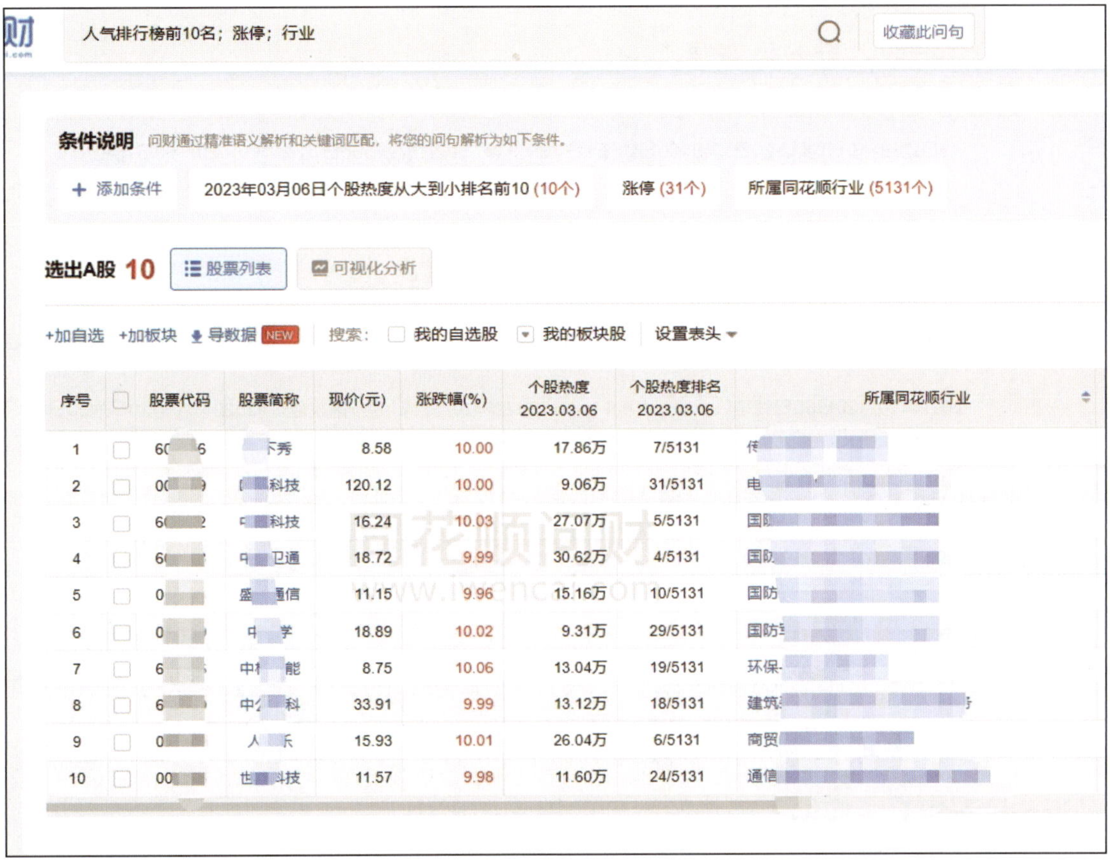

序号	股票代码	股票简称	现价(元)	涨跌幅(%)	个股热度 2023.03.06	个股热度排名 2023.03.06	所属同花顺行业
1	60[illegible]6	[illegible]秀	8.58	10.00	17.86万	7/5131	传[illegible]
2	00[illegible]	[illegible]科技	120.12	10.00	9.06万	31/5131	电[illegible]
3	6[illegible]2	[illegible]科技	16.24	10.03	27.07万	5/5131	国[illegible]
4	6[illegible]	[illegible]卫通	18.72	9.99	30.62万	4/5131	国[illegible]
5	0[illegible]	盛[illegible]信	11.15	9.96	15.16万	10/5131	国防[illegible]
6	0[illegible]	中[illegible]学	18.89	10.02	9.31万	29/5131	国防[illegible]
7	6[illegible]	中[illegible]能	8.75	10.06	13.04万	19/5131	环保[illegible]
8	6[illegible]	中[illegible]科	33.91	9.99	13.12万	18/5131	建筑[illegible]
9	0[illegible]	人[illegible]	15.93	10.01	26.04万	6/5131	商贸[illegible]
10	00[illegible]	世[illegible]科技	11.57	9.98	11.60万	24/5131	通信[illegible]

到这里，初步确定了热门行业，在热门行业里再挑选多头排列的【趋势类型股】，相对更好一些。

i问财搜索语句：5日均线>10日均线>20日均线>60日均线>120日均线>250日均线>500日均线；10日、20日、60日均线方向向上；股价大于20日均线；行业；近一月涨幅。

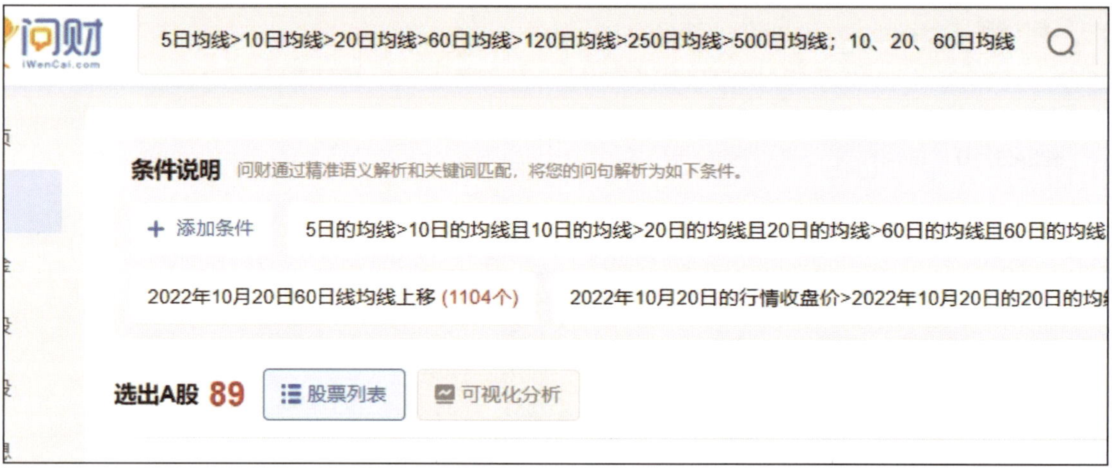

总结：一家上市公司能够在一个月之内涨幅靠前，一定有其独特的优势所在，往往由于基本面、热点等方面优异，吸引了更多投资者的关注，因此，【近一月涨幅】，应纳入趋势股类型的搜索范围中。

第十三课 课后练习

1.下列关于上升趋势的表述，错误的是（ ）？

A.均线多头排列，代表整体走势为上升趋势

B.10日、20日和60日均线方向向上，且股价大于20日均线，说明中短期趋势向上

C.上升趋势中，支撑线没有参考意义

D.有上升趋势的股票，更容易聚集人气

2.下列哪种情况属于均线多头排列（ ）？

A.5日均线>10日均线>60日均线>20日均线

B.5日均线>10日均线>20日均线>60日均线

C.10日均线>5日均线>20日均线>60日均线

D.10日均线>20日均线>5日均线>60日均线

3.下列关于趋势线的解释，错误的是（ ）？

A.趋势线可在上升趋势中起到支撑作用

B.趋势线可在下降趋势中起到压力作用

C.当有新的趋势形成时，要画新的趋势线

D.跌破趋势线再拉回的走势，不属于上升趋势

4.下列关于热门行业的i问财搜索语句，正确的是（ ）？

A.人气排行榜前10名；涨停；行业

B.人气排行榜前10名；涨幅大于5%；行业

C.人气排行榜前10名；涨停

D.人气排行榜前30名；涨停；行业

第十四课 趋势稳打斥方遒

一、趋势股交易14句箴言

（1）趋势形成初期最好有量，有量说明有承接，如果是低位的趋势反转形成新的上升趋势，有量和无量可能结果是完全不一样的。

（2）跟随趋势最重要的一点就是不要去猜、去预测趋势，要跟随既成大势，顺势而为。

（3）入场点的确认，要考虑入场位置的安全性，如果上方不远就有重要压力位，那贸然开仓就不合适了。

（4）每笔投资初步确认盈亏比一定要大于1:1，不然只能靠超高的胜率才能保障长期投资中的盈利，但是胜率是无法保证的，因此从盈亏比介入投资更为合理。

（5）真正的大趋势，往往存在反复震荡。切记，不跌破趋势线，就坚定持有，跌破趋势线再次放量拉回，也是潜在的加仓位置。

（6）市场中不可能有常胜将军，当介入错误时，要及时止损砍仓，等待下次机会，不要一错再错。

（7）一波趋势行情的末端，往往存在快速拉升，在快速拉升的背景下，一定要注意量价配合，当高点突然放出大量，根据走势情况，一定要及时止盈减仓。

（8）上升趋势中的震荡走势，可能平行方向打破上升趋势线，但是没有跌破震荡中枢低点或关键K线低点时，依然可以保持看多。

（9）当趋势跌破时，一定要注意风险，及时减仓，避免快速暴跌，或者温水煮青蛙式的长期下跌。

（10）当走势快速脱离原有趋势段，加速上升时，要注意随时有回撤的风险，绘制新的加速段趋势线，当股价跌破加速段趋势线，同样要注意风险，及时止盈减仓。

（11）趋势股往往由市场合力形成，对于慢速拉升的趋势，多为主力拉升建仓；对于快速拉升的趋势，多为建仓完毕后的拉高阶段出货。

（12）趋势的压力位，多为前高附近或成交密集区域，根据投资情况，要适时调整仓位，应对回调。

（13）模棱两可的判断和短期的情绪冲动下做出的投资决策，大概率会导致亏损。

（14）合格的投资者要有完善的投资体系和明确的投资目标，来应对亏损时的割肉离场和盈利时的止盈，依靠情绪和想当然的思路进行投资操作，长久来看是不可能盈利的。

二、明确入场信号

1.趋势反转的股票，从趋势反转突破开始持有

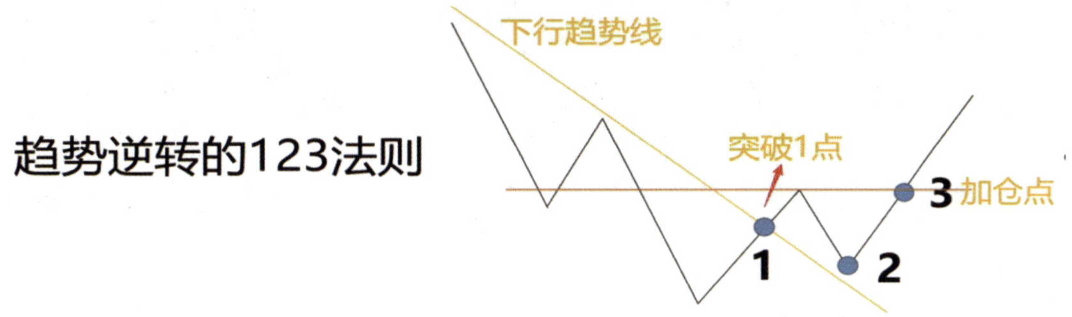

1点属于第一入场点，3点位置是突破下跌趋势之后走出的小高点，也就是突破了压力位，因此3点属于第三进场点，或者叫作加仓点。

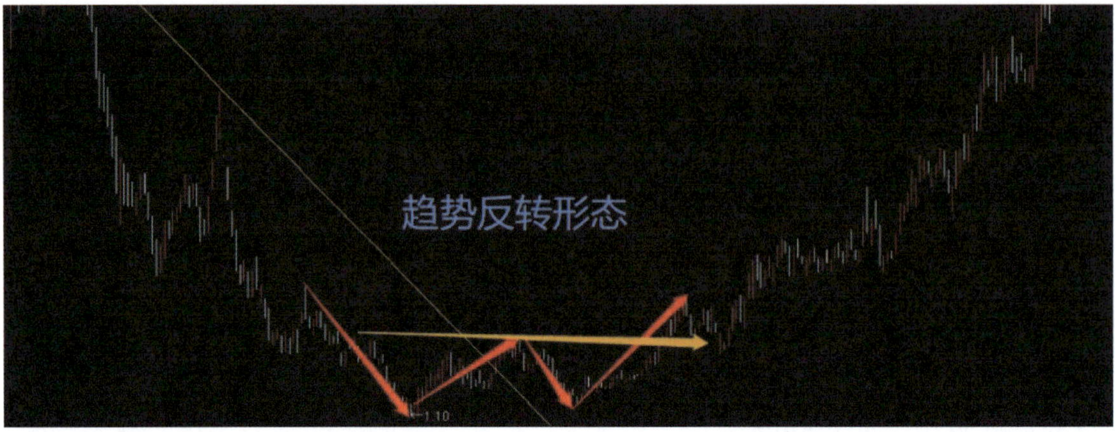

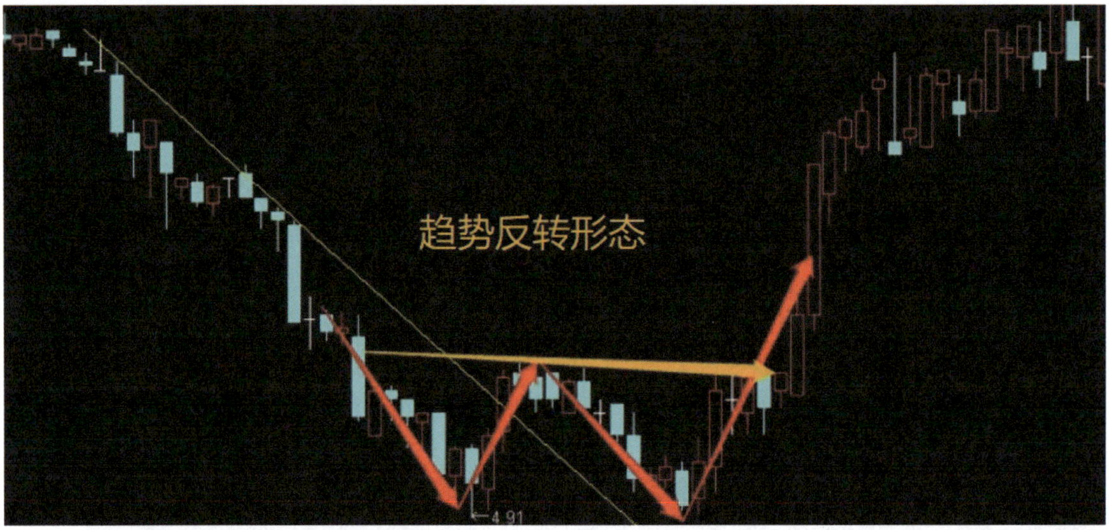

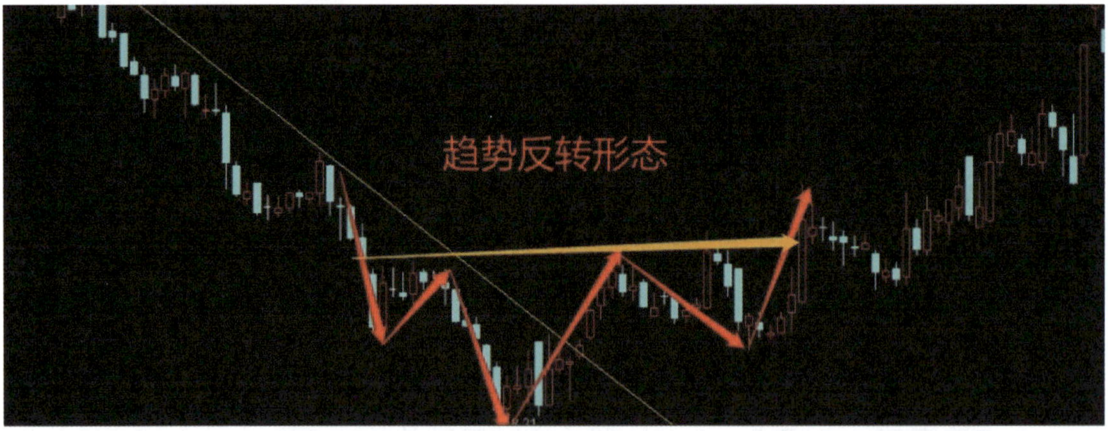

再看上图三个案例，市场上有很多类似的走势，下跌趋势开始反转，到创出小高点之后回踩，然后再反弹起来突破小高点，进而开始一波拉升。

2.趋势形成的股票，跟随趋势

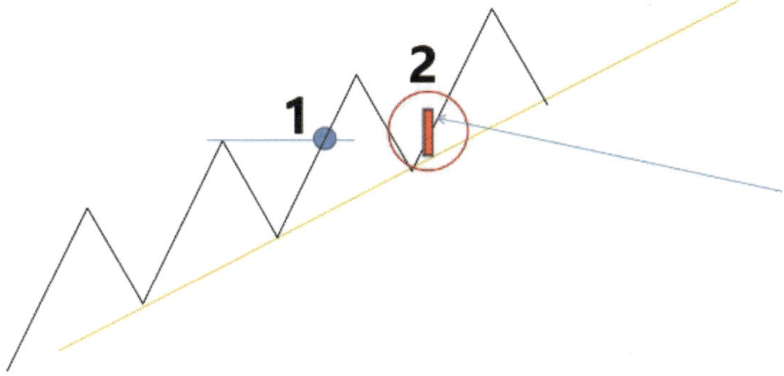
1
2

注意:大趋势向上，形成支撑，最好是在到达下方趋势线后，出现了一根大阳线确认支撑后，再介入。

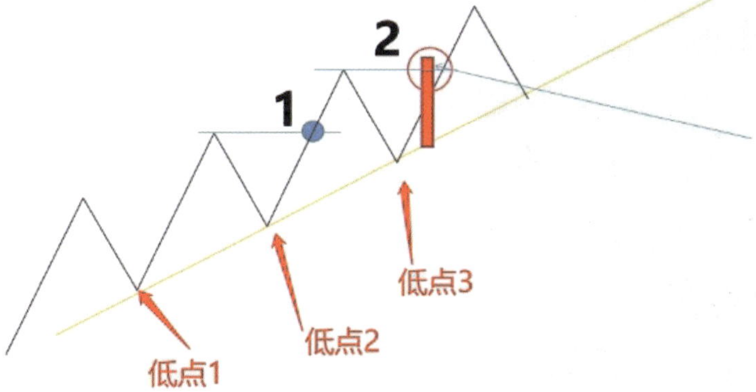
1
2
低点1
低点2
低点3

又是突破又是确认支撑的大阳线，也是介入的合适时机。

如上图，前面两个低点已经确认了趋势，到第三次回踩趋势之后，确认趋势线支撑有效，再次出现大阳线反弹，就是入场点。

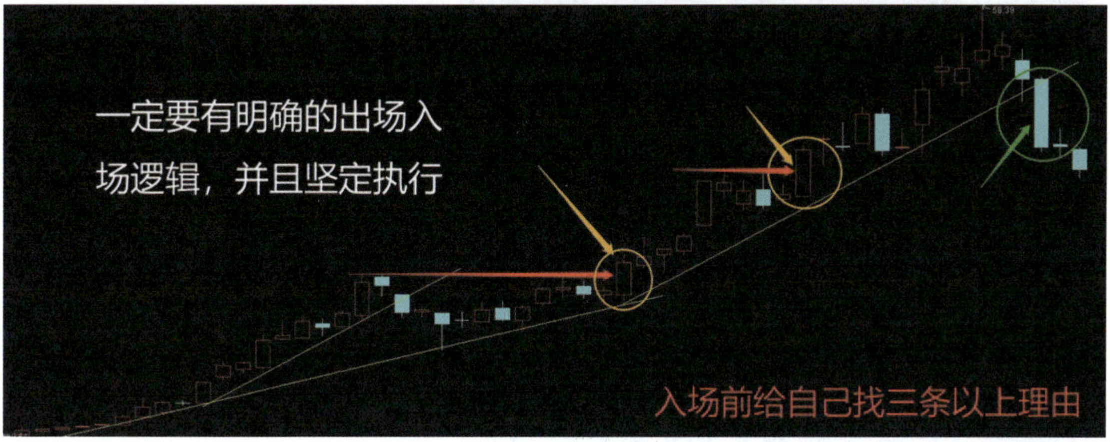
一定要有明确的出场入
场逻辑，并且坚定执行
入场前给自己找三条以上理由

黄圈是回踩趋势确认支撑有效的进场点，绿圈是跌破了趋势，止盈或者止损的点。

三、趋势带量更可靠

（1）价格趋势，最好的强化是量能的配合。

（2）带量的趋势反转突破，更能体现大资金以及市场的意志。

（3）量价配合的背离也是观察市场强弱的一个方面，但是不要太过强调量价配合，而忽视趋势本身的重要性。

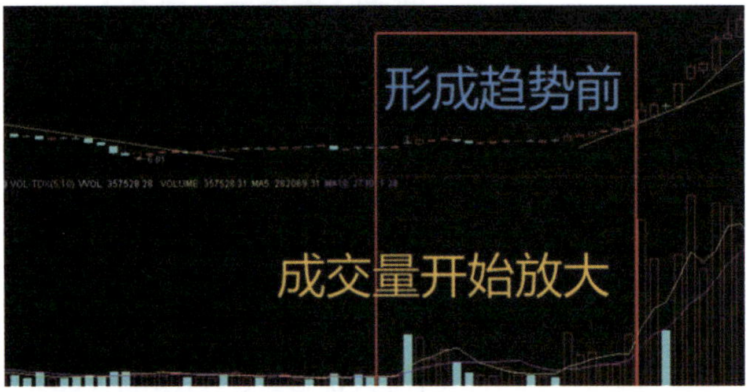

趋势酝酿之前就有成交量的放大，体现了资金的关注。

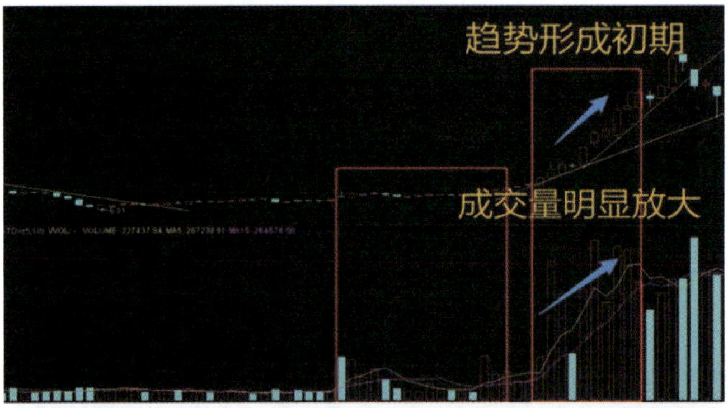

趋势突破后，成交量再次放大，体现趋势的强劲。

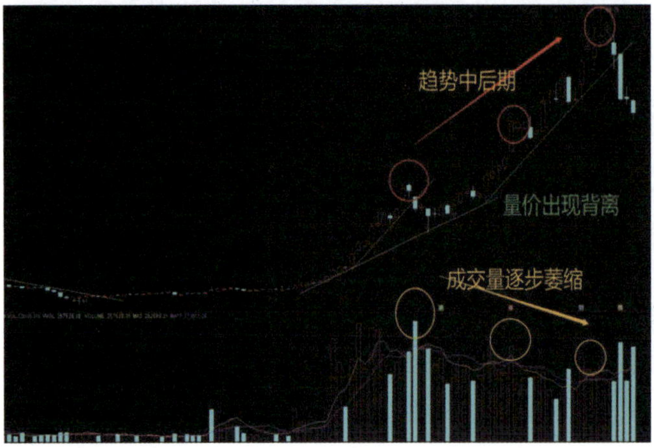

趋势形成后，量价背离，价格不断创出新高，成交量不断下跌，趋势强度下降。

当股价不断创出新高，而成交量跟不上的时候，就要注意风险随时有可能到来，要做好离场的准备。

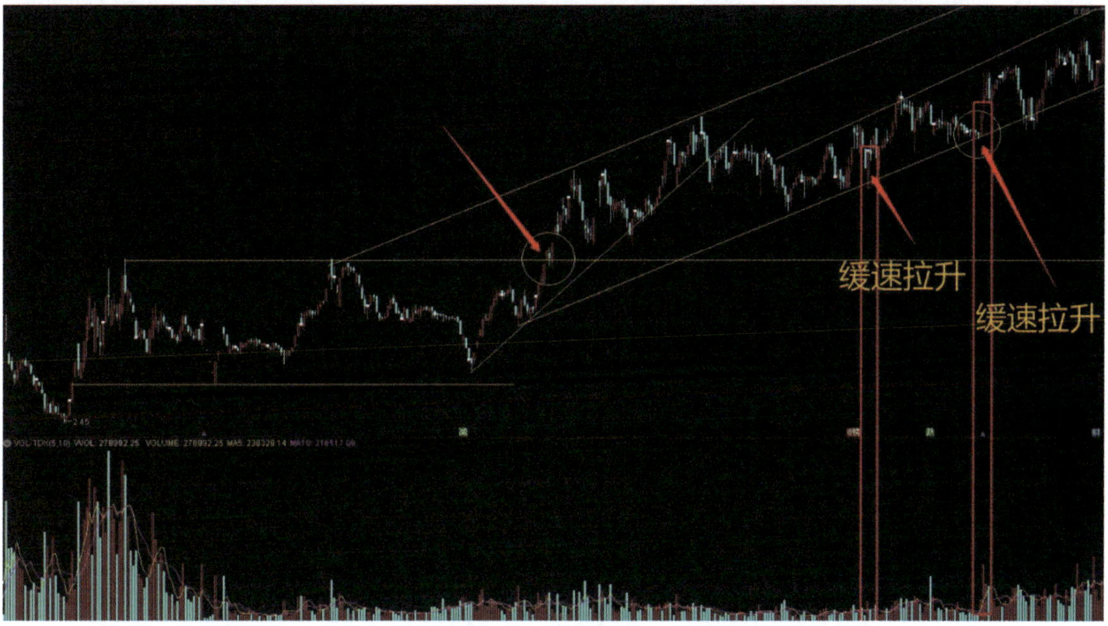

缓速拉升趋势的股票，可以发现，带量的支撑阳线的入场点更为稳妥。

四、截断亏损，让利润奔跑

问：两只股票，一只盈利11%，一只亏损17%，现在必须要卖出一只，卖哪只？

答：不要说亏损17%，就是亏损7%，也要卖掉亏损的，保留盈利的。

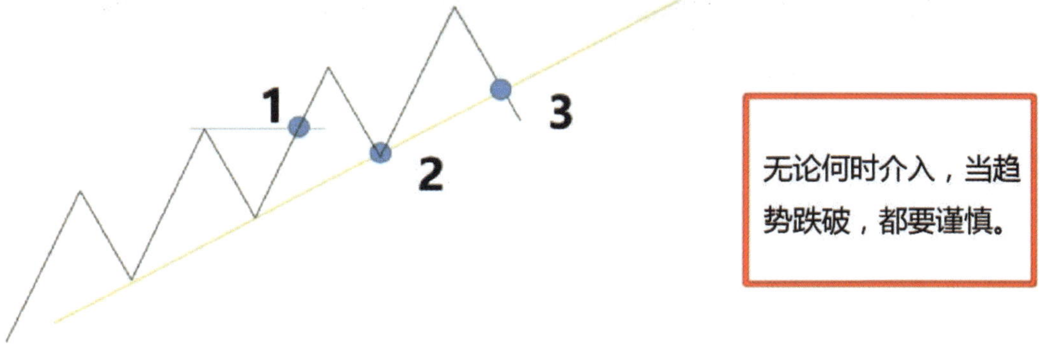

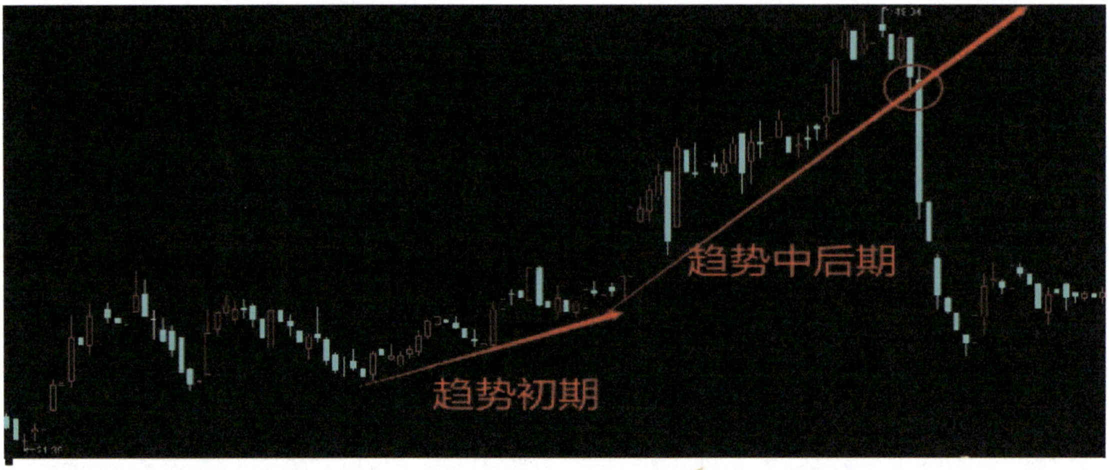

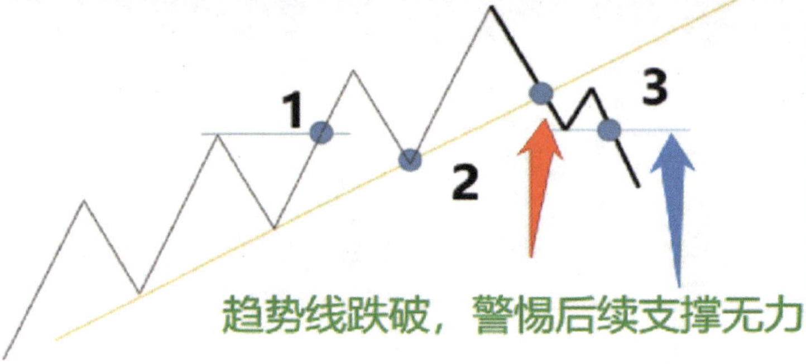

通过N形走势进行确认后（趋势反转法则），更要注意风险，截断亏损。

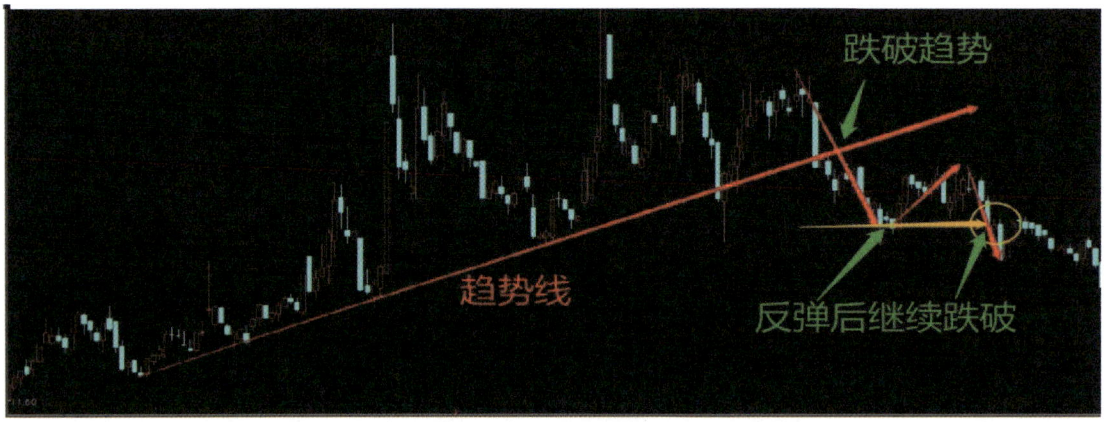

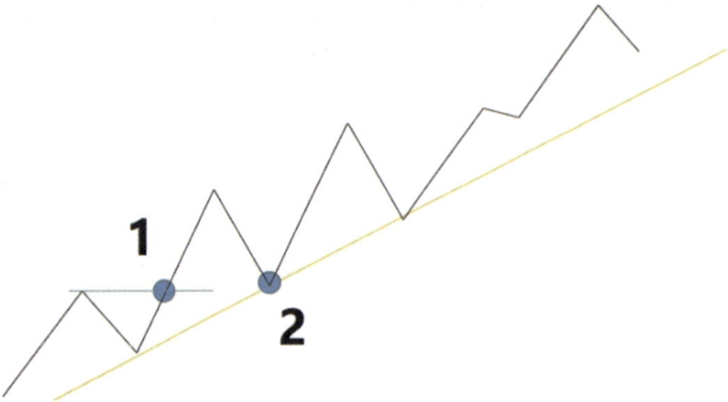

当走势稳定向上，要敢于持仓，等待利润的增长。

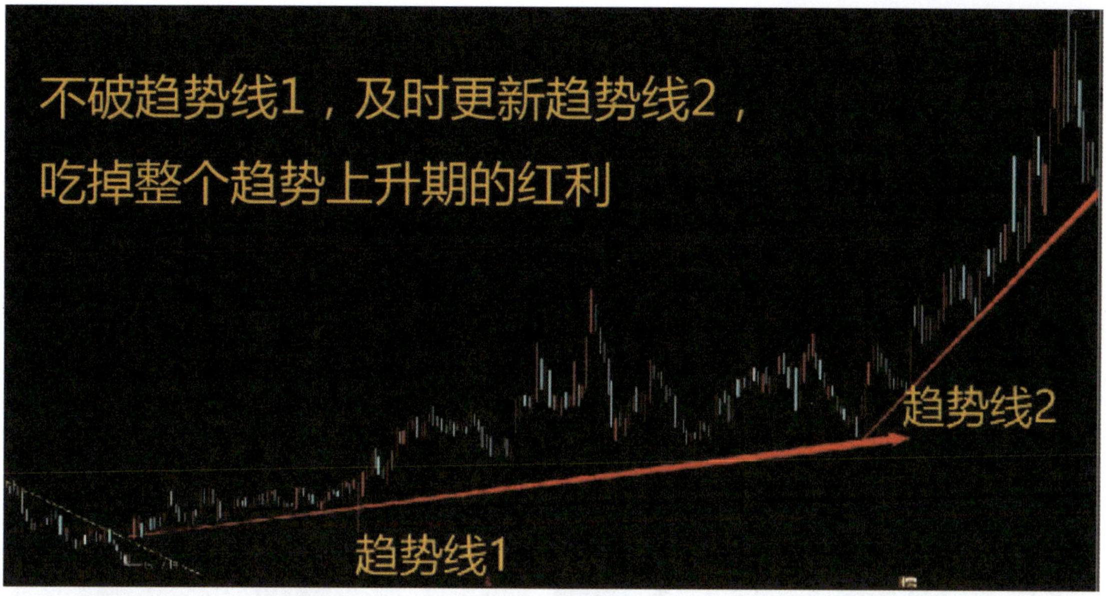

跟随趋势，吃掉整个上行期的趋势段。

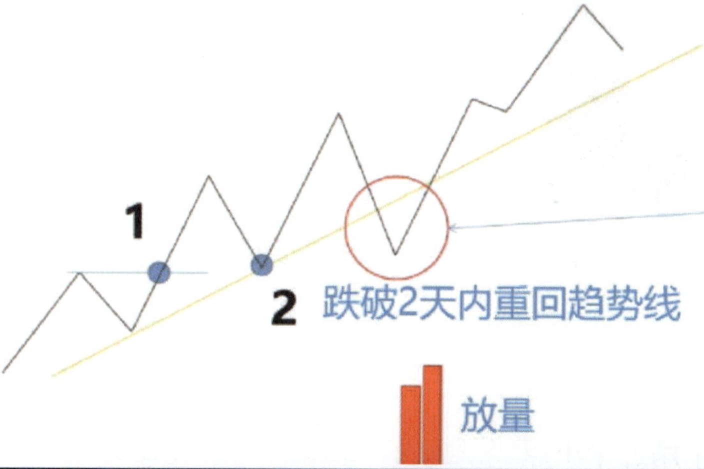

当跌破趋势线时，如果能在2天内放量拉回趋势线内，趋势依然完整。

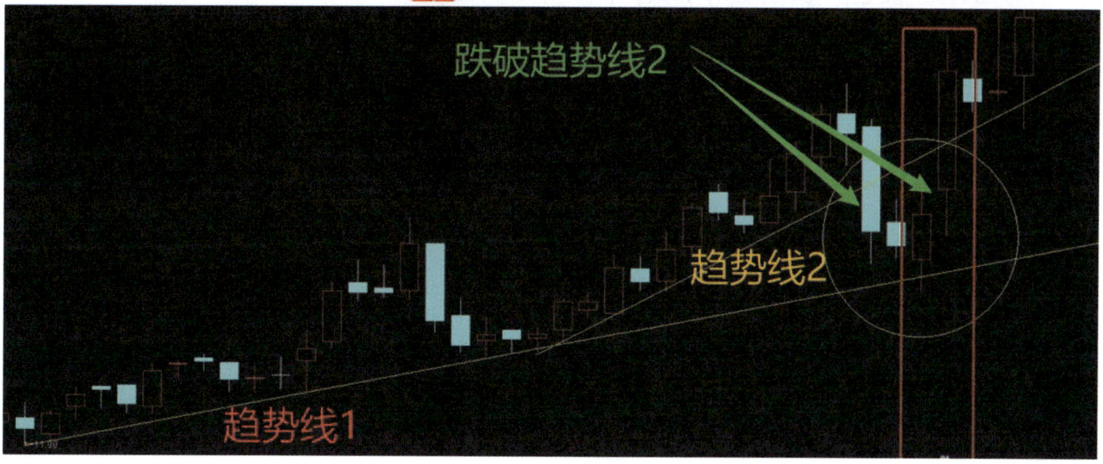

五、顺势高胜率形态

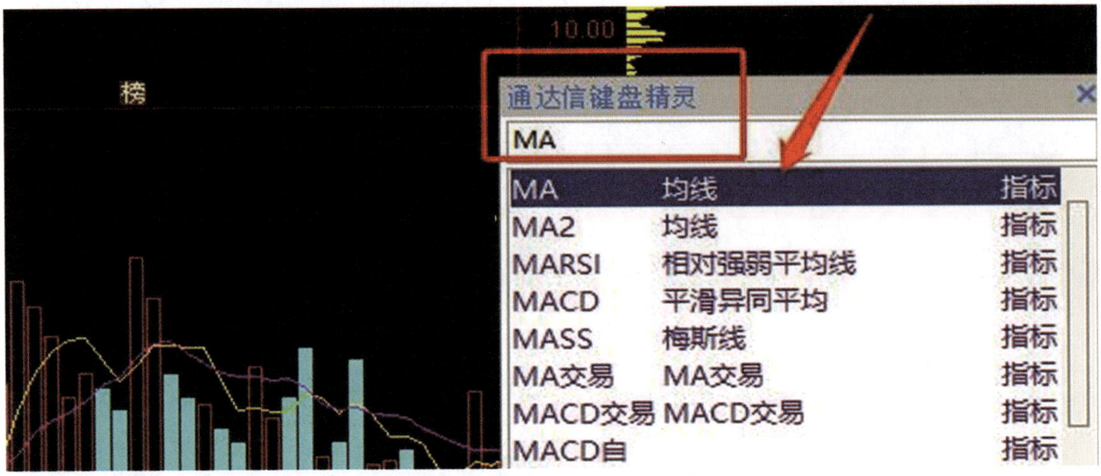

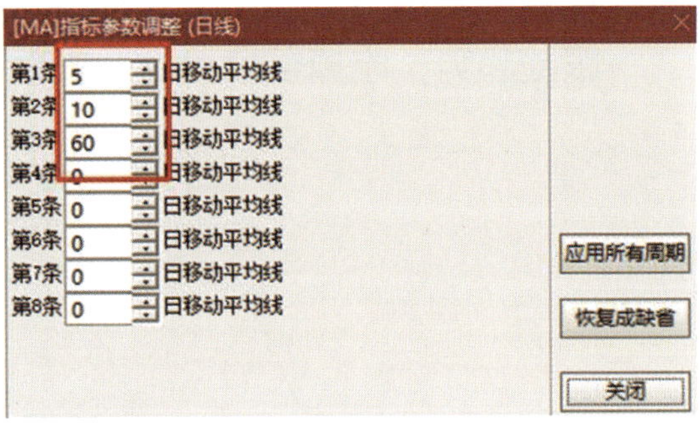

在电脑版通达信上点击K线图，调出均线指标，可修改MA5、MA10、MA60的参数。

【手机版同花顺调出均线步骤】如下。

①日K线图上，点击右下角三个小点“...”。

②点击最下方中间【设置】。

③下滑找到【K线均线】，点开右侧六边形，就可以设置了。

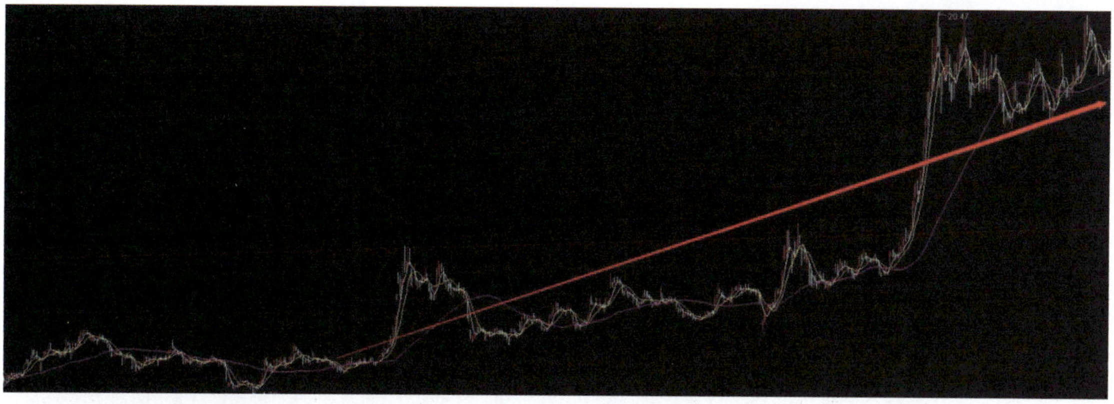

整体走势要向上。

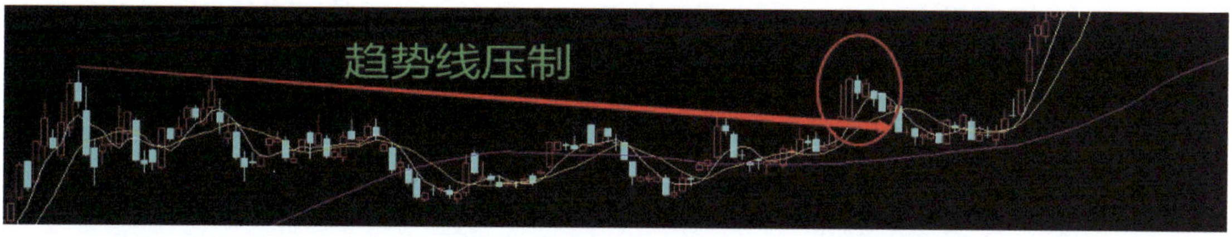

走势经过一波上涨，被压力线压制，突然有一天放量突破。

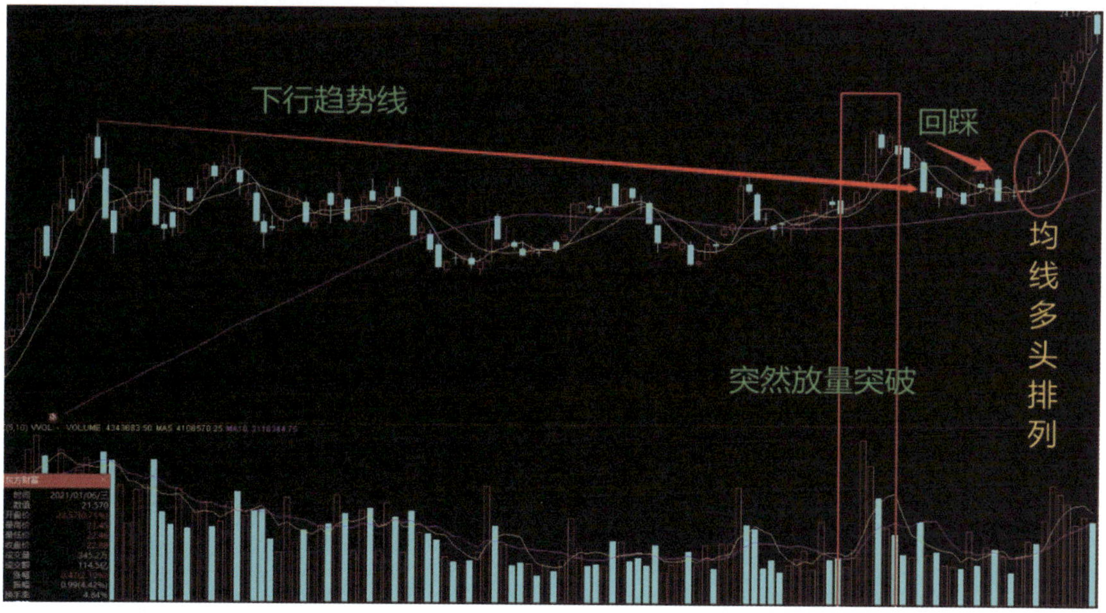

突破压力线后，1个月内，5日均线带量上穿10日均线，并且10日均线方向向上，形成买点。

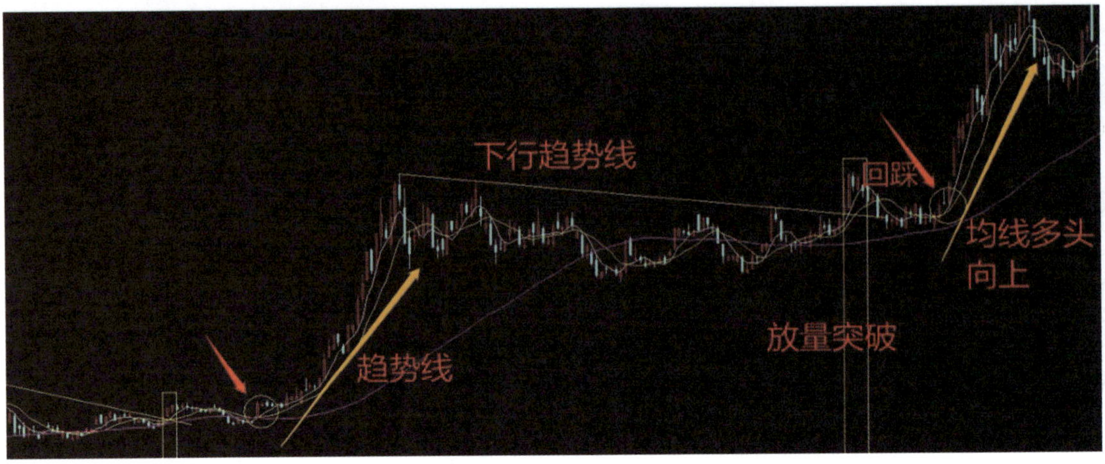

上升趋势强劲的股票，这种趋势跟随方法，往往可以抓住主要上升段行情。

第十四课 课后练习

请判断以下说法是否正确。

1.市场中不可能有常胜将军，当介入错误时，要及时止损砍仓，等待下次机会，不要一错再错。

正确（ ）错误（ ）

2.一波趋势行情的末端，往往会快速拉升，在快速拉升的背景下，要注意量价配合，当高点突然放出大量，根据走势情况，一定要及时止盈减仓。

正确（ ）错误（ ）

3.当趋势跌破时，一定要注意风险，及时减仓，避免快速暴跌，或者温水煮青蛙式的长期下跌。

正确（ ）错误（ ）

4.模棱两可的判断和短期的情绪冲动下做出的投资决策，大概率会导致亏损。

正确（ ）错误（ ）

5.看下图，判断以下说法是否正确。

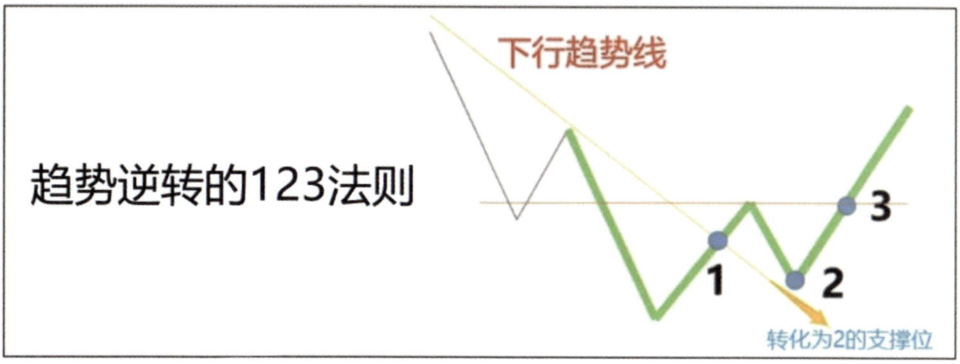

点位1之前是一个下跌趋势，受到黄线的压制，所以黄线叫作下跌趋势线，对股价有压力作用。股价在1点突破压力，突破压力的这个点位就是第一个进场点。考虑下跌极有可能还会二次回踩，所以有准备加持的预期。

正确（　　）错误（　　）

第十五课 缩量回调还复来

一、寻找趋势股、支撑均线、进场点

1.如何寻找趋势股

i问财给出两个筛选条件。

（1）上升通道；一个月内涨幅超过15%；一周之内涨幅超过8%；三天之内涨幅超过5%；非ST；主板。

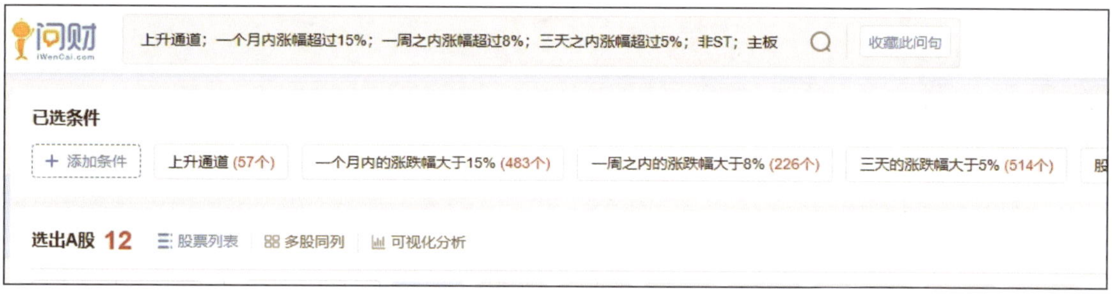

（2）上升通道；多头排列，股价在5日均线之上；市值小于200亿；MACD大于0；行业。

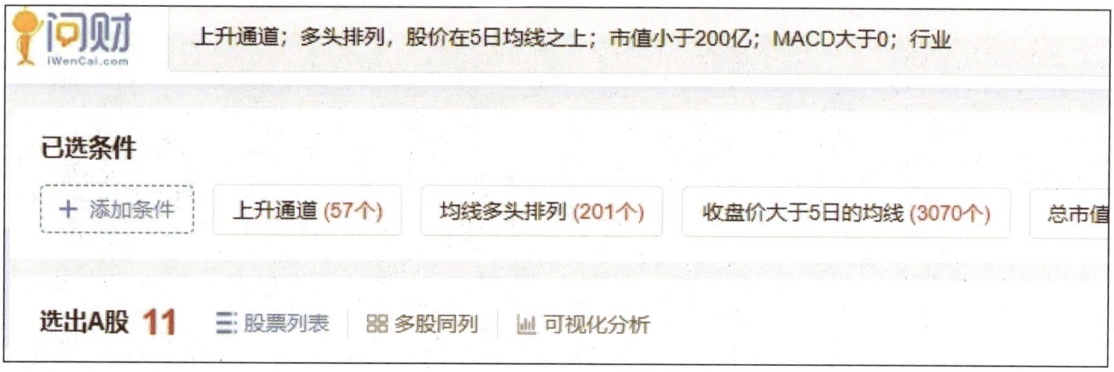

2.找到趋势股之后的操作

（1）找到趋势过程中对应的支撑均线，一定要通过历史数据分析，了解在哪条均线处获得了支撑。

（2）股价回调到均线的位置，如果在第二天发生反弹，就是很好的加仓位置。

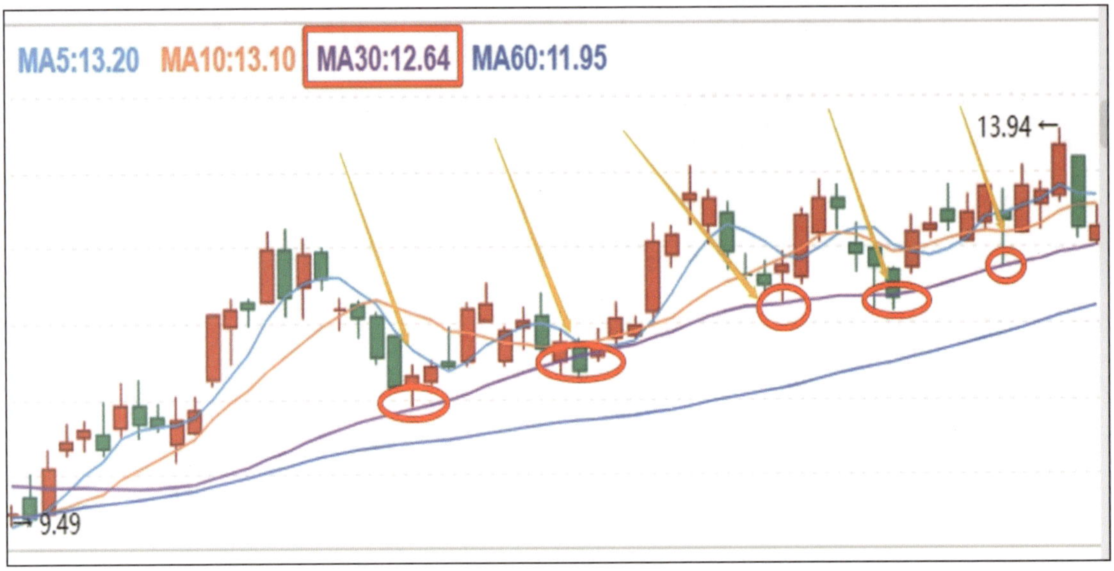

3.案例分析

案例1

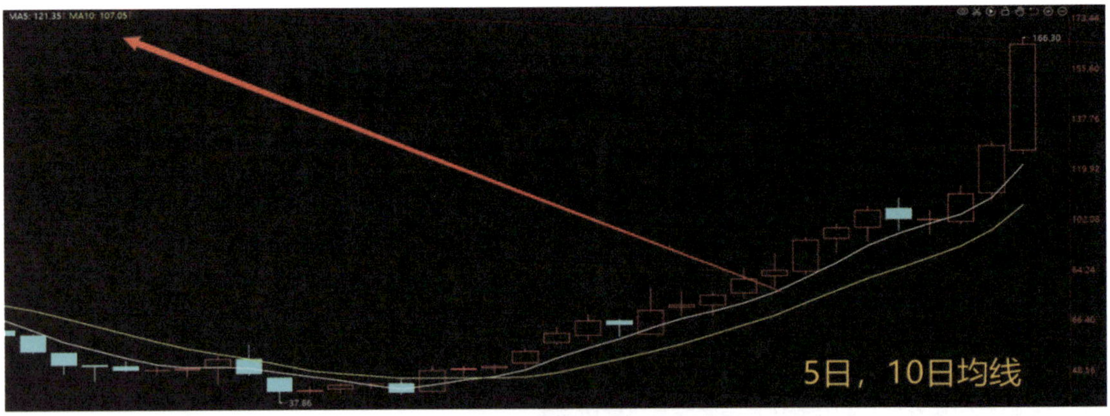

（1）首先找到支撑的均线，为5日均线（MA5），注意量能关系。

（2）当股价回调到5日均线时，第二天发生了反弹，为加仓位置。

案例2

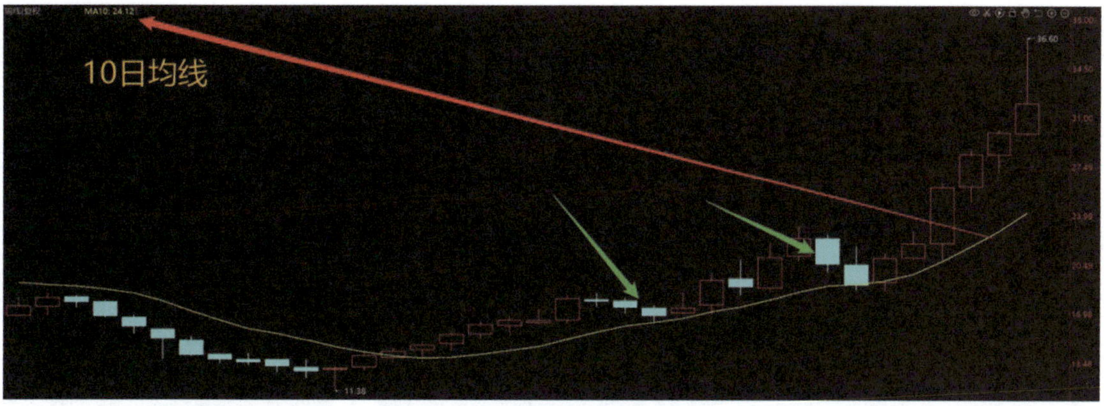

（1）支撑的均线为黄色的10日均线，注意量能关系。

（2）当股价回调到10日均线时，第二天发生了反弹，为加仓位置。

案例3

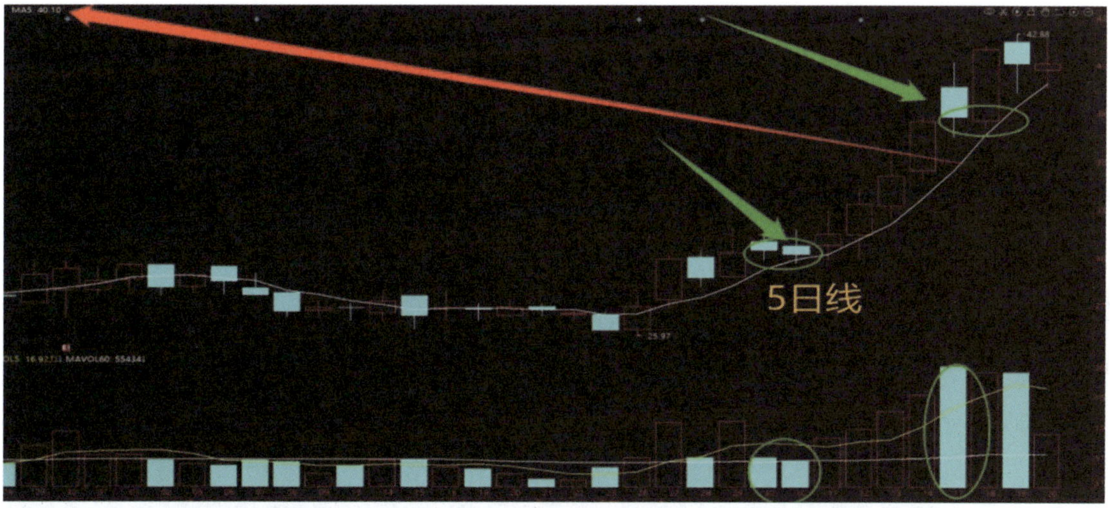

（1） 支撑的均线为白色的5日均线（MA5），注意量能关系。

（2）当股价回调到5日均线时，第二天发生了反弹，为加仓位置。

（3）这里注意一点，第二根阴线的位置属于假阴线，当天高开低走，收盘价低于开盘价，所以K线呈现绿柱，但是价格相对于前一天还是上涨了的，所以叫作假阴真阳。

案例4

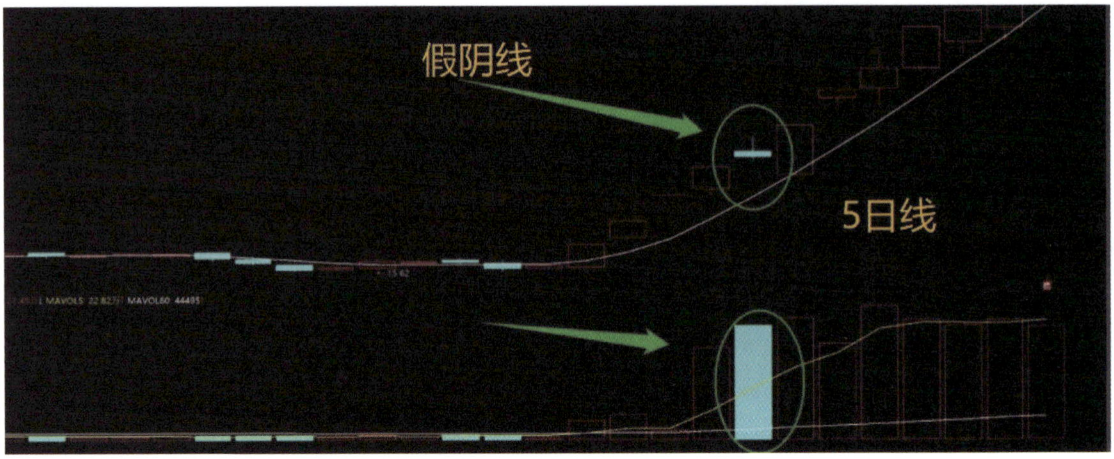

（1）同样为5日均线支撑，注意量能关系。

（2）触碰到5日均线不破，即为反弹加仓的位置。

（3）图中这个小阴线同样属于假阴线，也就是它本质上是一根放量的阳线。

二、大趋势股，抓住趋势，尽可能放大收益

1.大行情往往是需要几波才走完的

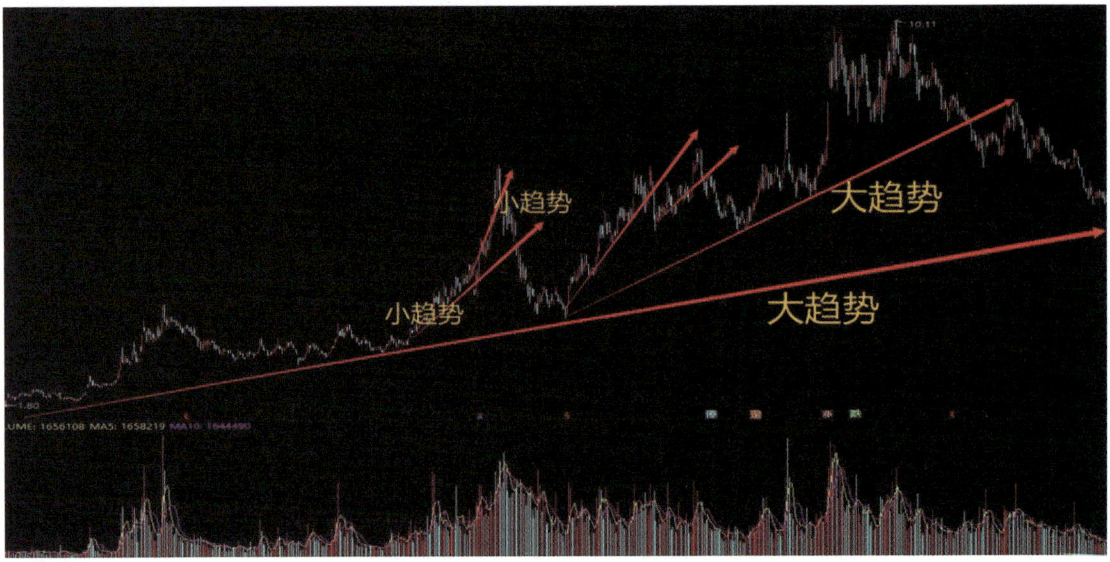

2.注意要点

在看一只个股的时候，一定要把K线图缩小，缩到最小都不为过。缩小之后才能看到它的历史全貌，才能看出大的走势是怎么样的。

如果看K线图时间周期只有几个月甚至更短，这对把握趋势类型的股票是很不全面的。

如果日K线缩小了还是不好看出全貌，可以再切换为周K线，或者月K线，然后再缩小。来看下个股的全貌，对整体走势要做到心中有数。

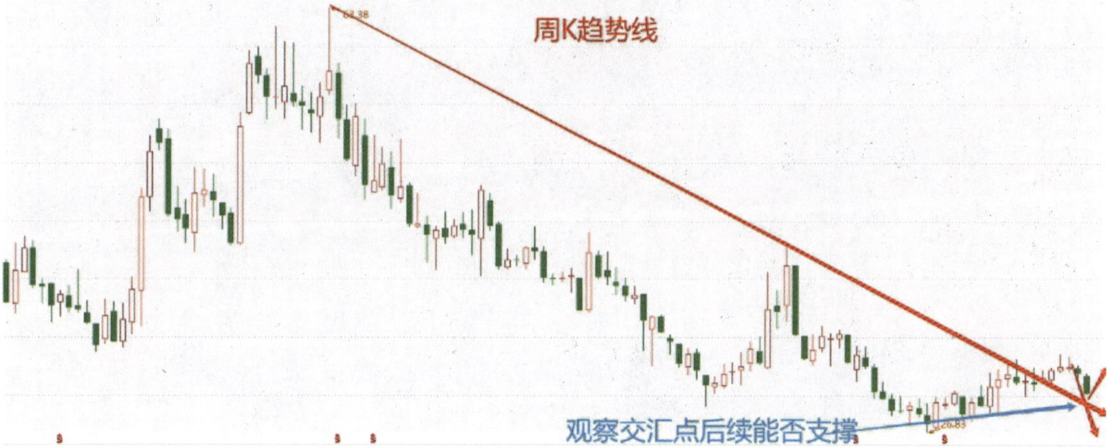

看前面的高点与现价对比，到历史高点附近，就要注意风险了。

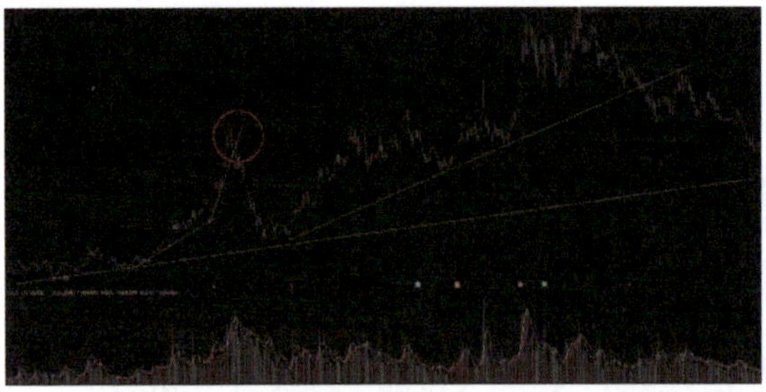

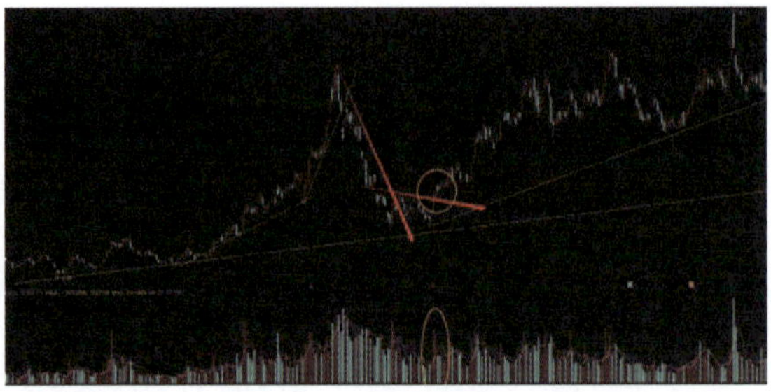

每次走势的加仓点，也一定是合适的开仓点。

前面走势如果震荡比较剧烈，或者调整的时间比较长，被洗下车后，如果又有上车机会，不要放弃。

三、利弗莫尔加仓逻辑

（1）出现建仓信号，先建立个股总仓位的20%。

（2）假如买错了，下跌10%立即止损，损失金额为总仓位的2%。

（3）假如买对了，上涨有浮盈，加仓20%，再上涨突破关键位立即再加20%，将胜利成果扩大。然后只要没有跌破10%就持有，一旦跌破10%，立即将仓位全部卖出。

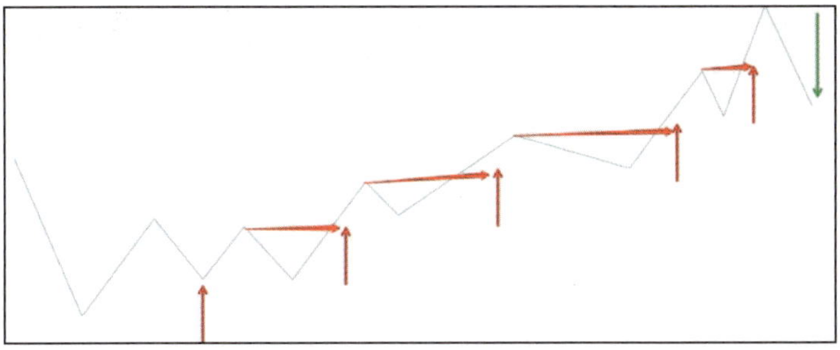

加仓前提：上涨或下跌的单边大行情。

四、加仓技巧

金字塔加仓方法如下。

（1）第一次开仓较大，后续加仓越加越少，例如，1000手、500手、200手。

（2）第一笔的底仓建足，绝不亏损加仓，只在趋势形成后进一步加仓。

（3）止损也会随盘面变化和加仓情况的改变而变化，时刻保证一定的利润空间。

第一次开仓较大，后续加仓越加越少

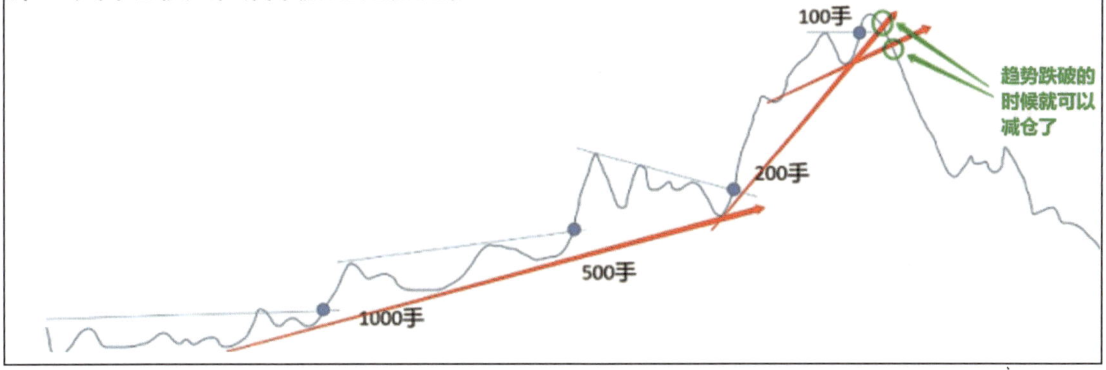

趋势只要不破，跌到趋势线获得支撑，突破压力位，都是加仓点。相反，当趋势跌破的时候，就应该果断减仓，或者立即离场。

五、遵守交易纪律，控制好仓位，控制好心态

1. 传统认知

仓位大：盈利大，亏损小。

仓位小：盈利小，亏损小。

2. 实际情况

仓位大：大资金小赚，大资金大亏。

仓位小：小资金大赚，小资金小亏。

第十五课　课后练习

关于缩量回调回踩支撑，请判断以下说法是否正确。

1.历史走势中，股价多次在5日均线回踩反弹。我们关注回调到5日均线次日是否得到支撑，若次日得到支撑反弹，即是加仓位置。

正确（　）错误（　）

2.历史走势中，股价多次在10日均线回踩反弹。我们关注回调到10日均线次日是否得到支撑，若次日得到支撑反弹，即是加仓位置。

正确（　）错误（　）

3.历史走势中，股价多次在20日均线回踩反弹。我们关注回调到20日均线次日是否得到支撑，若次日得到支撑反弹，即是加仓位置。

正确（　）错误（　）

4.历史走势中，股价多次在60日均线回踩反弹。我们关注回调到60日均线次日是否得到支撑，若次日得到支撑反弹，即是加仓位置。

正确（　）错误（　）

5.识别趋势、分析趋势，而不是只要上涨就加仓，以下说法是否正确？

在看一只个股的时候，一定要把K线图缩小，缩到最小都不为过。缩小之后才能看到它的历史全貌，先判断大的走势是怎么样的。

正确（　）错误（　）

第十六课 分时出货需谨慎

一、出货需谨慎

1.四句交易箴言

（1）不要期望在最高价和最低价出货和入货。

（2）能盈利的投资就是好投资。

（3）盈亏比的设定能力远比随机应变的能力更重要。

（4）人们都是因为欲望来到股市，但是很多人又被欲望掐住了喉咙，控制欲望，才能在风险来临前及时离场。

2.应对策略

没人能完美预测一波行情的顶在哪里，主力也是一样。既然没法预测顶在哪里，当发现走势持续性不足时，就应该减仓。

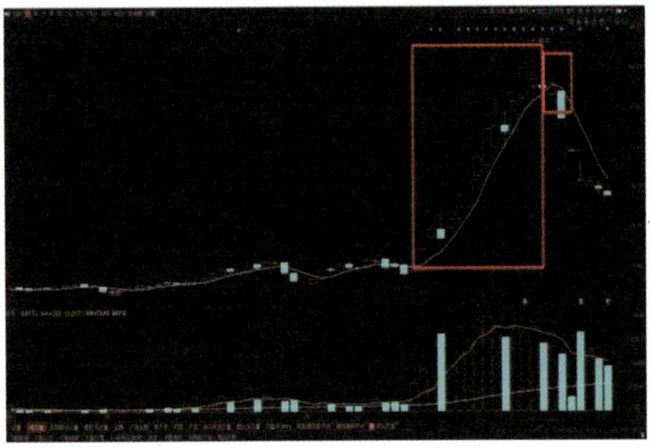

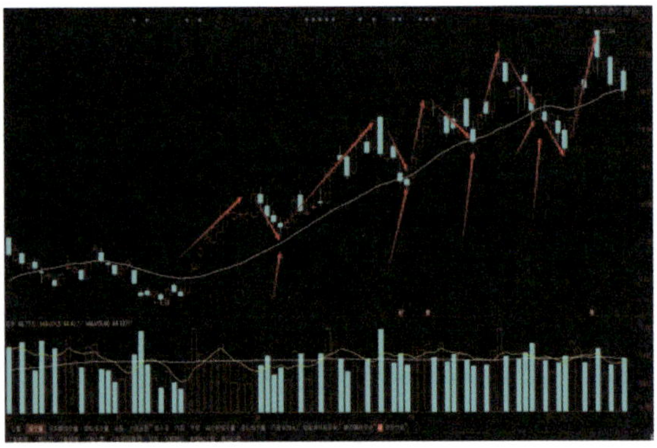

二、针对趋势线（支撑均线）严格做好止盈止损、加仓减仓

1.两个趋势型指标

MACD、KDJ两个指标无须修改参数。

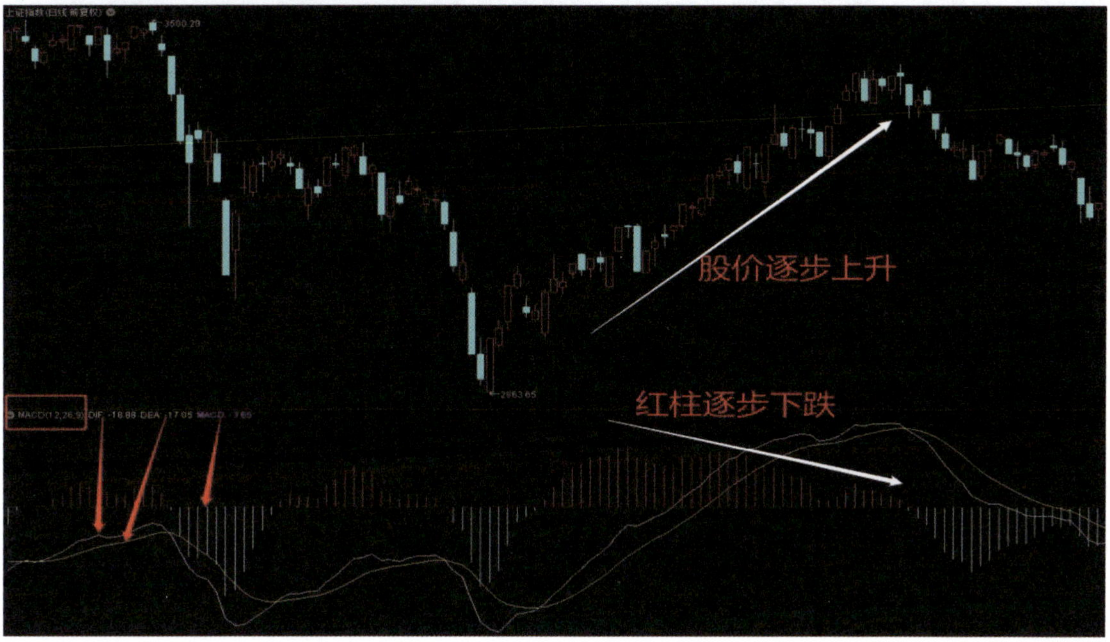

MACD指标的背离有两种。

（1）红绿柱背离，指红柱绿柱量能逐步降低，股价却逐步拉升，注意随时有可能反转向下。

（2）DIF、DEA的背离，指快慢线向下，股价却逐步拉升，注意随时有可能反转向下。

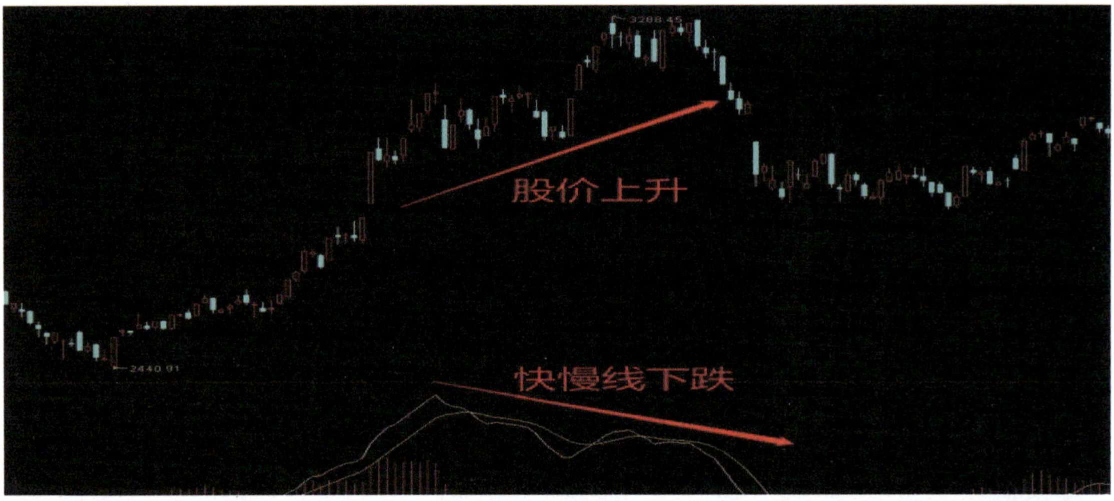

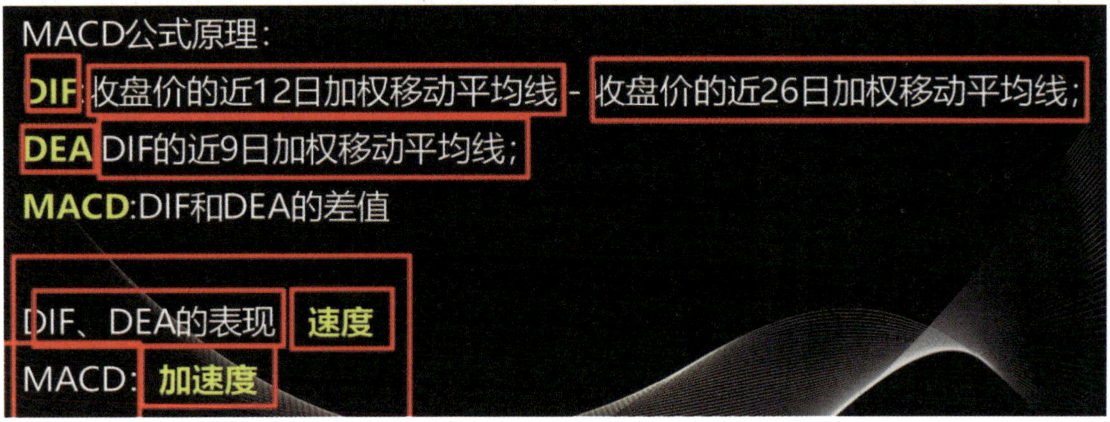

MACD指标代表股价上涨或者下跌的功能。

2.减仓点

（1）MACD指标背离。DIF、DEA快慢线的背离或者红绿量柱的背离，出现任何一种时，都应当谨慎，适当减仓。

（2）当红绿柱背离，DIF、DEA死叉时，最好进行减仓操作。

MACD指标的局限性：反应较慢，出现背离的情况时，行情已经走了很长时间。

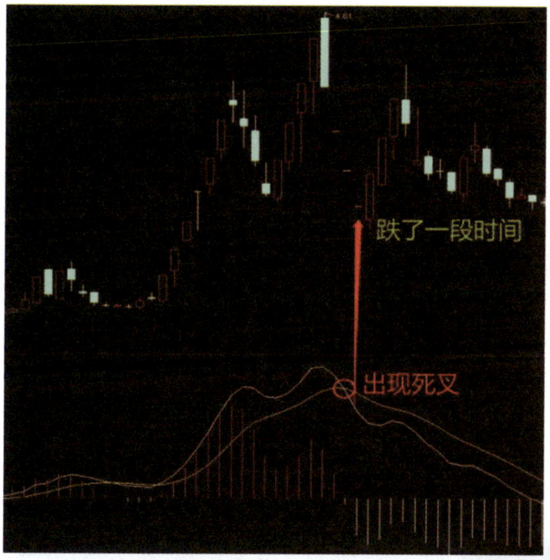

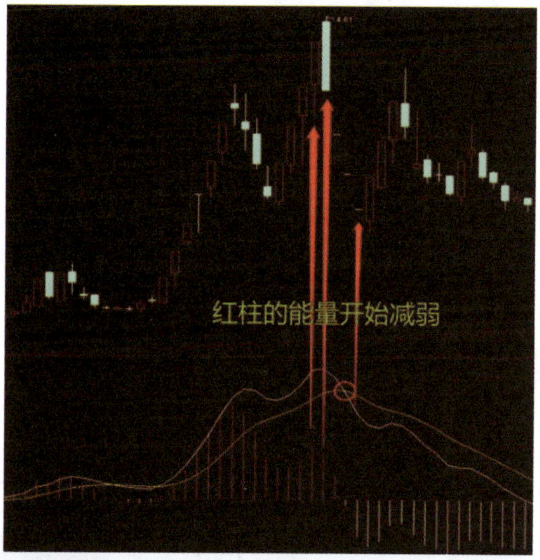

方案一：根据红绿柱的变化（加速度的变化），来评判趋势的可持续性。

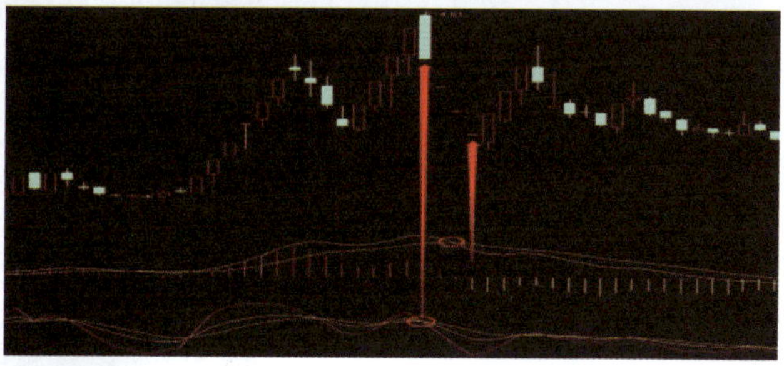

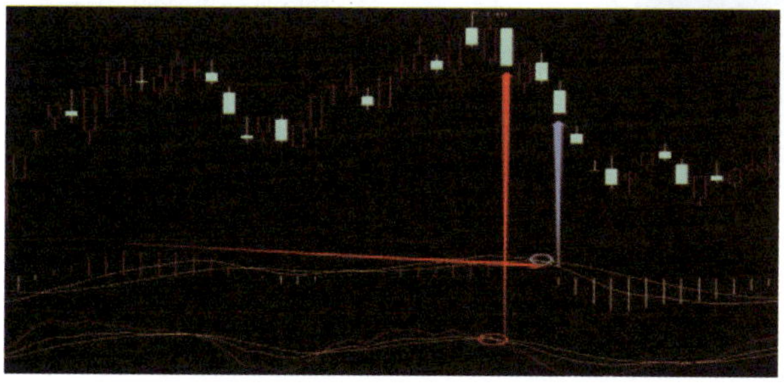

方案二：结合KDJ指标来评判趋势的可持续性。当MACD的红绿柱不存在明显背离的情况时，KDJ可以起到辅助评判的作用。

方案三：观察MACD指标即将死叉之前，或者红绿柱中红柱缩短时，KDJ如果也发生死叉，就是趋势衰竭点，可以适当减仓。

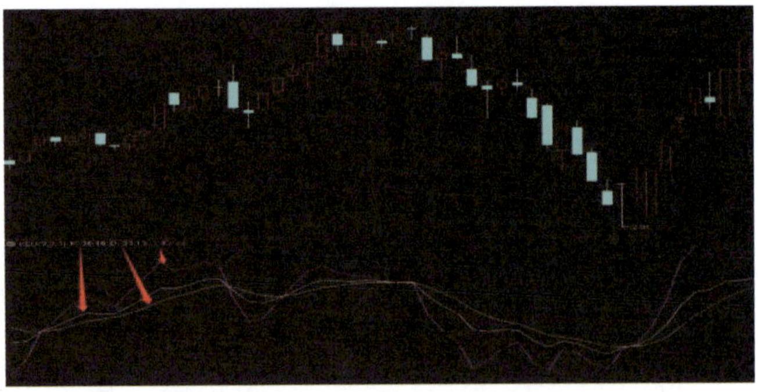

3. KDJ指标

KDJ指标考虑了收盘价、近9日最低价、近9日最高价，是类似计算涨跌幅度的指标。

三、六大K线组合需谨慎

1. K线组合一

乌云盖顶——阳线后，高开低走的放量阴线。

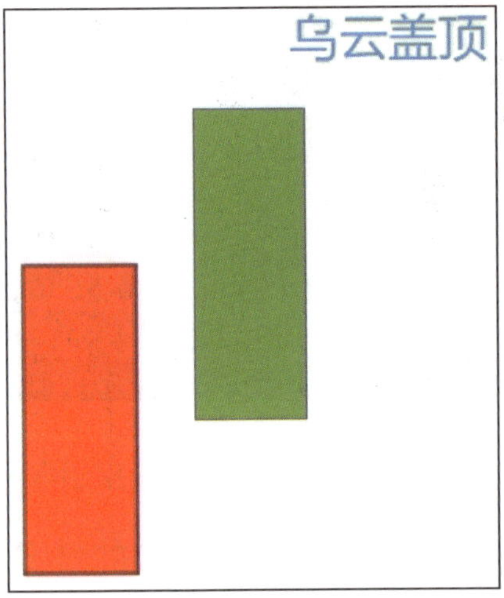

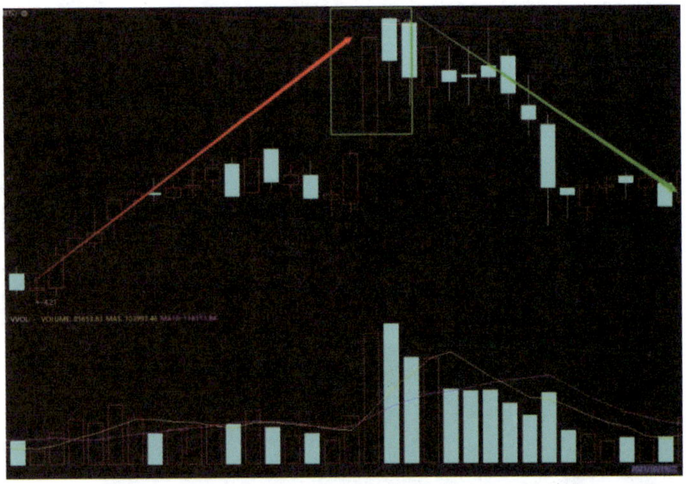

2. K线组合二

顶分型黄昏之星——阳线后+放量十字星+阴线。

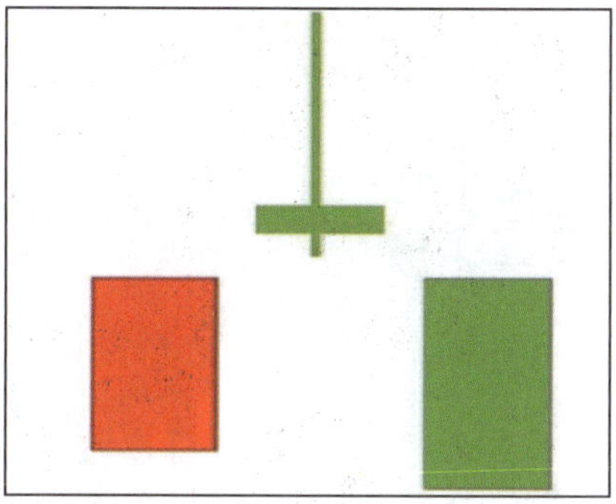
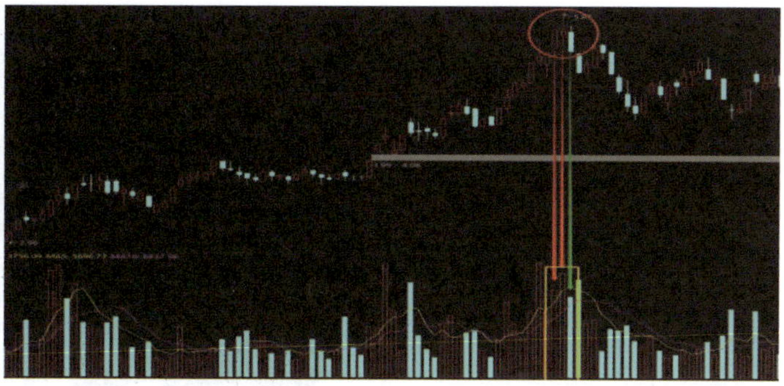

3. K线组合三

破坏早晨之星（高位底分型）。

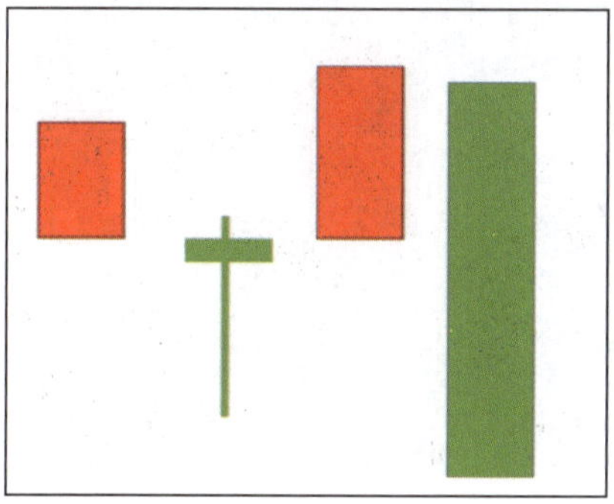
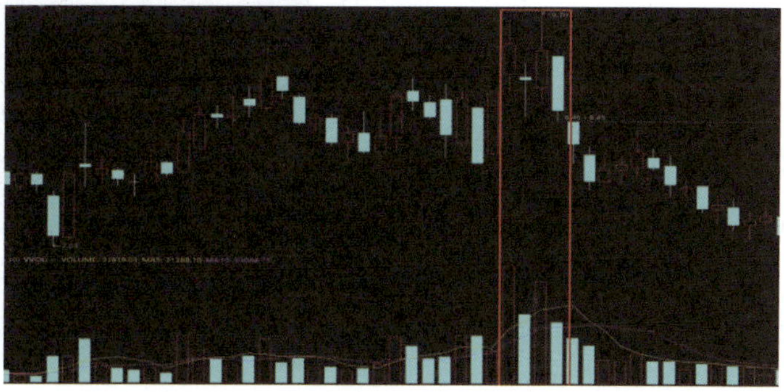

4. K线组合四

破位杀。

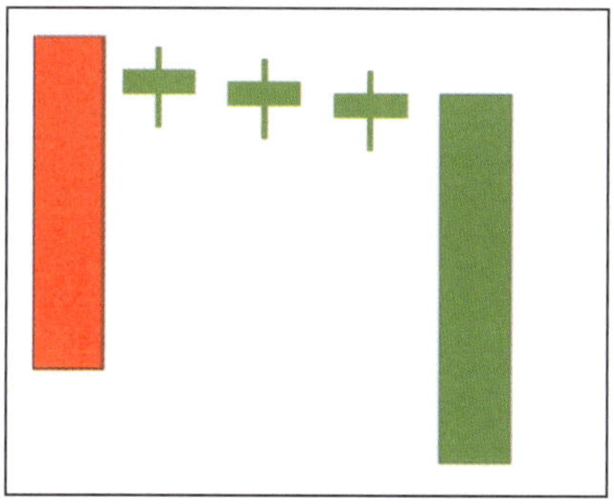
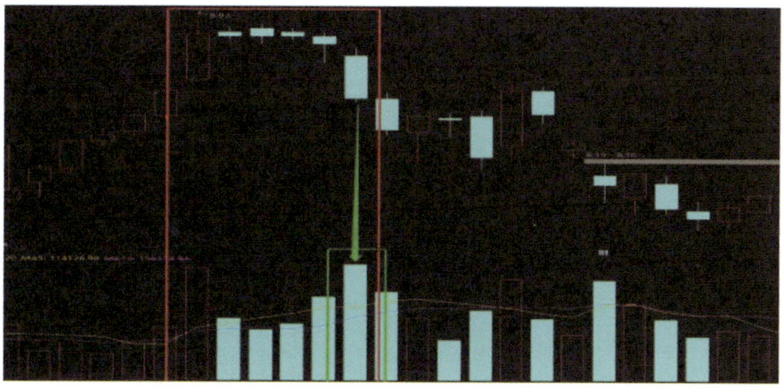

5. K线组合五

包线。

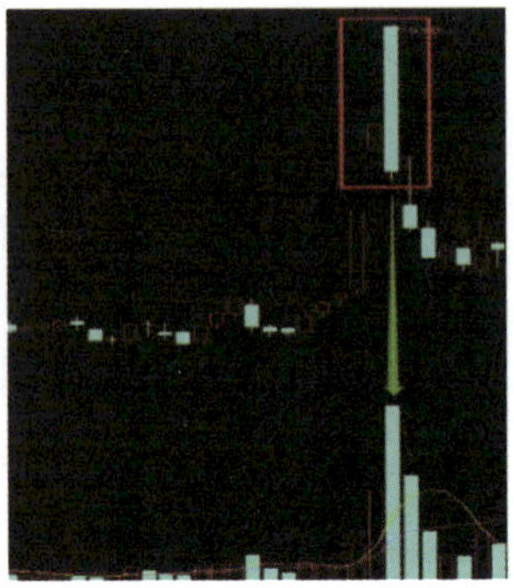

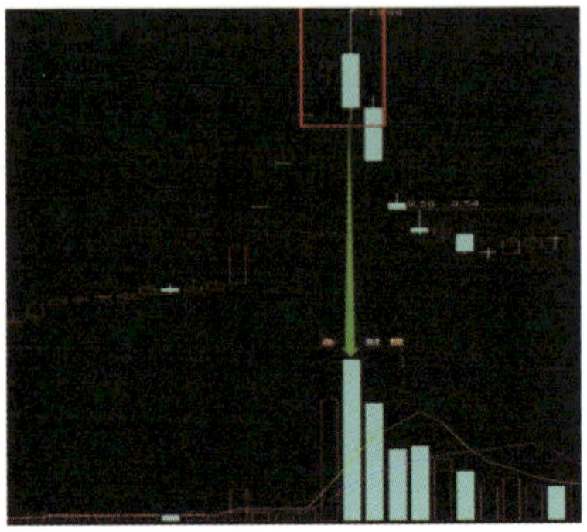

6. K线组合六

高位破位搓揉线。

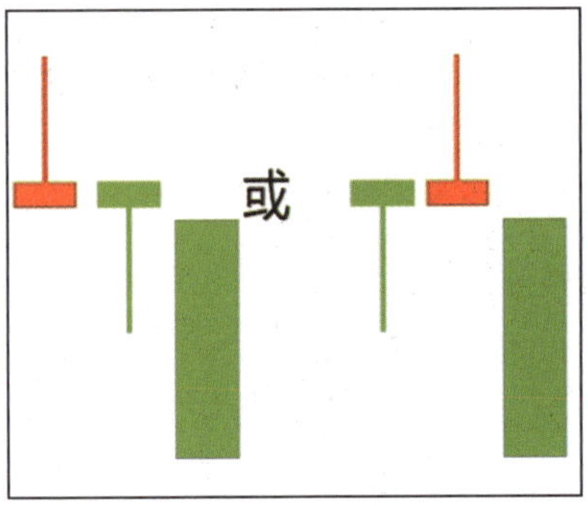

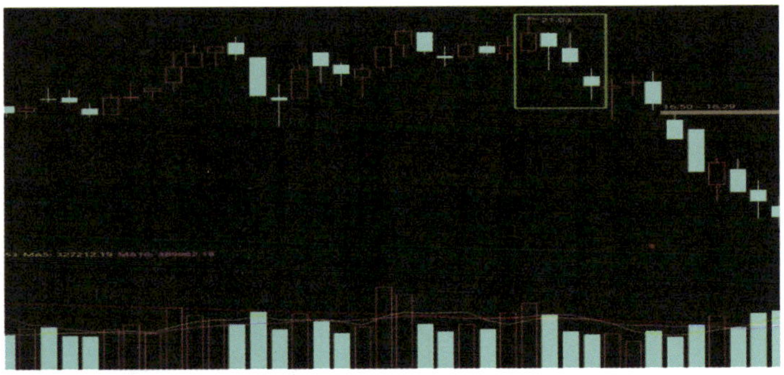

当遇到以上K线形态的时候，应该提高警惕，时刻注意有没有跌破趋势，以上K线形态出现也不是100%就会下跌。

但是一旦趋势跌破了，就一定要严格止盈或者止损。

第十六课 课后练习

关于趋势型MACD指标使用方法，以下说法是否正确？

1.红绿柱的背离：当红柱量能逐步降低，股价却逐步拉升，注意随时有可能反转向下，有回调的风险。

正确（ ）错误（ ）

2.DIF、DEA的背离：快慢线向下，股价却逐步拉升，注意随时有可能反转向下。

正确（ ）错误（ ）

关于缩量回调回踩支撑,以下说法是否正确?

3.根据MACD指标红绿柱的变化（加速度的变化），来评判趋势的可持续性。

正确（ ）错误（ ）

4.MACD指标的局限：反应较慢，出现背离的情况时，行情已经走了很长时间。

正确（ ）错误（ ）

以下说法是否正确?

5.MACD即将死叉或者红绿柱中红柱缩短时，KDJ如果也发生死叉，就是趋势衰竭点，可以适当减仓。

正确（ ）错误（ ）

第十七课 量价不匹祸福依

一、投资思维

（1）赚钱的投资就是好投资。

（2）海里游泳最重要的不是能游多远，而是不沉底，交易也是。

（3）看到车向我们开过来，不清楚能不能撞到，但是先躲开准没错。君子不立于危墙之下，见势不妙就要撤。

上升趋势股，很多时候都是从一条【破位阴线】开始转成下跌趋势股的。

在观察趋势股时，出现阴线，同时是破位5日均线时，又在阴线放量的情况下，要特别注意趋势反转下跌的信号。

扛不扛？

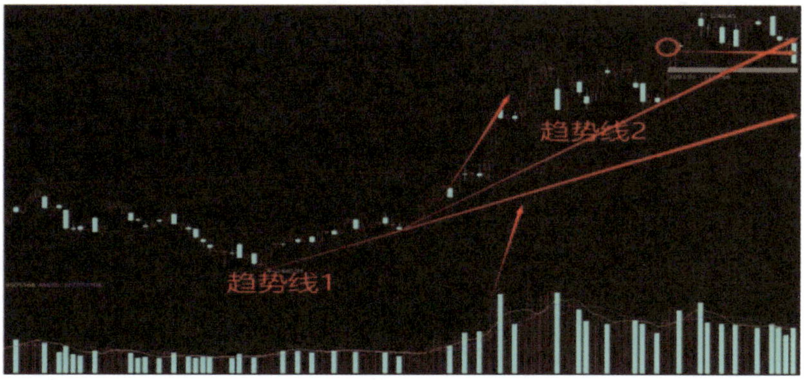

趋势线要灵活使用，远离K线时，要及时调整趋势线，从而及时获利了结。

卖不卖？

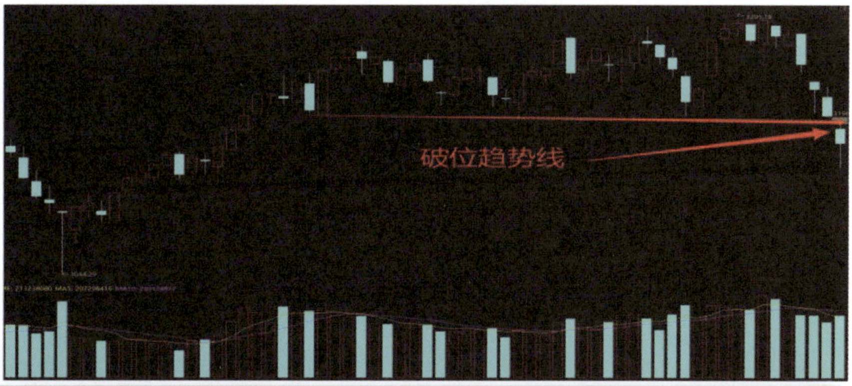

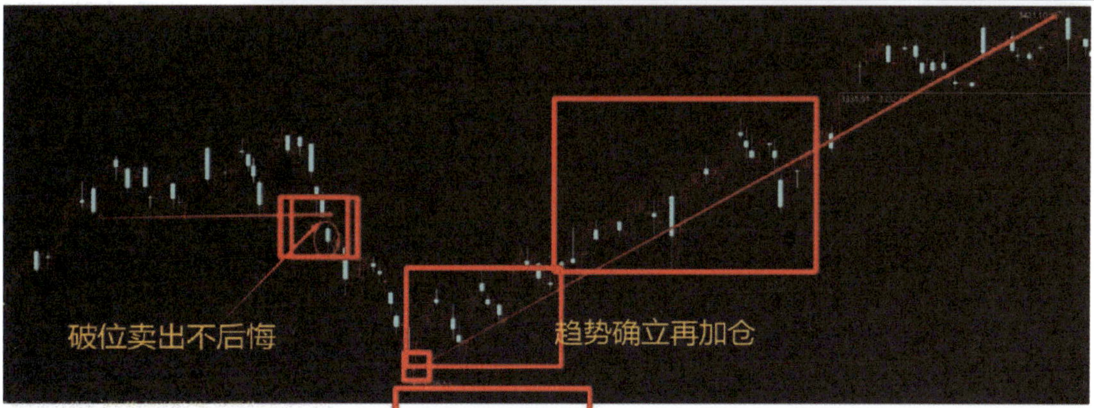

后悔吗？

作为中短线投资者，最重要的一点就是懂得认错和“见风使舵”。

仓位控制、止盈止损、压力支撑、心理承受能力（平仓线），是紧密联系在一起的，要不断巩固完善自己的交易逻辑，并严格执行。

二、压力位的意义

找到一波行情的停顿点，寻找止盈减仓的位置。

（1）有重大分歧的位置，造成买卖双方力量均衡的位置。

（2）观念趋近统一的位置，趋势方力量极弱的位置。

（3）上涨时多方加仓需求逐步减少，空方减仓逃离需求逐步增加，到达临界点，股价难以继续上升。

三、主力如何出货

主力操作股票分为建仓—拉高—出货三个阶段。

主力会分批次，按照压力位节奏出货，市场上持续释放利好消息，在出货没有完成之前，一般不会打破上升走势。

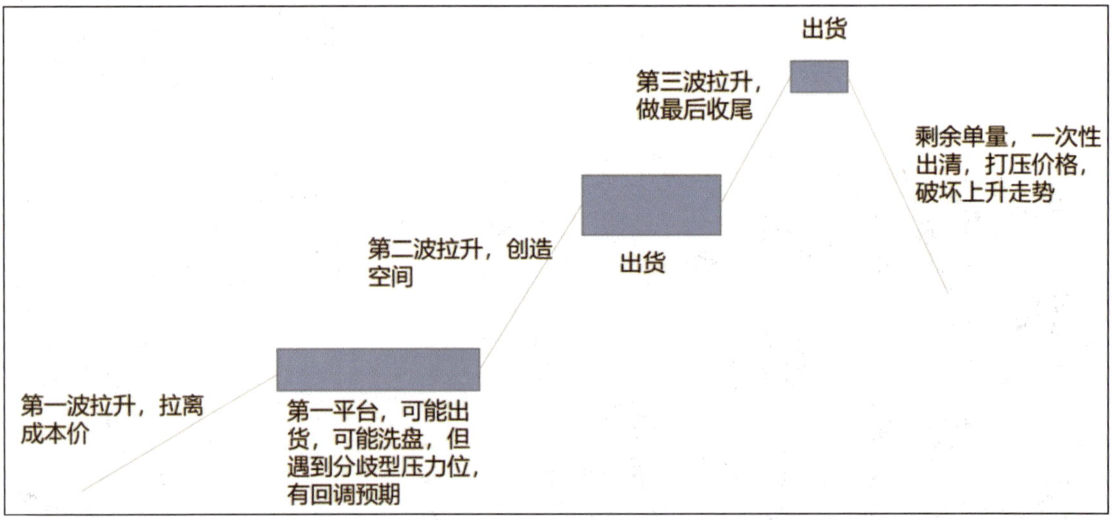

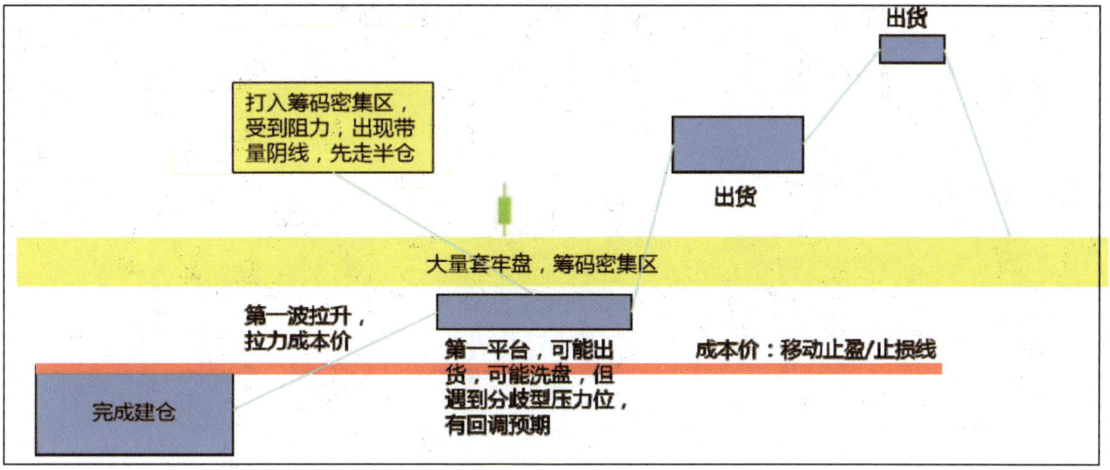

逐步落袋为安是股市里的生存之道。

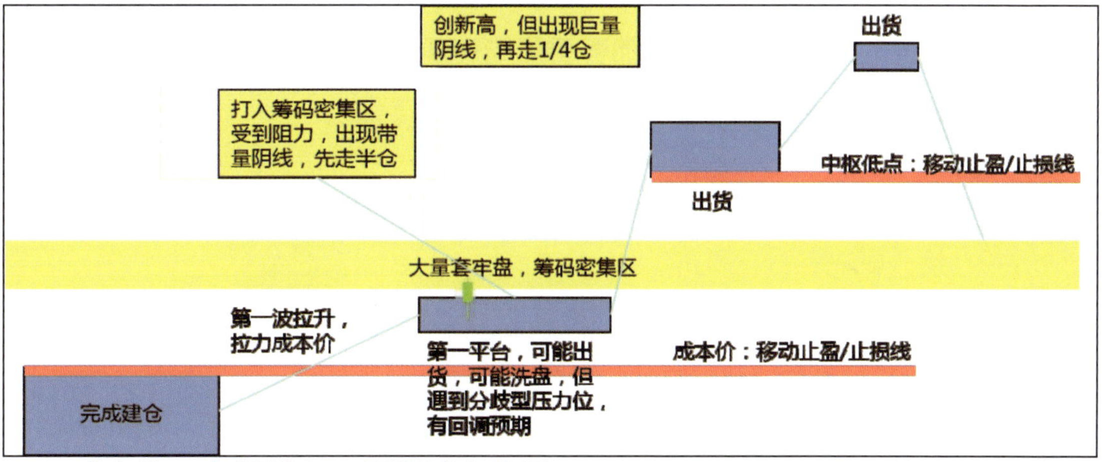

成本价、中枢低点，都是减仓信号。

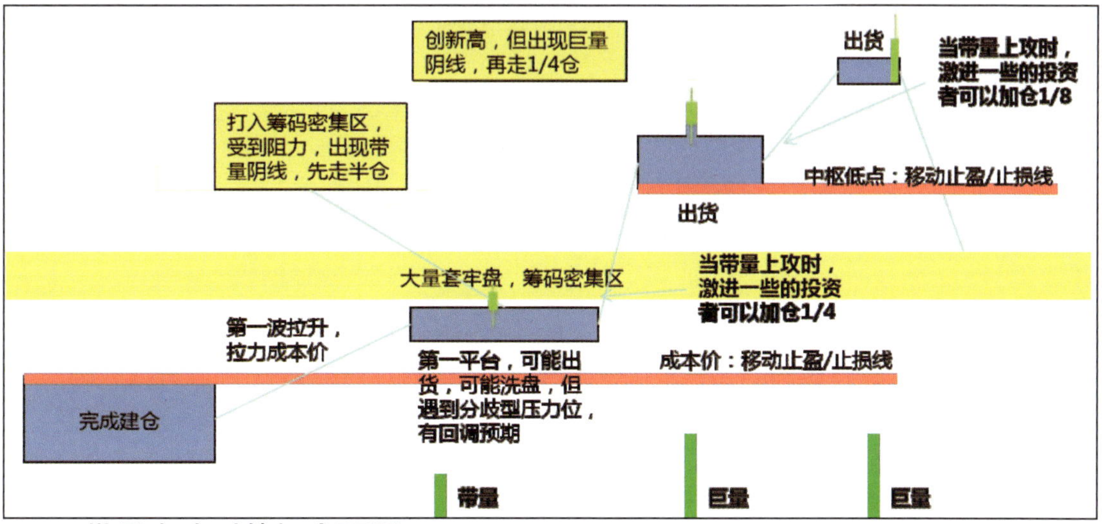

带量上攻时的加仓配置。

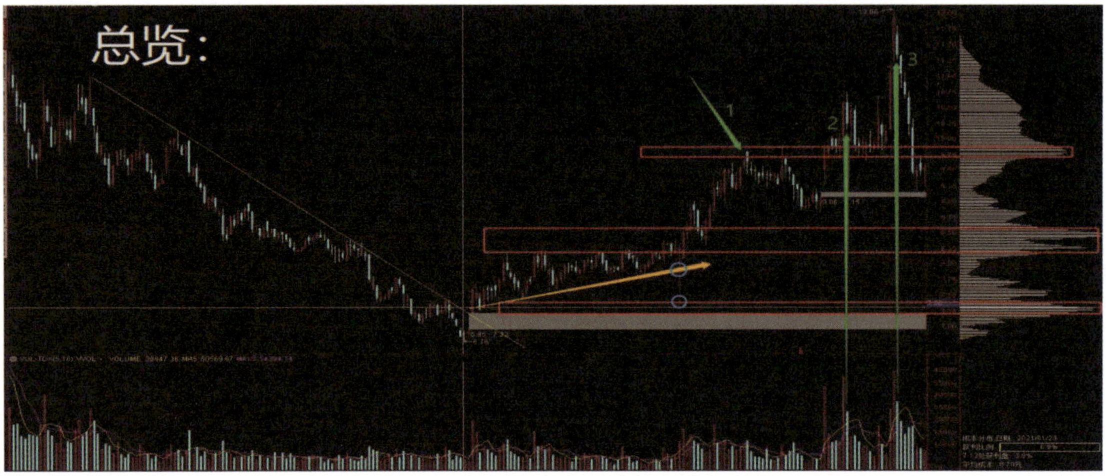

第一波拉升，远离成本价，震荡中带量阴线减仓，带量上攻加仓。

第二波拉升，减持或者加仓都要看量能表现。

第三波拉升，极速暴跌信号出现，清仓离场。

第十七课　课后练习

关于破位，请判断以下说法是否正确。

1.作为中短线投资者，最重要的一点就是懂得认错和“见风使舵”。仓位控制、止盈止损、压力支撑、心理承受能力（平仓线），是紧密联系在一起的。要不断巩固完善自己的交易逻辑，并严格执行。

正确（　　）错误（　　）

2.趋势线的压力位：震荡区间上沿、震荡区间下沿、阶段性高点，都有压力（支撑）作用。

正确（　　）错误（　　）

3.寻找压力位的意义：找到一波行情的停顿点，寻找止盈减仓的位置，做到心中有数。

正确（　　）错误（　　）

4.主力会分批次，按照压力位的节奏出货，市场上持续释放利好消息，在出货没有完成之前，一般不会打破上升走势。

正确（　　）错误（　　）

第十八课　分仓有据守云开

一、投资八句箴言

（1）仓位控制是投资成败的关键，是放大利润、缩小亏损的必要手段。

（2）择时，趋势顺势时的仓位一定要比趋势逆势时的仓位大，顺势而为是技术分析的核心逻辑，结合均线、趋势线形成仓位管理，是投资者的必要技能。

（3）仓位控制最重要的一点是保证回撤不超过一次投资的最大清盘线阈值。

（4）最大仓位的大小，是由最大回撤和预定的盈亏比决定的，谨慎控制好仓位很重要。

（5）一定要根据资金量来决定分仓情况，资金量小的投资者，短线投资比例可以适当提高。

（6）一定要懂得个股分仓，相互对冲风险。

（7）拒绝杠杆，安全第一。

（8）谨慎对待没有热度的股票，长期下跌的股票不值得我们持有仓位。

二、顺势而为

顺势之下投资较为容易，因此仓位的大小也要和趋势方向挂钩。

（1）大盘、板块处于上升趋势：6成仓～满仓。

（2）大盘、板块处于震荡趋势：2～5成仓。

（3）大盘、板块处于下跌趋势：0～1成仓。

板块走势情况 ↑ / 大盘走势情况 →

大盘弱势、板块强势：3成~5成	大盘震荡、板块强势：5成~7成	大盘强势、板块强势：6成~10成
大盘弱势、板块震荡：0~3成	大盘震荡、板块震荡：2成~5成	大盘强势、板块震荡：3成~7成
大盘弱势、板块弱势：0~1成	大盘震荡、板块弱势：0~1成	大盘强势、板块弱势：1成~3成

三、趋势、控盘与资金

i问财筛选趋势股语句：上升通道；主力控盘比率上升；放量；DDE大单流入；换手率小于30%；近一周无跌停；非ST。

1.股票精选要点

（1）尽量不要选择远离支撑均线的个股。

（2）前方（上方）不要有明显的压力位。

（3）股票盘中不要大幅震荡。

2.尽量不要远离支撑均线

当趋势股依托支撑线上升的时候，坚定持有；当股价大幅拉升，远离支撑均线的时候，逐步进行减仓，控制好仓位。

3.前方不要有明显压力位

趋势没有破，10日均线支撑也很好，但是股价到了前方压力位附近了，就要看能不能突破，能突破还会有上升动能，如果反复震荡突破不了，就应该注意减仓，控制仓位，控制风险。

4.股票盘中不要大幅震荡

趋势虽然没问题，但是盘中总是上蹿下跳，冲高回落，注意这是多方力量不够强的表现。当遇到这样的股票时，一定要时刻注意控制仓位，该减仓的时候要果断减仓。

案例分析

（1）趋势很好的股票，回踩之后反弹加仓，但是当远离支撑线的时候就不要进行加仓了。不要去追涨，当它再回踩支撑均线的时候撑住了，再加仓不迟。

（2）趋势支撑均线不破的情况下，要注意，回踩这条均线的时候缩量调整更放心。

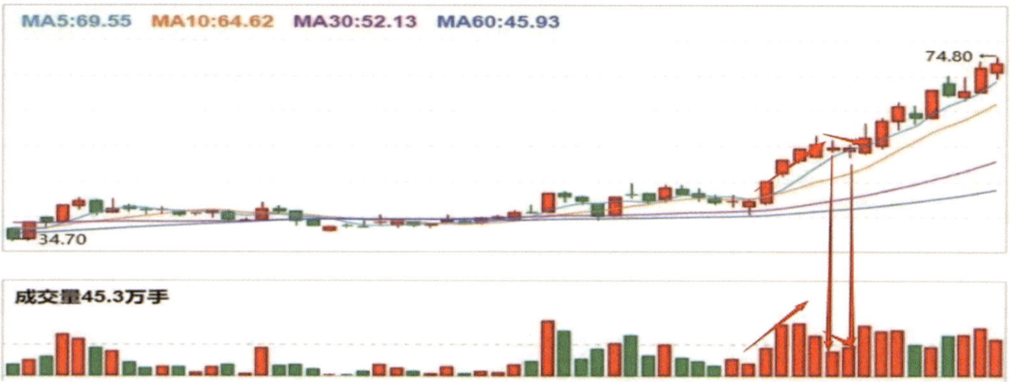

（3）做趋势股，有可能加仓之后就会开启调整，但是没有跌破趋势的时候，要有足够的耐心，耐得住寂寞，才能够拿得住趋势股。

（4）5日均线支撑的趋势股，当有一天跌破这条均线的时候，有两种操作方法。

①如果风险承受能力强一些，可以看接下来一两天能不能收回到支撑线之上，如果能收回，还可以继续持有，如果连续下跌，就需要果断减仓（当然，要注意跌破支撑当天不能放量+大阴线）。

②风险承受能力小的投资者，完全可以在当天没有收回支撑均线的时候进行减仓，如果接下来再次收回到支撑线之上，再接回来即可。虽然中间少了些许利润，但是避免了风险。

（5）确定支撑均线之后，依托支撑均线进行入场操作。

（6）第一次10日均线支撑，第二次5日均线支撑，不确定哪条均线支撑的话，可以选择放弃。

（7）同样，无法确认哪条均线支撑，选择放弃。趋势确实是上升趋势，但是不确定性比较大，所以放弃。

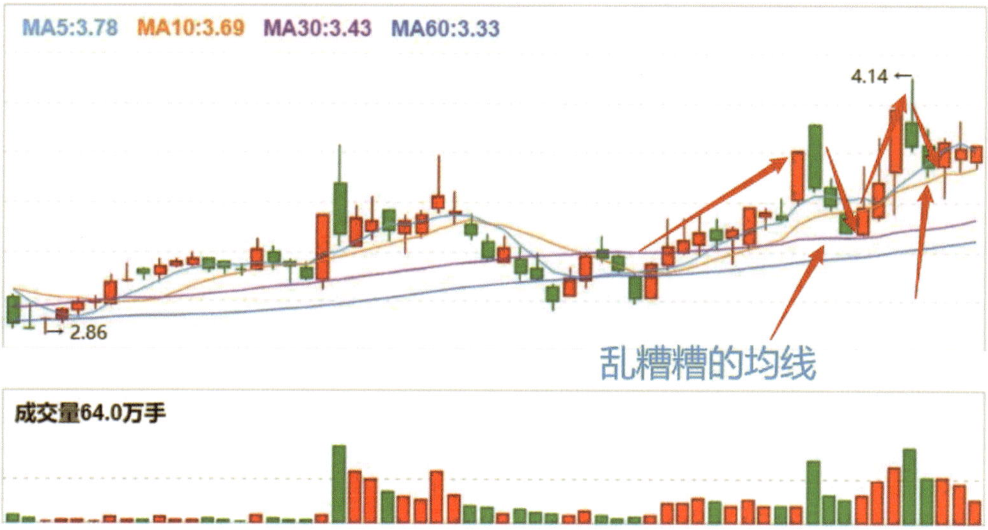

第十八课　课后练习

关于仓位管理，请判断以下说法是否正确。

1.仓位控制是投资成败的关键，是放大利润、缩小亏损的必要手段。

正确（　　）错误（　　）

2.一定要懂得个股分仓，相互对冲风险。

正确（　　）错误（　　）

3.拒绝杠杆，安全第一。

正确（　　）错误（　　）

4.大盘、板块处于上升趋势：6成仓～满仓;大盘、板块处于震荡趋势：2～5成仓；大盘、板块处于下跌趋势：0～1成仓。

正确（　　）错误（　　）

第十九课 波段套利知顶底

一、为什么要做波段

波段操作是指投资者利用个股的走势，在低位买入，在高位卖出，赚取一定的差价。

（1）大盘呈强势特征时会有很多强势股，但在弱势震荡格局中，波段操作就显得尤为重要了。

（2）高景气度行业往往呈现阶段性的炒作特征，资金承载量大，运作非一日之功。

（3）强势股总有熄火的一刻，在合适的时机及时出局，需要掌握波段战法的精髓。

（4）个股有其内在股性，在其表现出规律性运动时，可以积极操作，获取波段空间。

二、波段操作技巧

1.波段三分法

（1）上升波段。

（2）震荡波段。

（3）下跌波段。

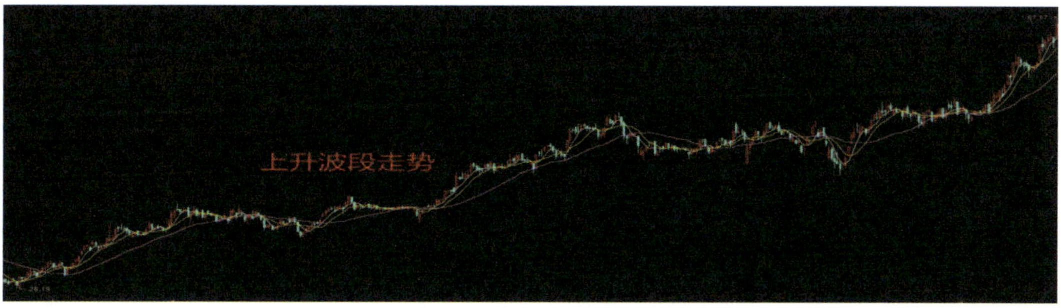

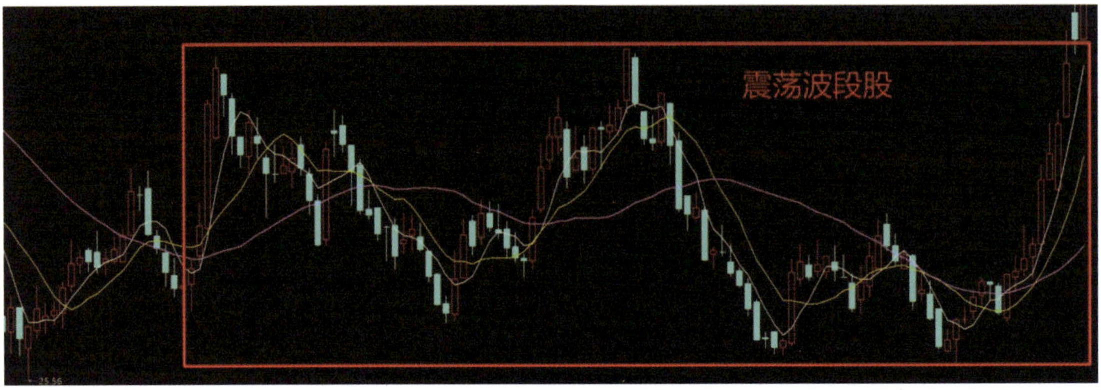
震荡波段股

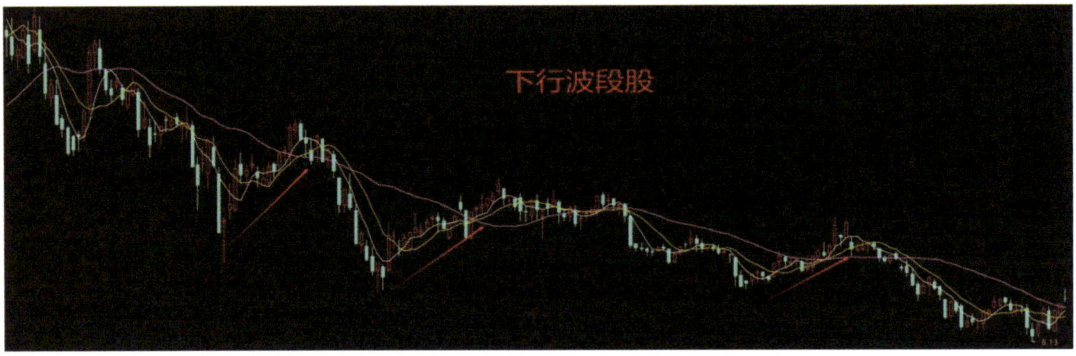
下行波段股

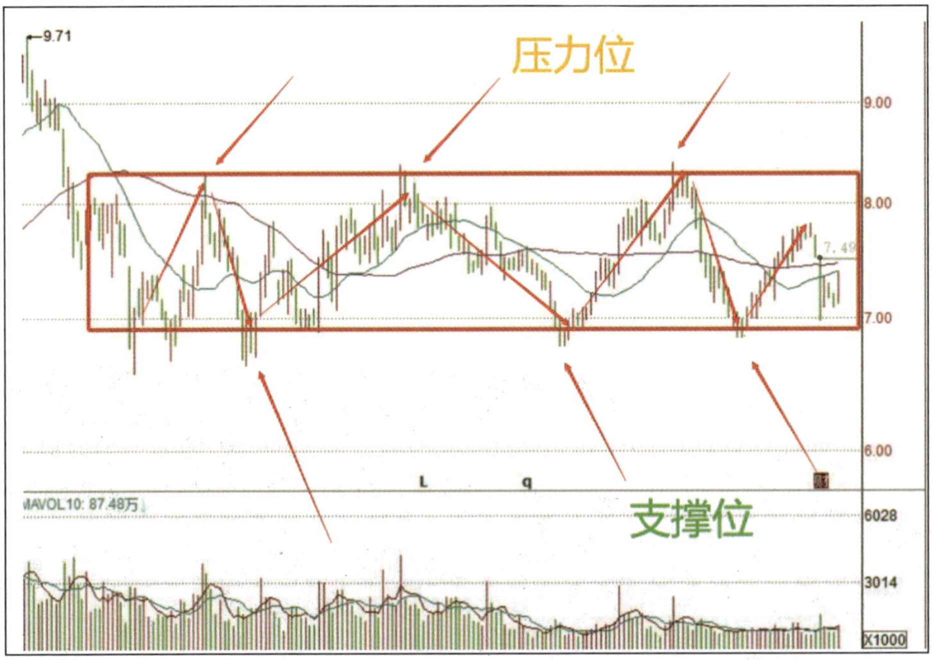
9.71
压力位
9.00
8.00
7.00
6.00
MAVOL10: 87.48万
支撑位
6028
3014
X1000

波段选股i问财输入：上升通道

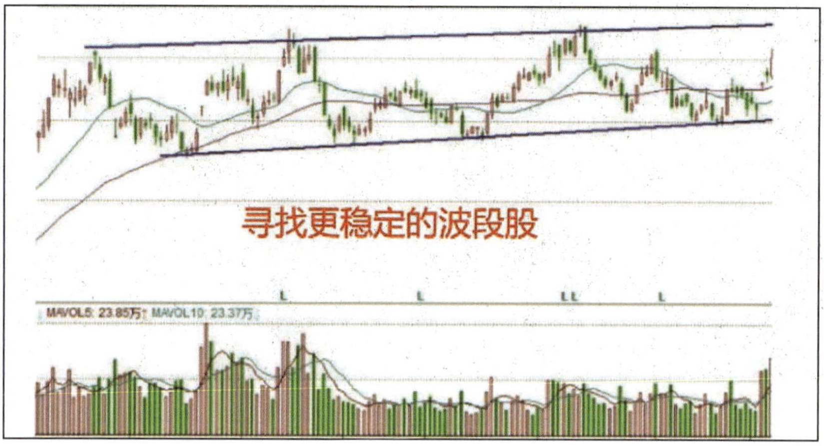

i问财输入：下降通道

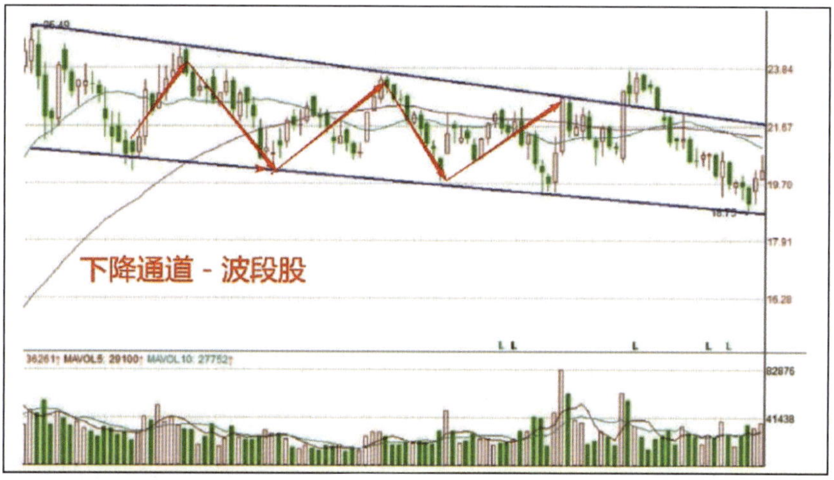

2.波段股操作要点

（1）确定个股明显的压力位和支撑位。

（2）找到个股明确的买入点和卖出点。

做波段操作一定要看月线图和周线图。个股的周线图和月线图要同时上扬，包括成交量有效放大，存在一种向上趋势的时候，才能介入。

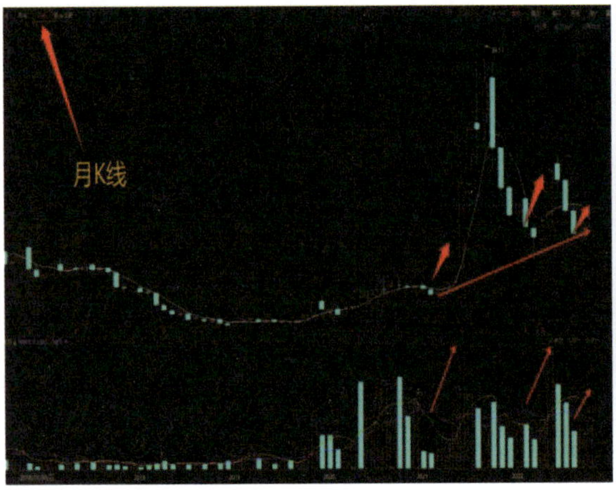

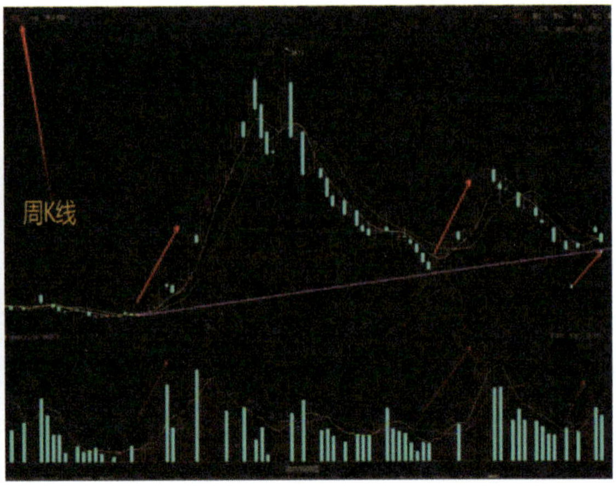

在日K线图走势上，做波段最佳的介入点是：日K线稳步向上走，最好发生在股价上涨之后的回调，且在重要支撑位跌不下去，股价获得支撑时。当然，回调时的量不能大，量能最好极度萎缩，这时介入的风险较小，比较安全。

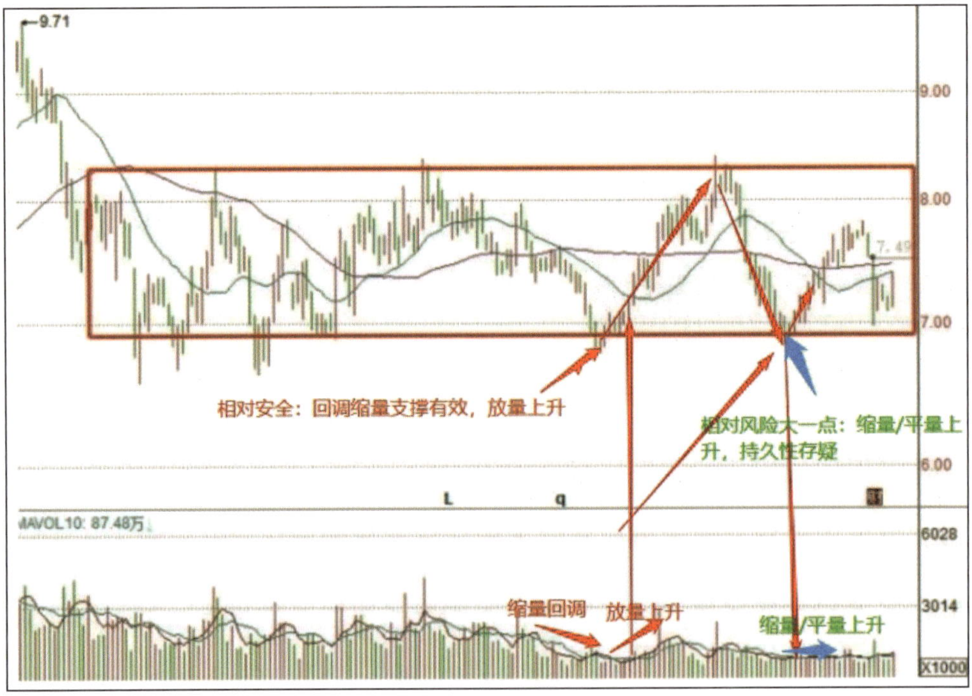

波段压力位：当股价上涨达到自己的预期目标或者股价高点时，要及时止盈退出。

MACD红柱不断变低的时候，是一个止损出局的点位，而不是根据MACD红柱转绿柱或者水上转水下的方式。

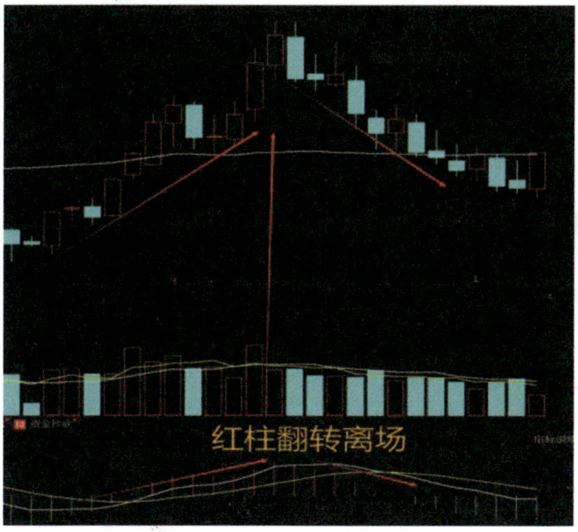

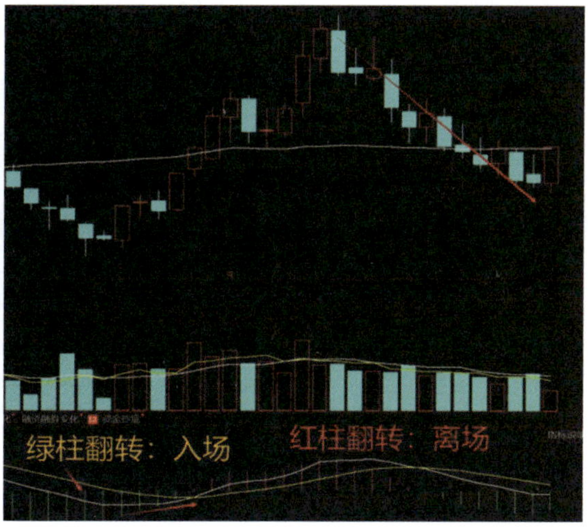

3.假突破

大盘调整或者持续下跌的过程中，股票经常会以【假突破】的形式吸引交易者。在这种时间节点，更多的是波段机会，加速上涨可遇不可求。

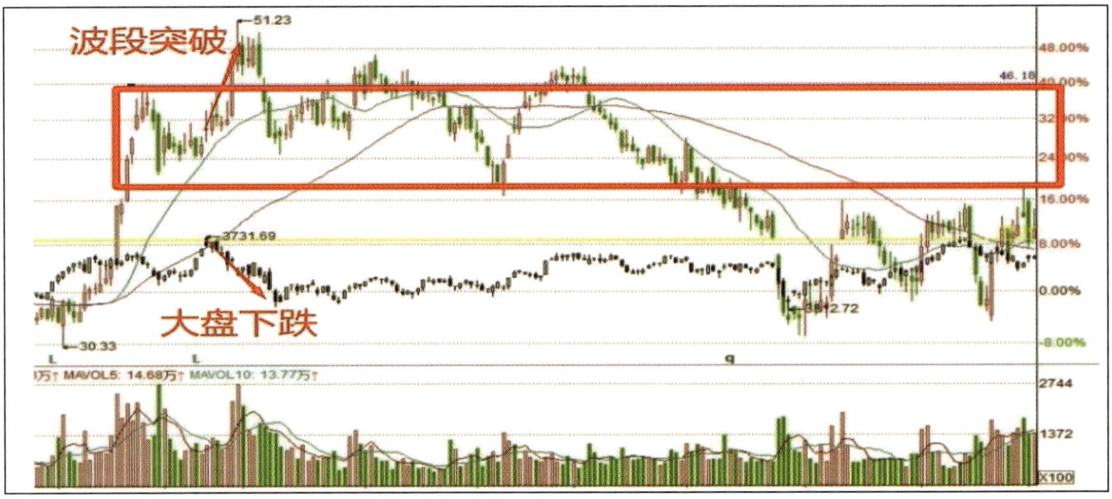

经历假突破之后持续震荡整理，在其运行过程中会出现箱体套利的机会，择机进出。

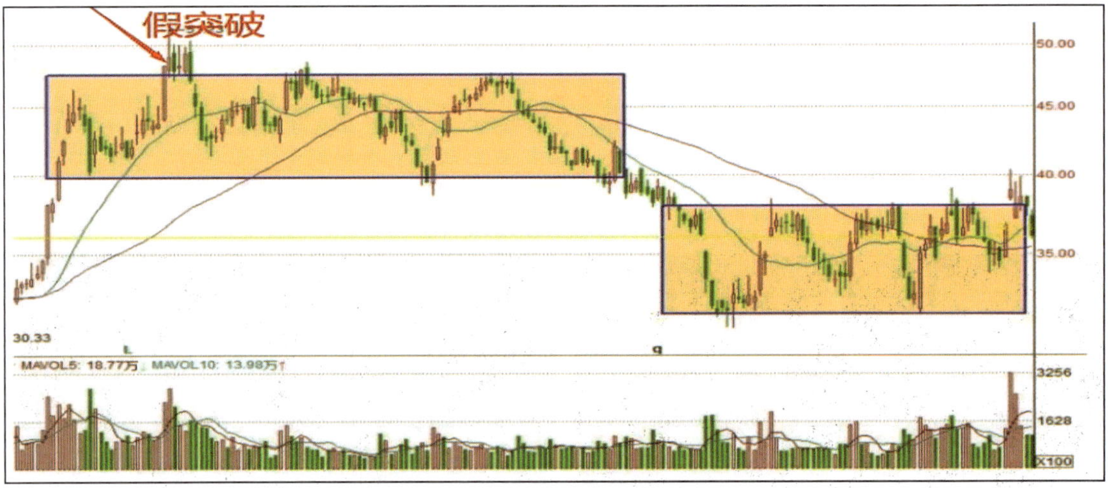

大盘处于明显的主跌趋势当中，就是适合箱体操作的市场环境。

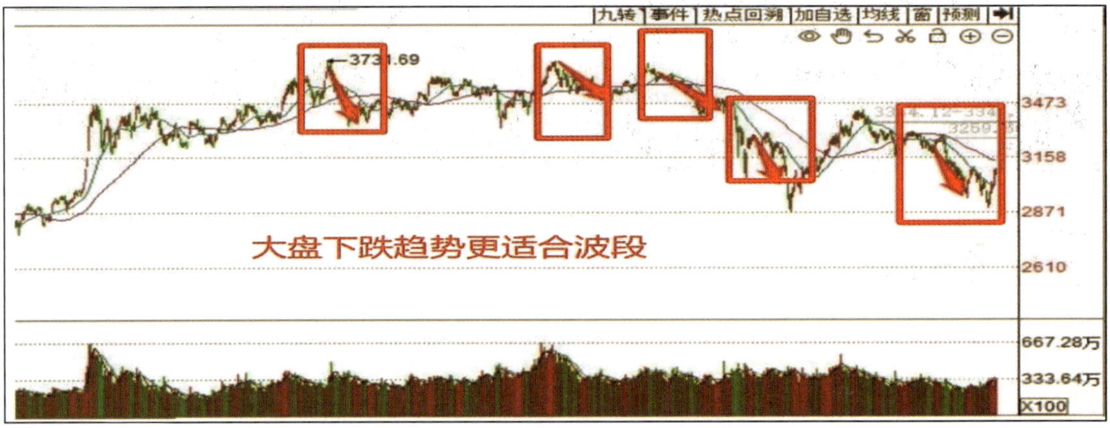

4. 休眠状态的强势股

休眠状态的强势股多出现在高景气行业当中，休眠时间短则几周，多则数月，在此期间，这些股票经常表现出阶段震荡整理的形态。

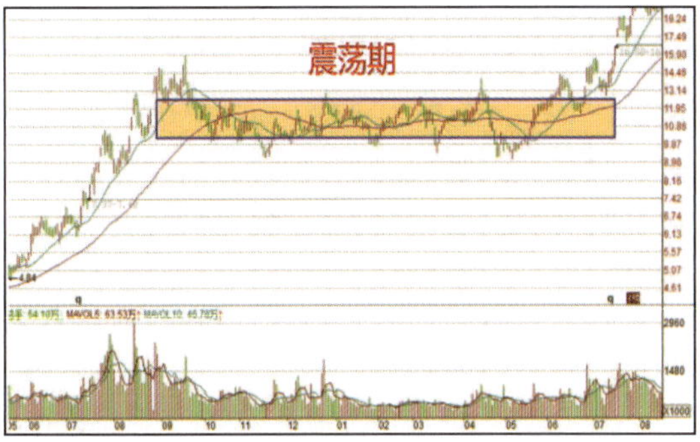

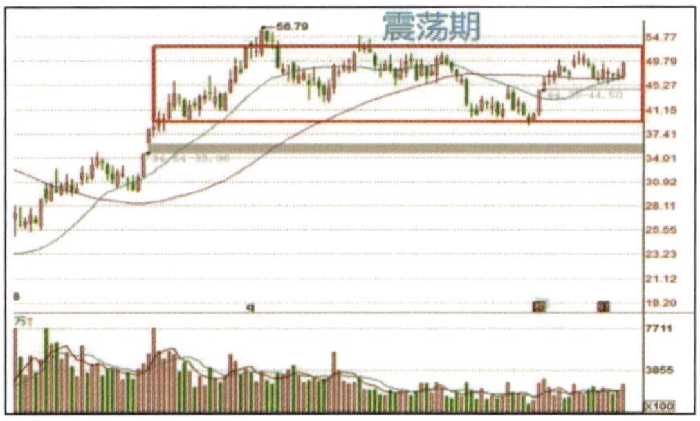

5. 波段股的三要素

（1）是景气行业。

（2）趋势是向上的【周线、月线】。

（3）阶段震荡【日线】。

i问财语句：近250日涨幅前100名；成交额大于3亿；热门行业。

风险提示：股票不可能一直强势，再强的股价趋势也有结束的一天，所以及时撤离也是对时间成本的一种节省。

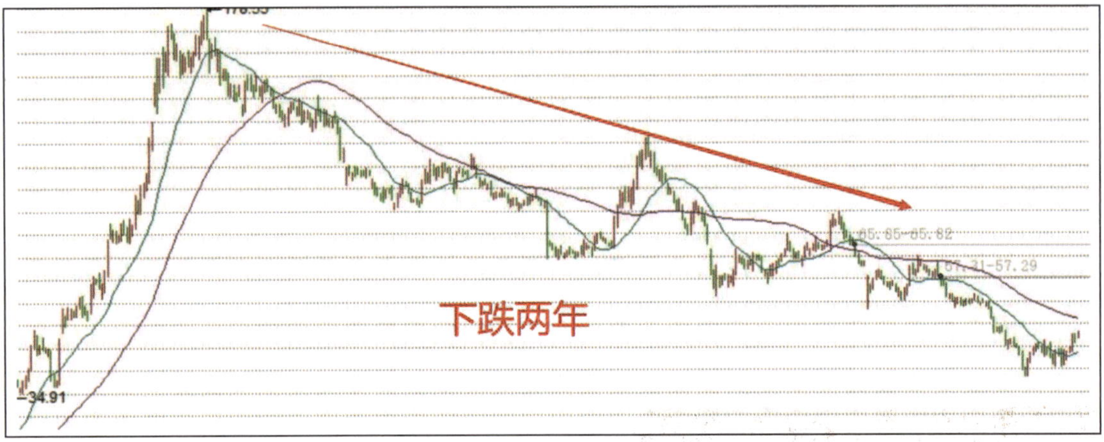

股票业绩基本面查询。i问财：XX股票；净利润同比增长率。

科目\年度	2022-09-30	2022-06-30	2022-03-31	2021-12-31	2021-09-30	2021-06-30
成长能力指标						
净利润(元)	7398.71万	6908.49万	5556.41万	4.56亿	4.85亿	3.16亿
净利润同比增长率	-84.74%	-78.15%	-9.69%	354.32%	687.85%	1190.55%
扣非净利润(元)	2212.15万	5131.18万	4913.55万	4.11亿	4.38亿	3.04亿
扣非净利润同比增长率	-94.95%	-83.12%	-15.60%	381.36%	753.29%	1601.87%
营业总收入(元)	6.03亿	4.52亿	2.76亿	13.70亿	11.82亿	8.51亿
营业总收入同比增长率	-49.01%	-46.90%	3.61%	63.82%	130.51%	239.31%

增长率持续下跌，甚至成为负值，警惕！

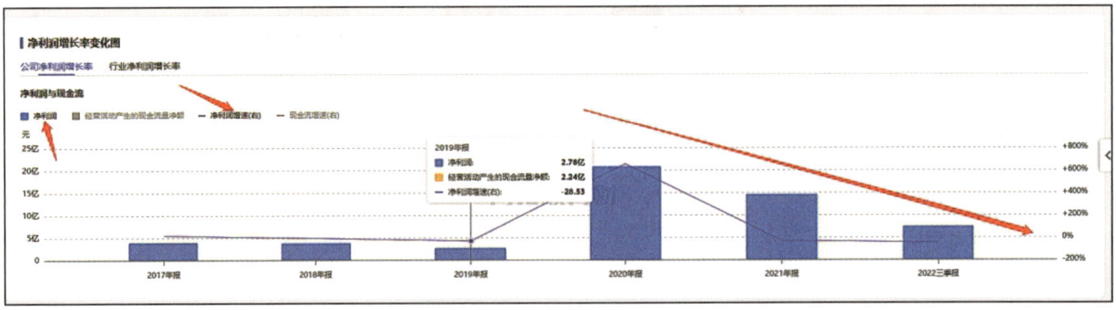

第十九课 课后练习

1. 请识别下图案例为哪种波段?( )

A.上升通道 B.下降通道

2. 请选出做波段股的必要要素。( )【多选题】

A. 日K线连续大涨

B. 周K线、月K线趋势向上

C.大盘近期表现强势

第二十课 回踩支撑始低吸

一、如何找好入场点

1. 两个低吸点

箱体低吸，起涨点低吸。

2. 两个关键词

一是支撑，二是低吸。

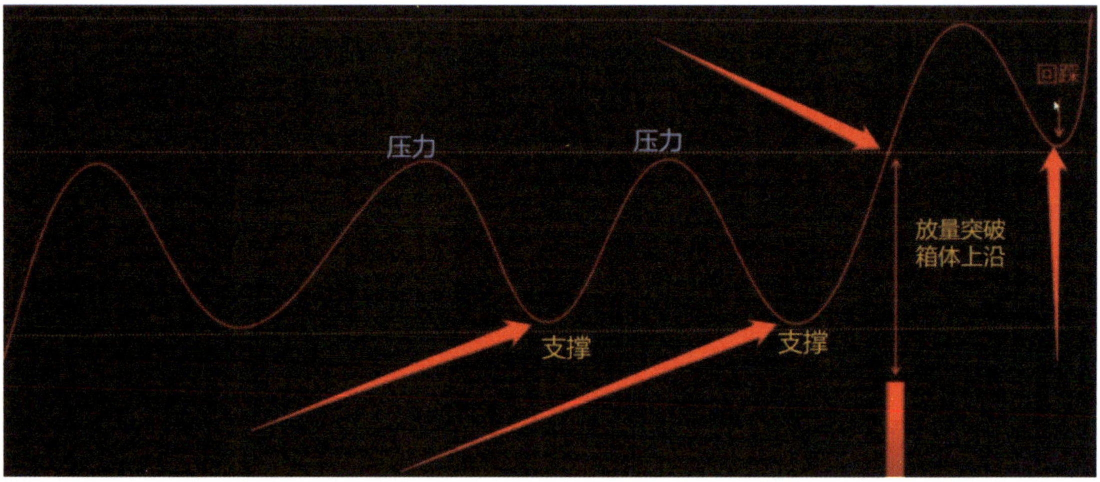

箱体震荡 → 放量突破箱体上沿 → 回踩箱体上沿确认支撑 → 继续拉升。

3. 三个可以考虑的进场点

（1）箱体下沿获得支撑，是第一进场点。

（2）大盘上涨，个股放量拉升突破箱体上沿，为第二进场点。

（3）突破之后，之前的压力位转为支撑位，这时往往会回踩这个支撑位来确认，确认支撑的这个点位就是第三入场点。

二、箱体低吸

1. 什么是箱体低吸

箱体低吸是在技术支撑位获得价格支撑，获得资金强力支撑，进而阶段性反弹获利的技术。

2. 确定潜在获利空间

股价获得支撑后反弹的高度，是今后低吸操作的理论最大获利空间。

3. 确定盈亏比

当盈亏比大于2:1时，低吸操作具备强操作性，即潜在获利机会大于风险机会。例如最大反弹高度为10%，止损设置为5%，那么盈亏比为2:1。最大反弹高度为15%，止损设置为5%，盈亏比为3:1。止损的设置因个人能接受的风险程度而定，一般应设置在10%以内。

案例中股票调整后的反弹潜在高度为25%（振幅），若止损设置为5%，则盈亏比为5:1，具备操作价值。

4. 确定止盈位置

随着行情的发展，股价出现反弹，反弹后再次回落，第一次反弹的高点位置可以作为后续低吸后的第一止盈价位。

5. 低吸

接近蓝色支撑线，可以低吸，不必严格触及蓝色支撑线，这里还要考虑对风险的合理控制。

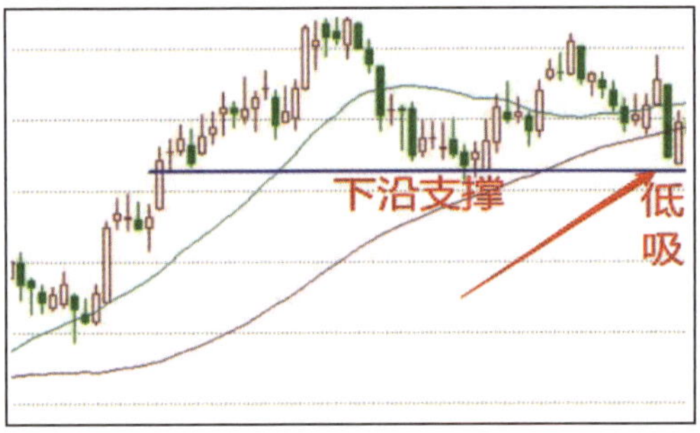

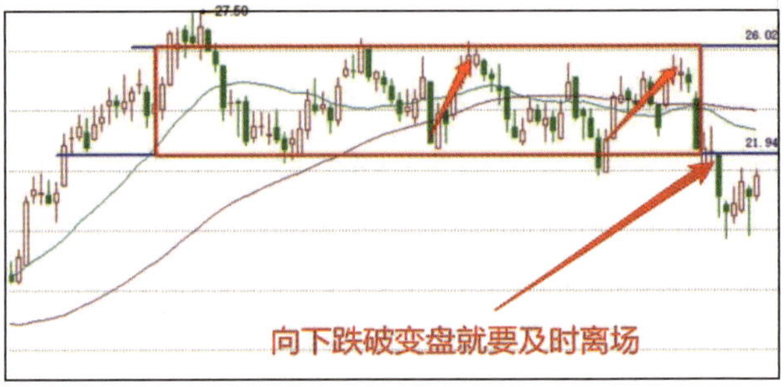

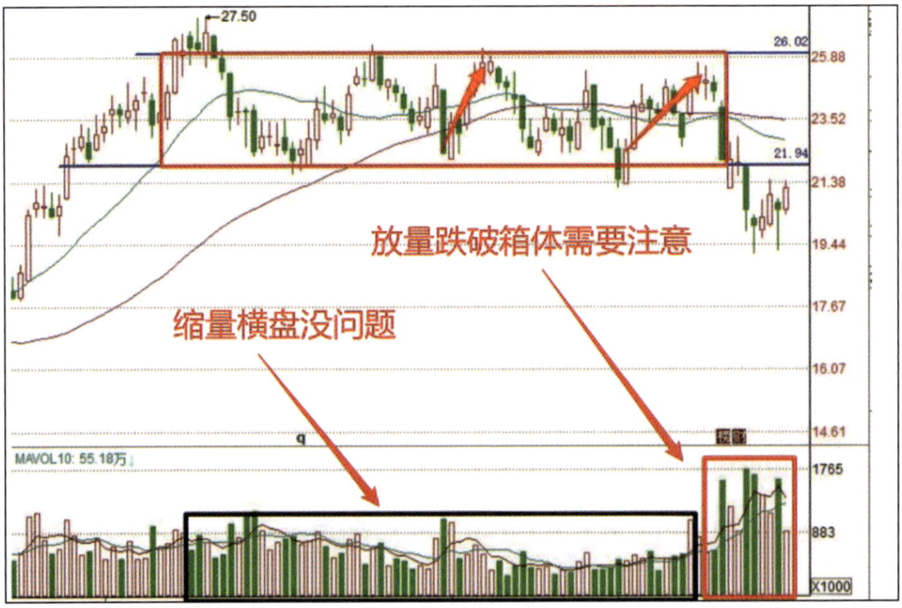

6. 主力做盘原理

（1）箱体震荡格局更多的情况是主力消化套牢盘及获利盘的过程，触碰箱体上边线，会让之前买入成本在此附近的交易者产生解套或兑现利润的想法。若第一次没有被清洗出局，第二次触碰上边线会加深这种想法，所以主力会多次重复此动作，洗出意志不坚定的交易者，这个时间会很漫长，存在波段套利机会。

（2）这也是选择上升途中的箱体震荡作为操作目标的原因。上升途中的箱体经过横盘之后，会推升此标的整体持仓者的成本，使得主力后续拉升不至于有很多低位获得筹码的抛盘压力。结束箱体震荡迎来变盘，更大概率会继续原来的运动方向，所以比下跌途中的箱体震荡更具有操作性。

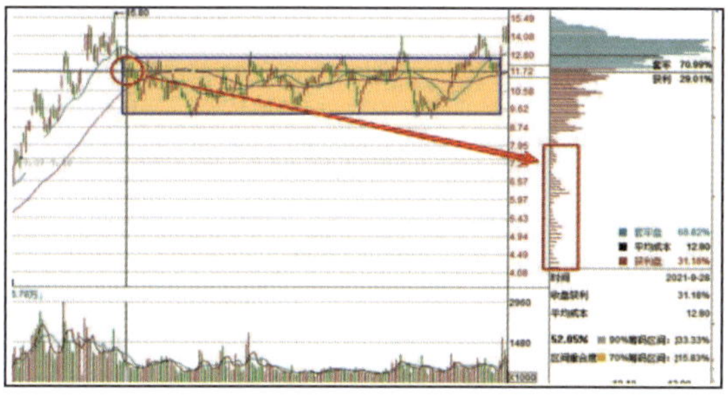

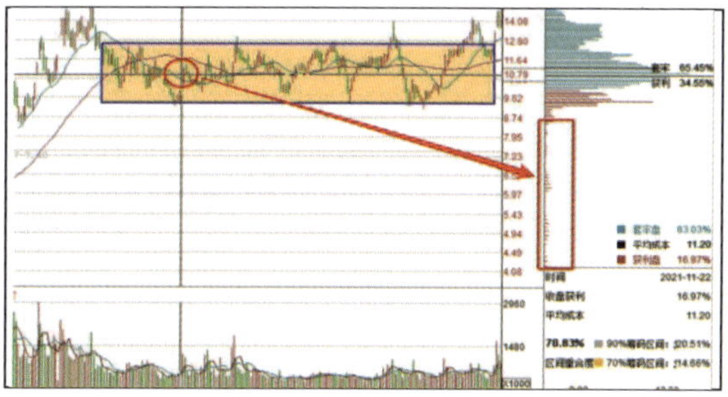

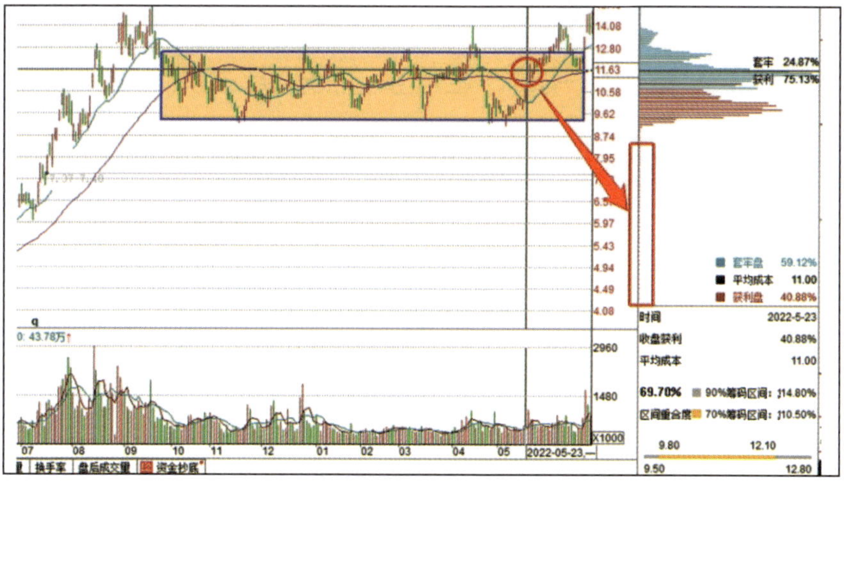

三、起涨点低吸

最强支撑位往往是上一波行情开始的地方，很多人在没有等到最强支撑的时候就开始准备做波段反弹，而反弹力度不及预期后常常高位站岗。

关注强力支撑位附近的【量能】变化，经历放量大涨后，量能持续收缩为好现象。后期经历横盘后才发生反弹，而经历了持续缩量的形态，在触及强力支撑线后更具爆发力。

强力支撑位的波段反弹并不一定放量，而随着上涨，如果量能够持续放大，则证明行情可能走出超预期的表现。

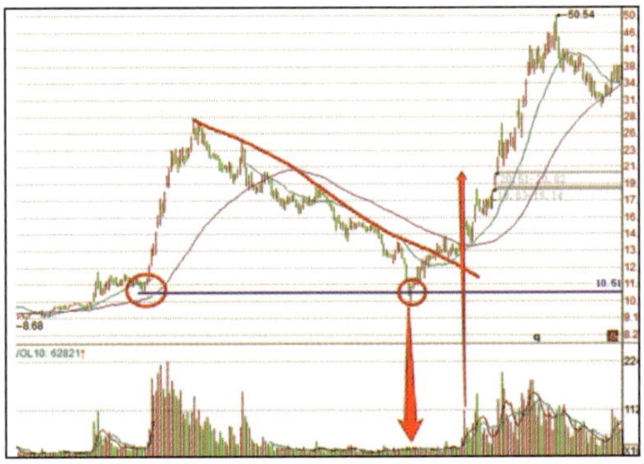

做波段，找行业，i问财语句：上升通道；近一月涨幅超过10%；近两周涨幅超过5%；近一周主力资金净流入排名；5日均线在10日均线之上；行业指数。

这里注意，i问财搜索之后，点一下“指数”，就可以搜索到行业了。

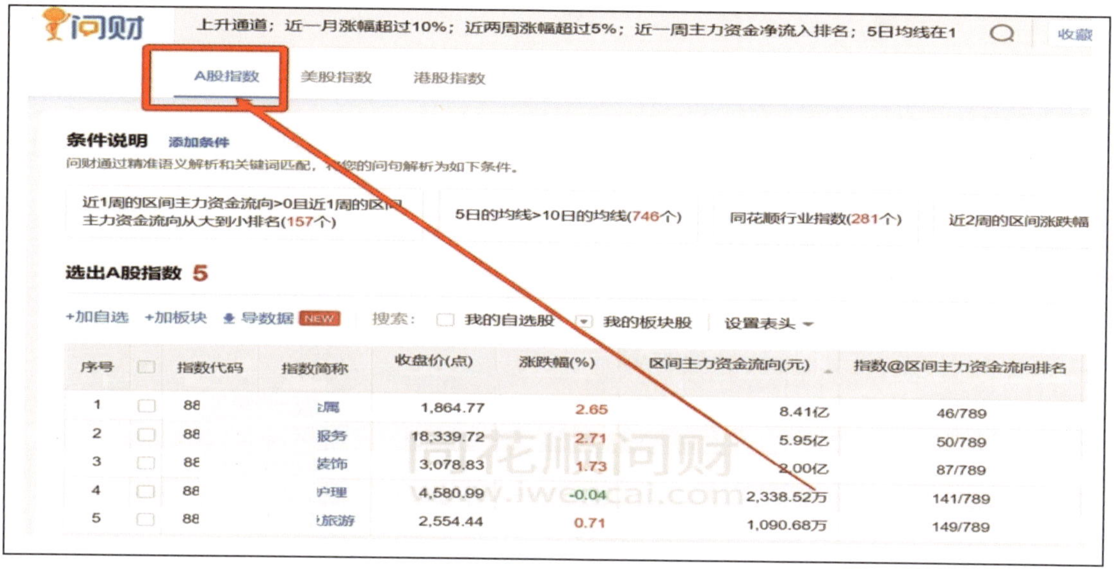

序号	指数代码	指数简称	收盘价(点)	涨跌幅(%)	区间主力资金流向(元)	指数@区间主力资金流向排名
1	88	属	1,864.77	2.65	8.41亿	46/789
2	88	服务	18,339.72	2.71	5.95亿	50/789
3	88	装饰	3,078.83	1.73	2.00亿	87/789
4	88	护理	4,580.99	-0.04	2,338.52万	141/789
5	88	旅游	2,554.44	0.71	1,090.68万	149/789

做波段股，要在重点行业里找到有机构在的个股，符合波段形态的更多一些。i问财语句：主力资金高度控盘；主力控盘率上升；近一周主力资金持续净流入；换手率小于20%；市值小于200亿；非ST。

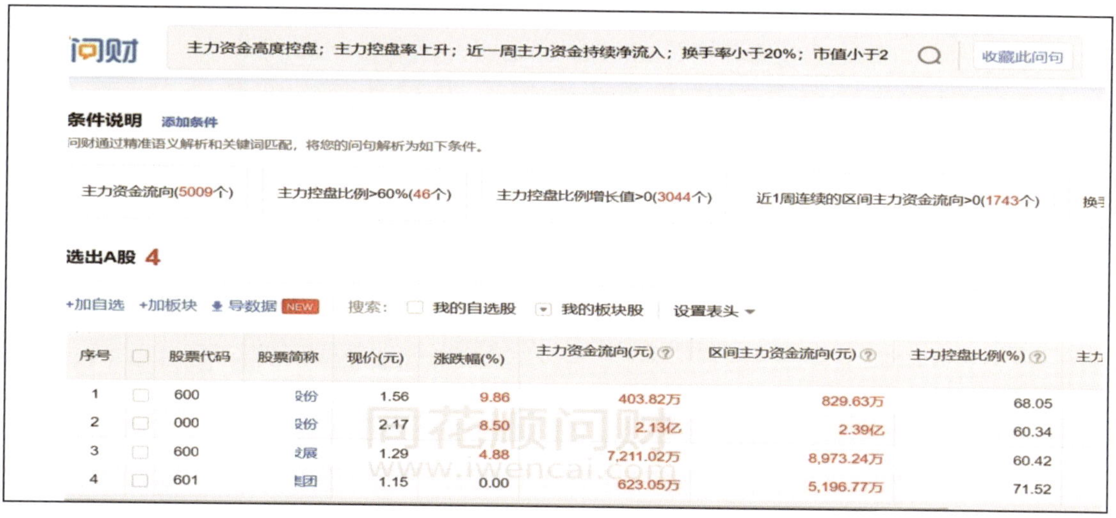

序号	股票代码	股票简称	现价(元)	涨跌幅(%)	主力资金流向(元)	区间主力资金流向(元)	主力控盘比例(%)
1	600	份	1.56	9.86	403.82万	829.63万	68.05
2	000	份	2.17	8.50	2.13亿	2.39亿	60.34
3	600	展	1.29	4.88	7,211.02万	8,973.24万	60.42
4	601	团	1.15	0.00	623.05万	5,196.77万	71.52

如何查看自己手里持仓股票主力资金的表现？i问财语句：股票名称；主力资金流向。

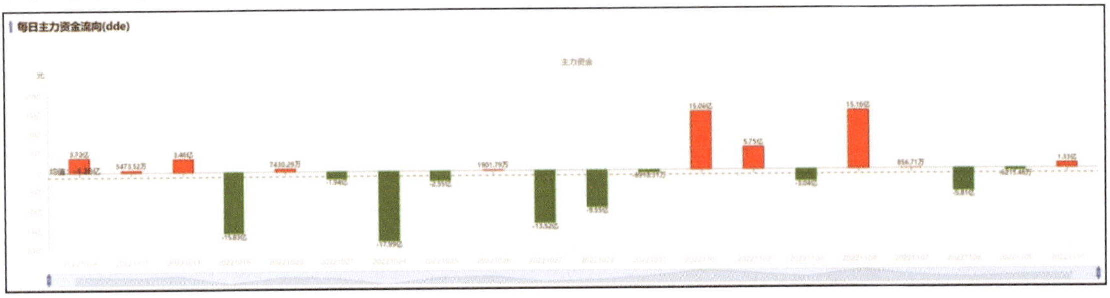

如何找到所持股票的主力控盘比例？i问财语句：股票代码；主力控盘比例。60%以上为高度控盘。

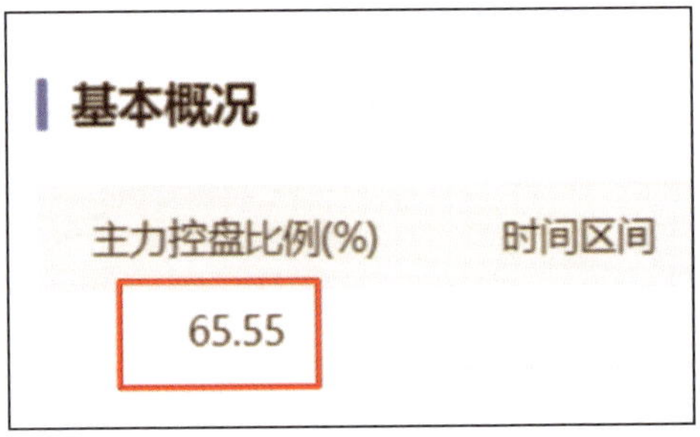

如何查看主力资金控盘参与度？i问财语句：股票代码；主力资金控盘参与度。

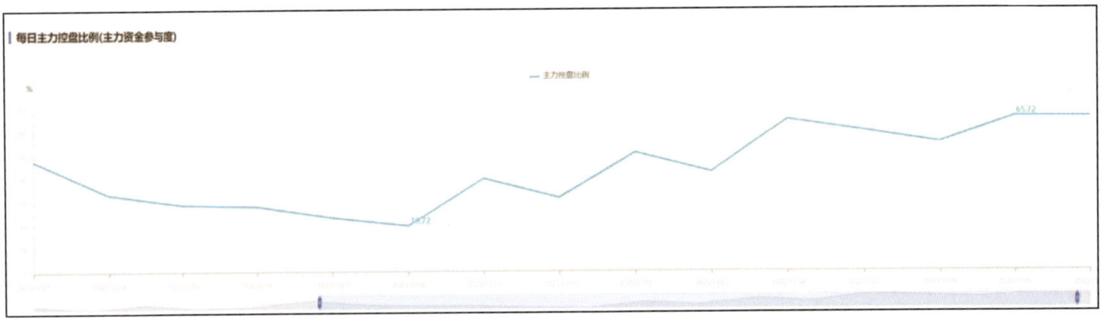

第二十课 课后练习

1.横向区间宽幅震荡的行情，每一次下跌时，下方量能的表现哪种更好？（ ）

A.一次比一次低　　B.一次比一次高

2.当一只股票持续下跌到以前的强支撑位，并且出现反弹，是否应该立即介入？（ ）

A.是的　　B.不一定，需要观察

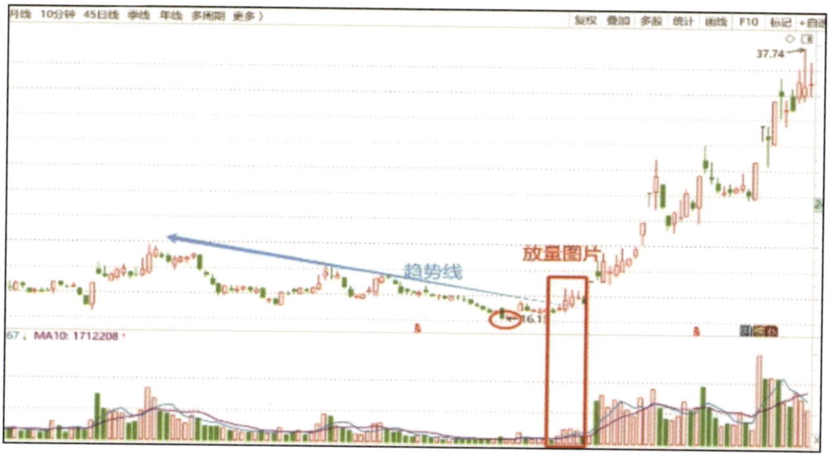

3.当盈亏比大于多少时，低吸操作具备强操作性？（ ）

A.3:2　　B.2:1

4.两个低吸点分别是哪两个？（ ）

A.箱体低吸　　B.起涨点低吸

5.箱体低吸是在技术支撑位获得（ ）支撑，获得资金强力支撑，进而阶段性反弹获利的技术。

A.价格　　B.资金　　C.控盘　　D.上涨

第二十一课 厚积薄发跃龙门

一、厚积薄发

（1）强势股的加仓机会。部分强势股在结束整理后会有二波爆发的可能。一些结束阶段震荡整理的股票如果能够出现变盘信号，将是很好的加仓节点。

（2）大波段机会往往伴随着行业的高景气度，如2019年的猪肉行情、2020年的消费行情、2021年的光伏行情、2022年的信创行情。

（3）大波段品种的拉升属于强势股的第二阶段，对股价高低位要有明确的了解，只要是经过充分调整，即使是股价再次突破新高，也不要由于前期出现过大涨而认为是高位。

二、箱体突破后的三种走势

（1）箱体整理之后，由于种种原因而突破，突破之后随即展开一波主升浪。这时突破箱体的位置就是加仓点。

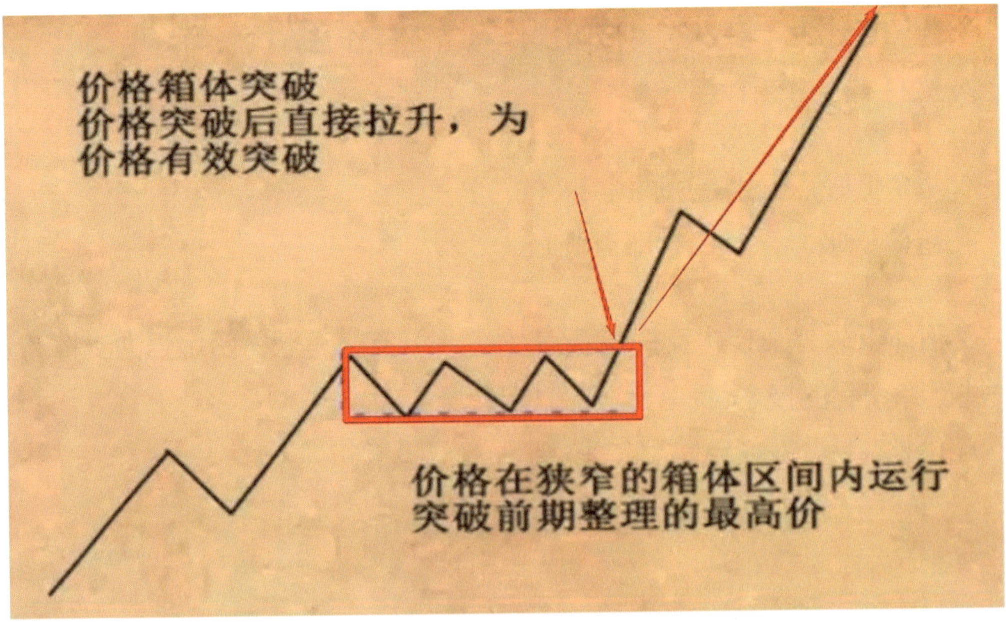

（2）突破之后并没有直接开始一波主升浪，而是回调回踩之前的箱体上沿，获得支撑之后再次拉升。很多投资者看到突破追进去了，然后股价随即又开始调整，这时就怀疑自己是不是选错了，而没有注意调整之后是不是会获得支撑。其实在回调到箱体上沿受到支撑后，再次开启反弹时，加仓是更合适的。

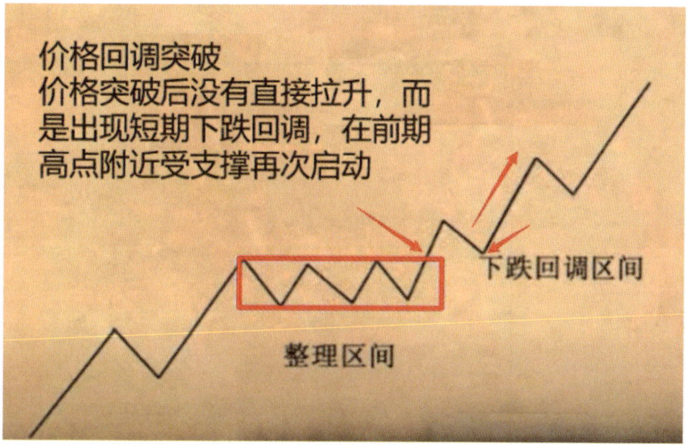
价格回调突破
价格突破后没有直接拉升，而是出现短期下跌回调，在前期高点附近受支撑再次启动
下跌回调区间
整理区间

（3）如果突破箱体时建仓了，但是突破之后回踩的时候，箱体的上沿没有支撑住，股价再次回落到箱体内。这时需要重点注意：股价可能开始反转了，再次回落下来该减仓就要减仓，预示着这一波操作的失败，应及时止损，控制风险。

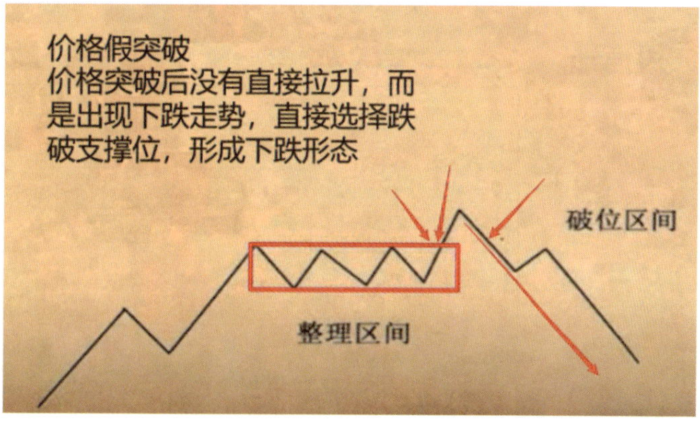
价格假突破
价格突破后没有直接拉升，而是出现下跌走势，直接选择跌破支撑位，形成下跌形态
破位区间
整理区间

（4）案例

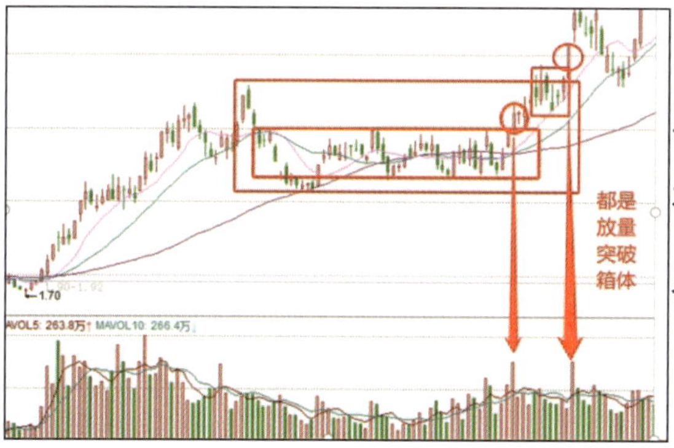
都是放量突破箱体

①标的走强时正值油气价格大涨阶段，油运需求景气度明显提升。若前期有箱体操作，在股价放量突破箱体上边界与消息面形成共振的情况下，可作为【加仓节点】。

加仓止盈方式：加仓后的止盈，并非是卖出之前加的仓位，而是直接了结所有的持仓，因为在加仓后，如果再次回撤，会比之前的小仓位资金损失波动大。

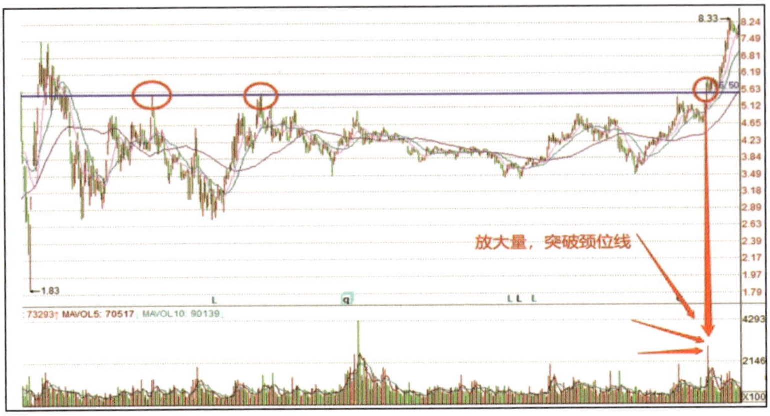

②股价长期未突破蓝色线（颈线），在突破拉升前已经过阶段震荡整理消化套牢盘，行业基本面利好（猪肉涨价）叠加放量突破头部颈线位，即出现大波段信号。

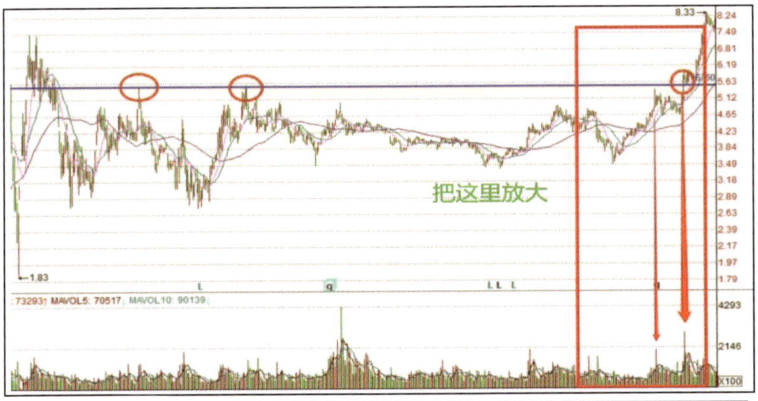

放大后可以看到，每次突破一个高点平台都是一个加仓点，但是小平台突破之后可能还会有横盘调整，所以突破之后加仓需要忍受调整的这段时间。

经过长期震荡之后，股价再次如法炮制此前走势，形成了第二波主升浪。

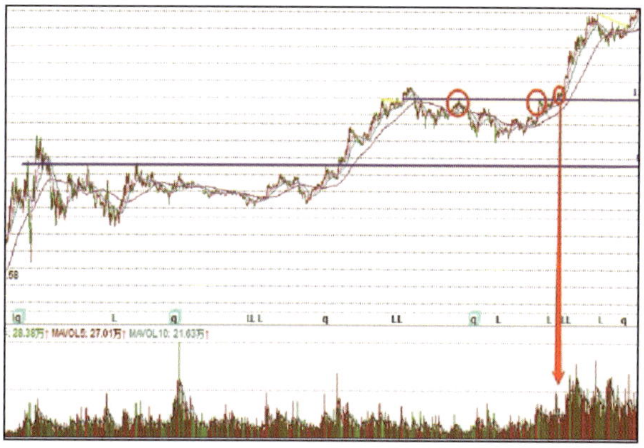

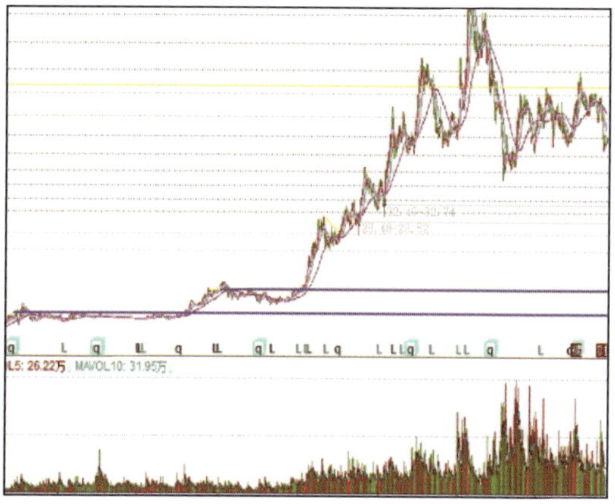

③2021年某个板块很强势，相关公司得到市场认可，出现持续炒作机会。

部分股票突破重压下边界后，停止继续拉升，这与前期横盘压力位有关（压力位并非固定价格，而是一个区间）。此类情况需离场再次等待机会。

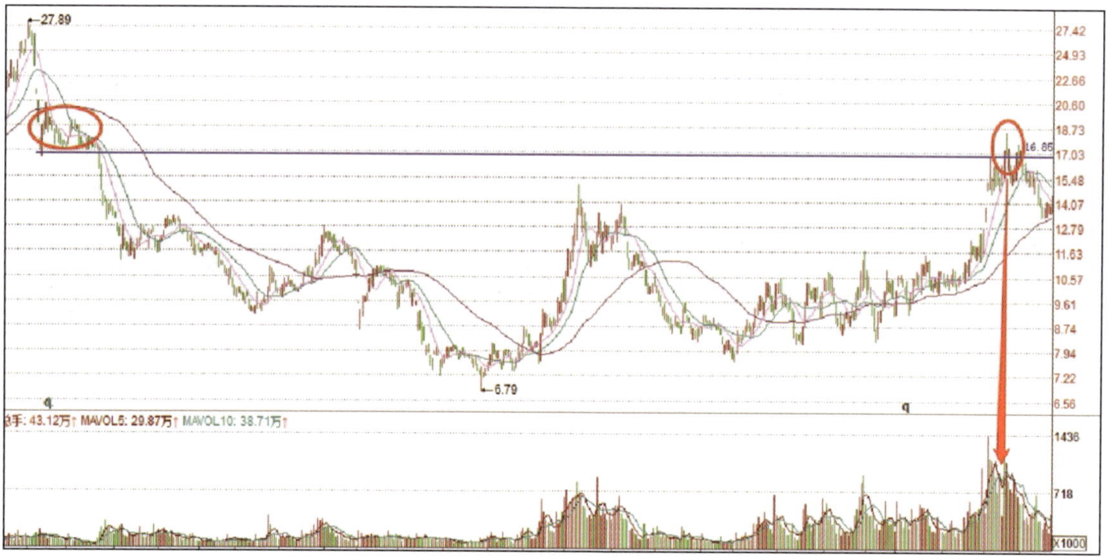

遇到这种情况，股价一波拉升到了前面横盘的一个支撑线位置时，是遇到了压力，突破失败，这时应该暂时获利了结，后续再找机会进场。

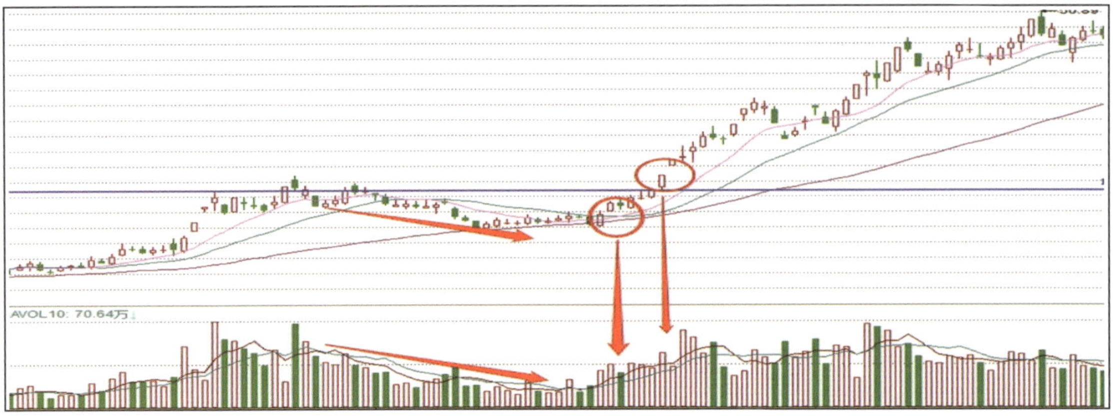

再次入场的机会就是缩量调整之后再次出现放量大阳线的阶段，缩量调整属于重中之重，表明当前位置继续抛出的人较少，多数交易者都在等待再次拉升。

三、强龙波段战法+波段秘技——影线战法

1. 强龙波段战法的构成要点

（1）股票前期必须是连续强势上涨的龙头股，至少要有两个以上的涨停板。

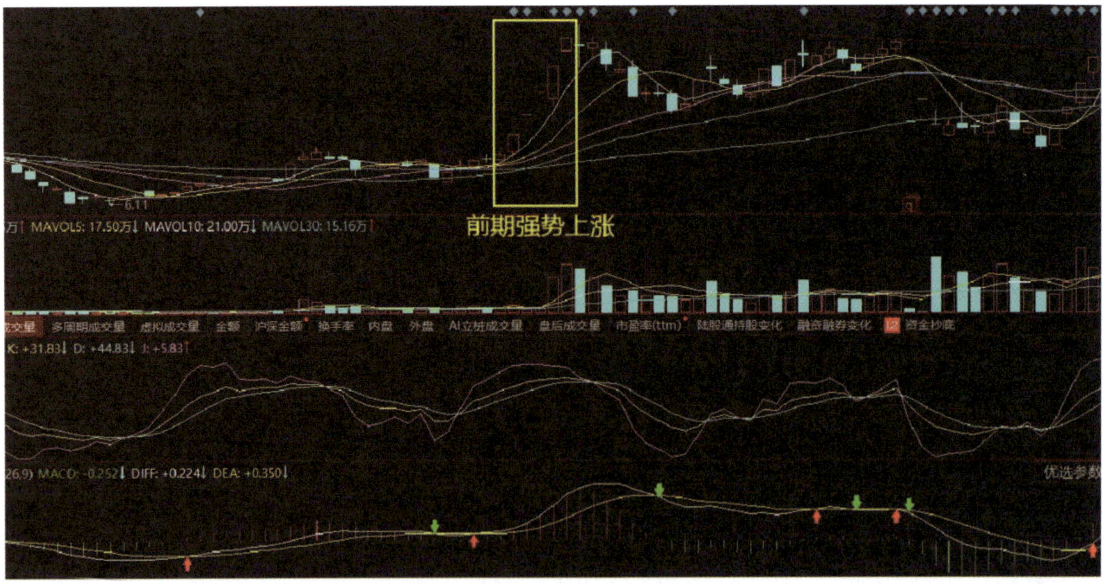

（2）股价经过第一波强势上涨后，短期内回调下跌。

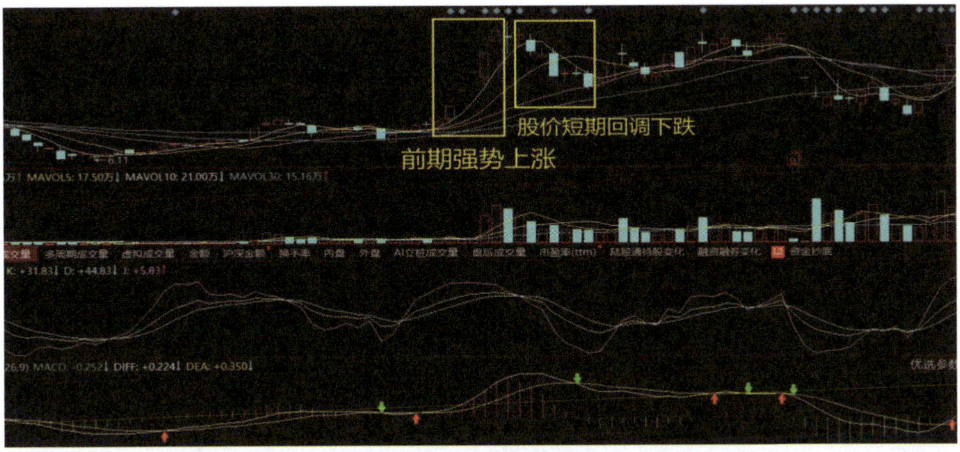

（3）股价在回调过程中受到10日或20日均线支撑。

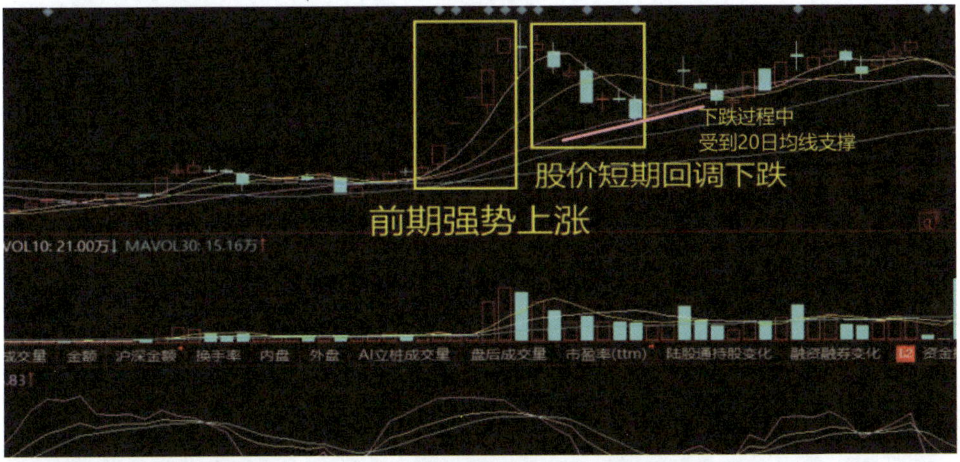

（4）股价在受到10日或20日均线支撑时，成交量快速萎缩。

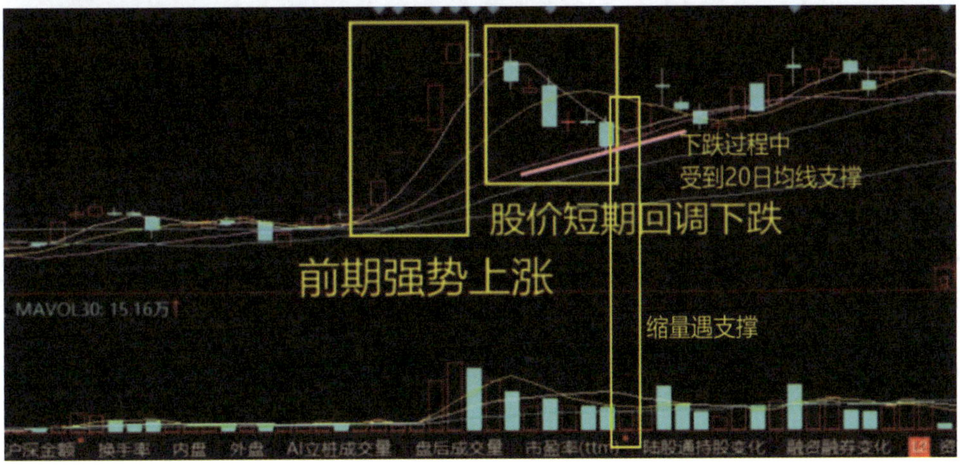

（5）股价受到支撑且明显缩量后的第二天，上涨收出阳线。

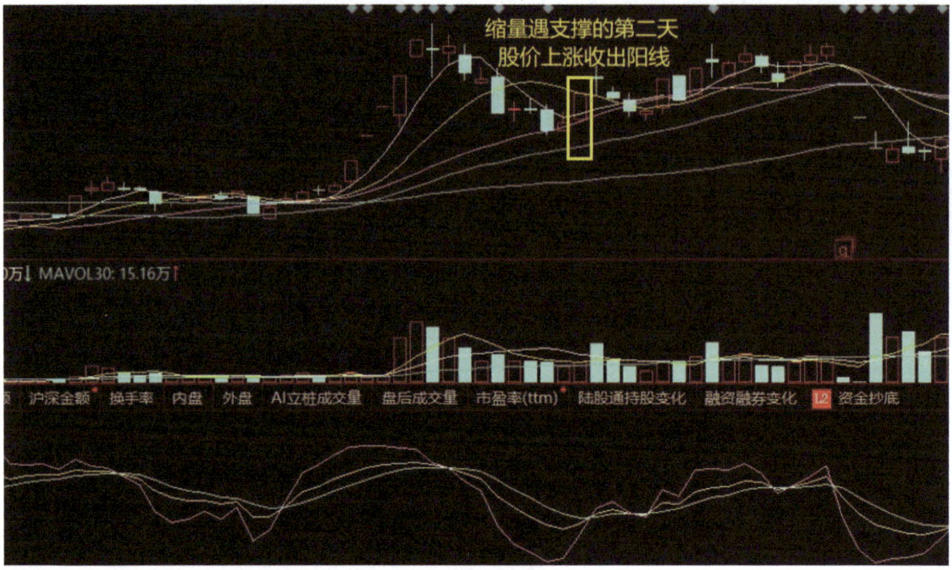

2. 强龙波段战法的加仓时机

股价经过短期强势大涨成为龙头股，在大幅上涨后，部分获利盘开始卖出，导致股价出现回落。股价经过短暂回落后，在20日均线位置受到支撑，再次展开第二次强势上涨。第二次的上涨速度和力度较第一次上涨要弱。

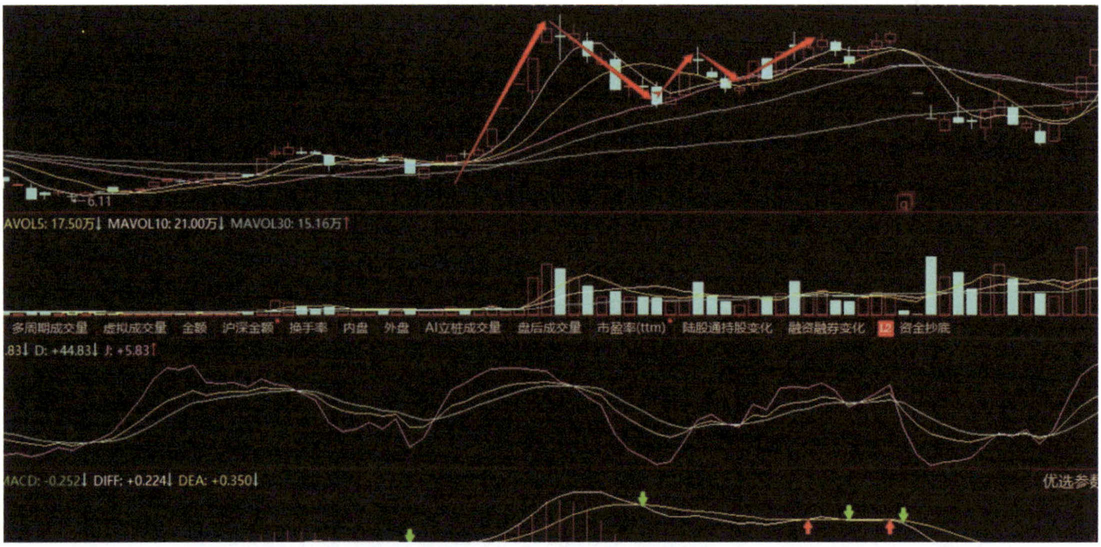

3.波段压力介入与离场时机

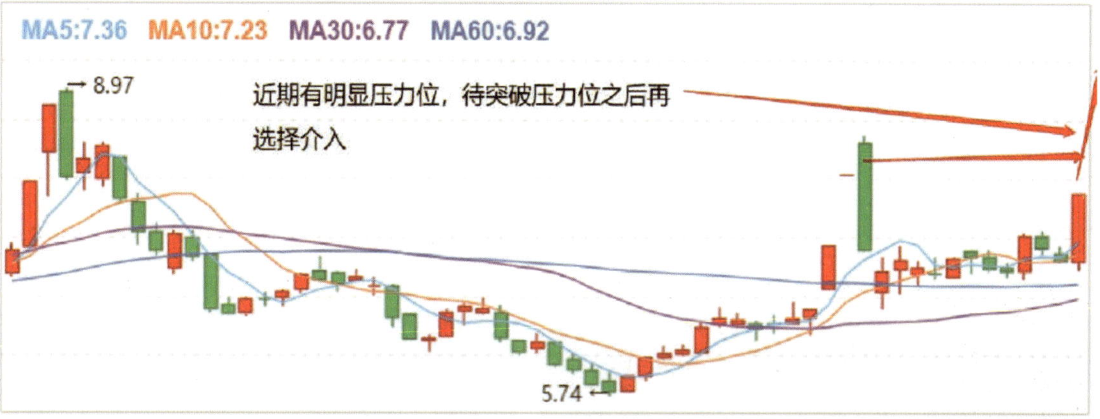

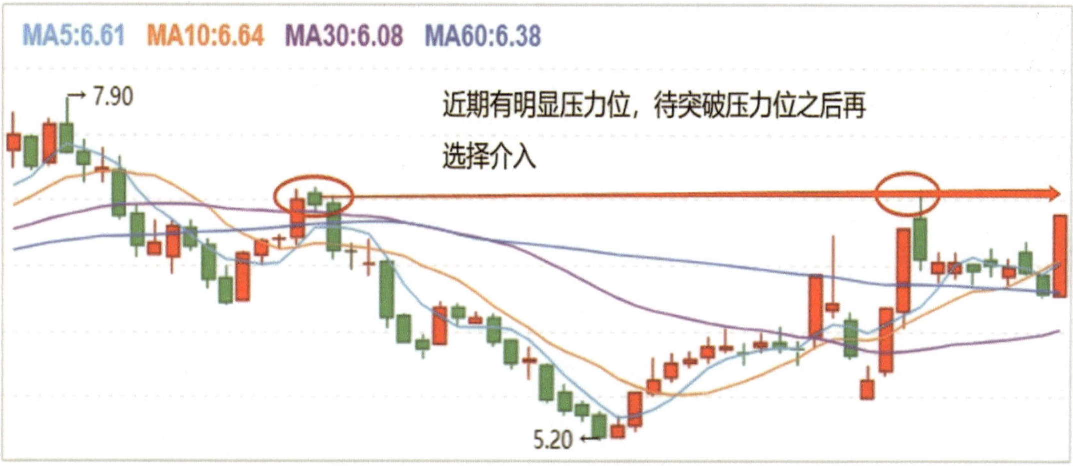

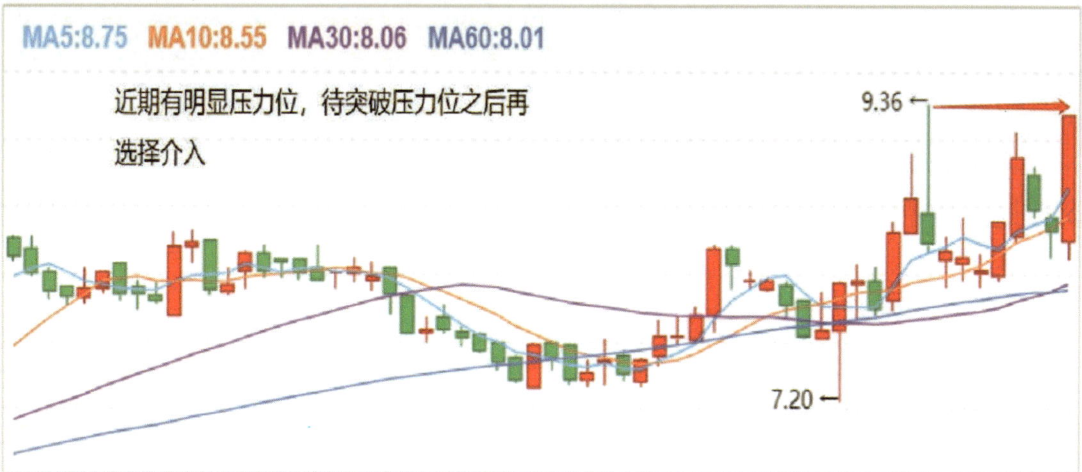

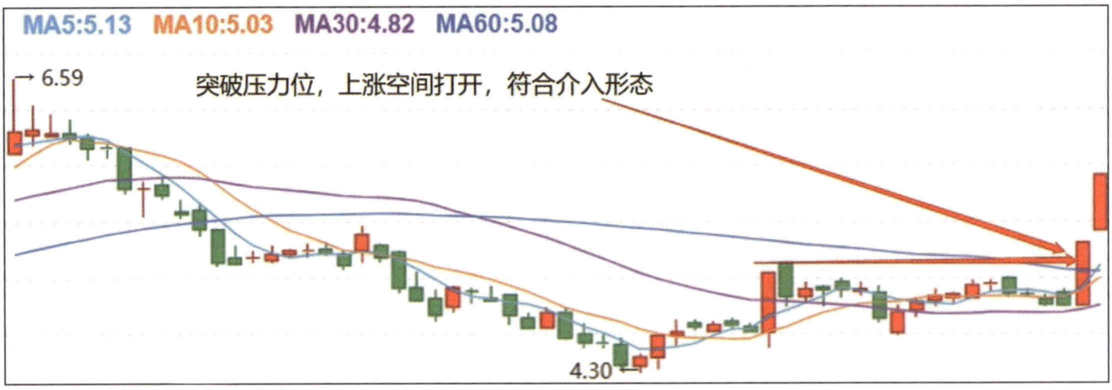
MA5:5.13 MA10:5.03 MA30:4.82 MA60:5.08
6.59
突破压力位，上涨空间打开，符合介入形态
4.30

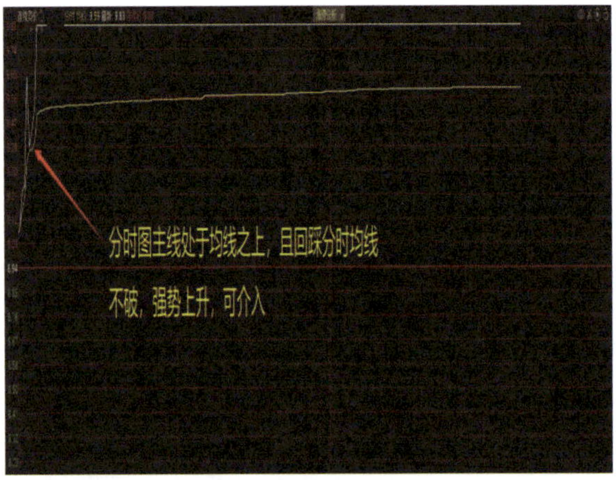
分时图主线处于均线之上，且回踩分时均线
不破，强势上升，可介入

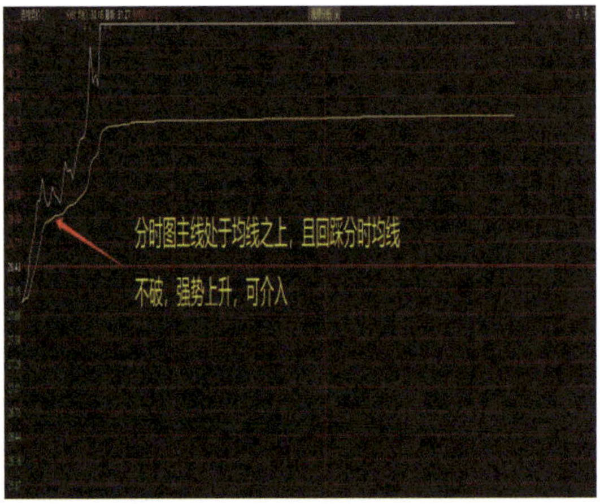
分时图主线处于均线之上，且回踩分时均线
不破，强势上升，可介入

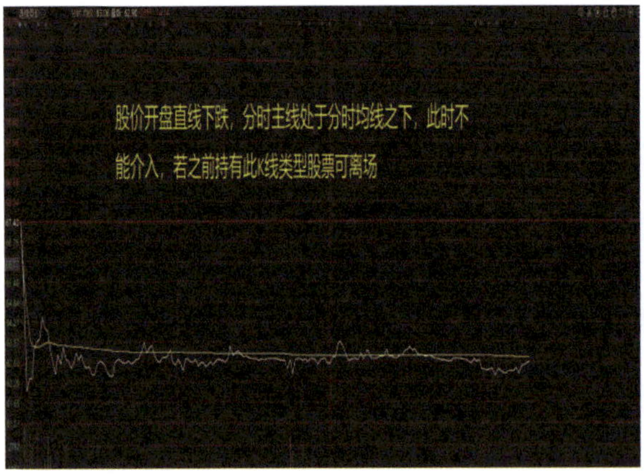
股价开盘直线下跌，分时主线处于分时均线之下，此时不
能介入，若之前持有此K线类型股票可离场

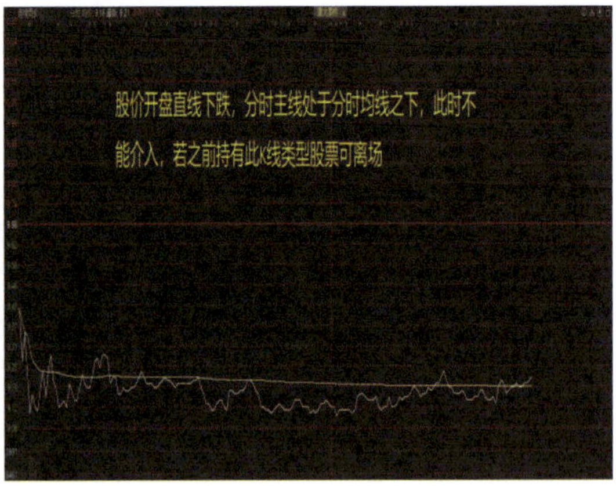
股价开盘直线下跌，分时主线处于分时均线之下，此时不
能介入，若之前持有此K线类型股票可离场

波段秘技——影线战法。i问财语句：阳线反包；放量；上影线小于3%；涨幅大于5%；主力资金净流入；主力资金控盘率上升；MACD大于0；非ST。

第二十一课　课后练习

1.常见的4种箱体突破形式，以下正确的是（　　）?

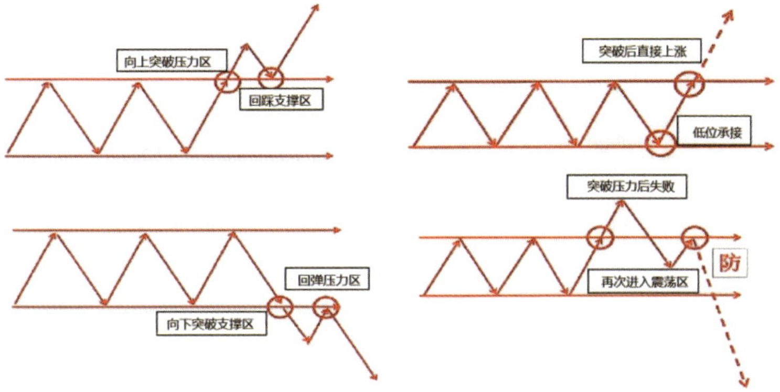

2.强龙波段战法的加仓时机，以下判断正确的是（　　）?

A.前期必须是连续大涨的龙头股

B.第一波强势上涨后，短期内股价回调

C.回调过程中，成交量持续、快速萎缩

D.回调过程中，受到10日或20日均线的有力支撑

E.受到支撑后，股价陆续表现出强势特征

3.强龙波段的特点：股票前期必须是连续强势上涨的龙头股，至少要有几个涨停板以上?（　　）

A.两个　　B.三个　　C.四个　　D.五个

4.强龙波段特点：股价在回调过程中，受到了几日均线的有力支撑?（ ）

A.5日与10日　　B.5日与20日　　C.10日与20日　　D.20日与30日

5.强龙波段特点：股价受到支撑且明显缩量后的第几天，上涨收出阳线?（　　）

A.第二天　　B.第三天　　C.第四天　　D.第六天

第二十二课 触顶不破落袋安

一、触顶不破

1. 经过持续拉升，股价总有衰竭的一天

股价见顶的信号有很多，但是最直观的也是最先提示股价见顶信号的指标是成交量和均线。在这些信号出现的时候，即使不清仓，也应该及时减仓。

2. 出现触顶不破信号

在经过长期上涨后，股价出现阶段调整，再次来到前期高点附近，不能放量突破新高，后续量能持续衰竭，走出阴线或者阳线，即使出现阳线，如果阳线不放量，说明买盘不足。这种现象很可能是长时间的高点信号。

股价经过两波长周期上涨，再次进入调整周期，再次面临压力位突破，量能水平相比之前差距较大，应及时减仓乃至清仓。

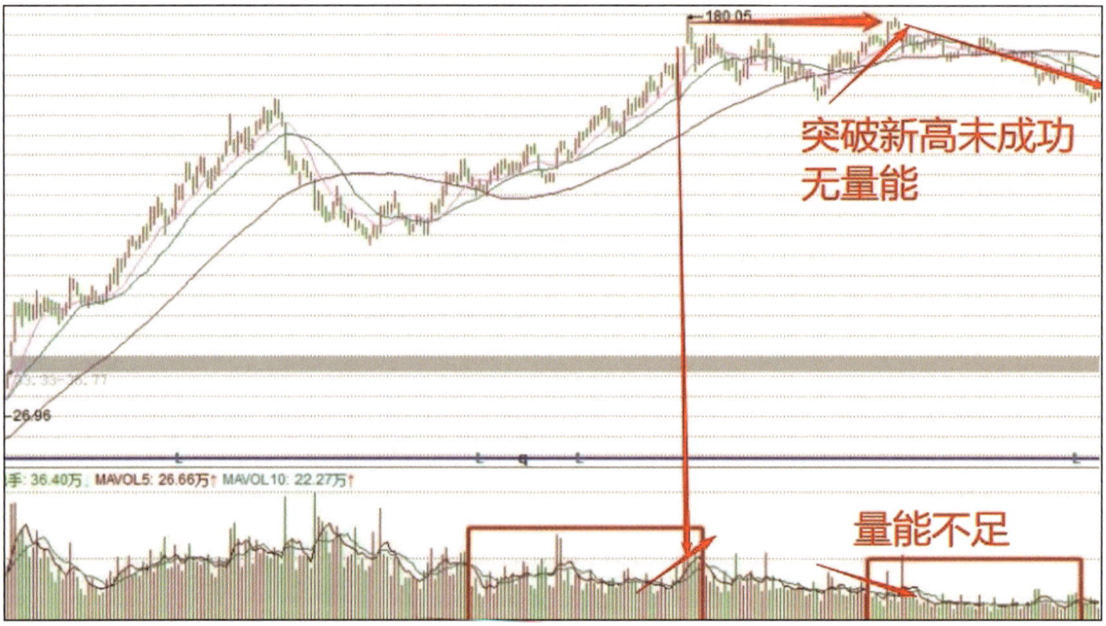

见顶信号出现之后，股价在相当长的时间里都处于下跌走势中。下图股价从180元跌到60元附近，才开始出现比较强劲的反弹。

本次反弹恰好是此前讲到的起涨点低吸的机会。任何股票的运行都有其周期，所以见顶信号出来时，及时减仓十分重要。

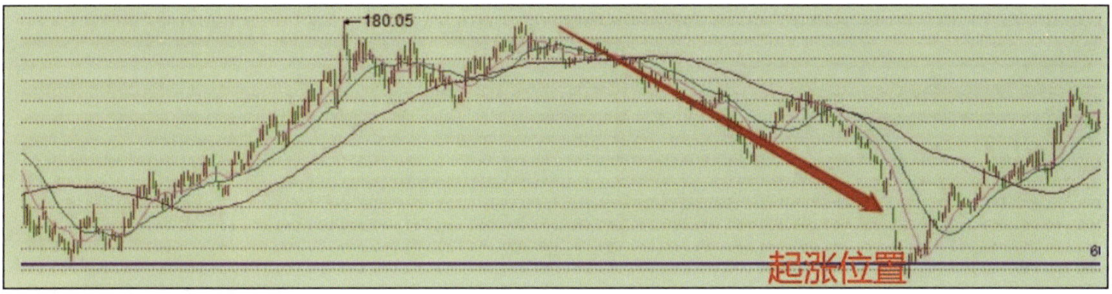

3.有效突破

股价放量，且站上突破压力位的3%以上。

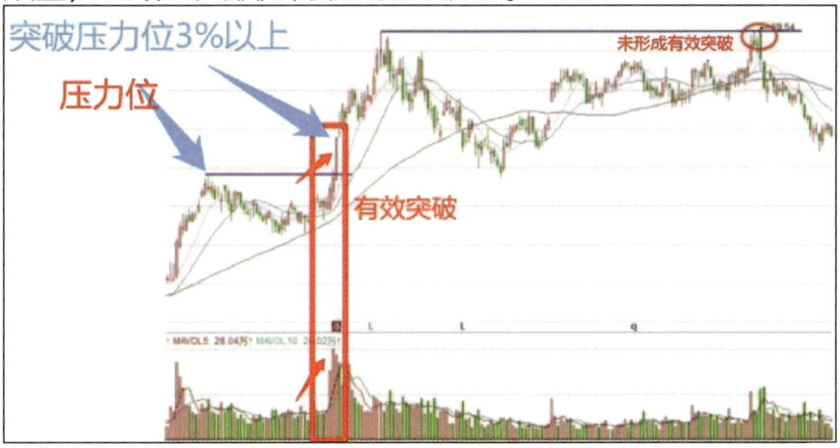

（1）股价盘中有向上突破的动作，并创出新高，就是有效突破。

（2）未有效突破：收盘以阴线报收，没有形成有效突破，后续股价继续下行，这个现象并不仅仅是短期调整信号，很可能是长时间的顶部。

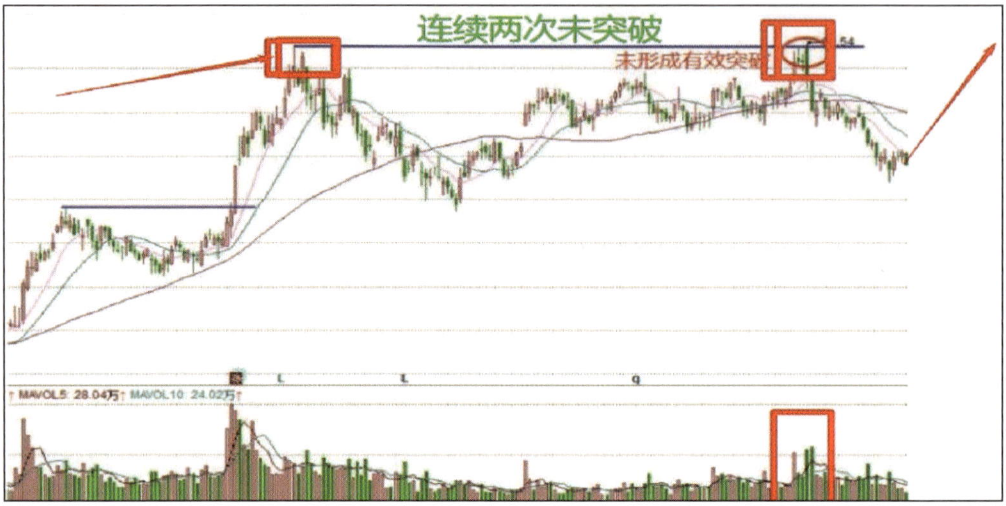

如上图，高位突破失败，筑顶了两次。

其后该标的也在相当长的时间内持续下挫，时间成本也是成本，更何况股价长周期下挫的信号出现后，更加凸显及时减仓的必要性。

二、认识假突破

（1）突破拉升的股票本身就具备一定的爆发力，如果突破之后不能持续在压力位上方运行，则有可能发生假突破。

（2）股价拉升可以作假，但是量能不会骗人。量能在突破时，如果表现出动能不足的现象，后期阴跌相比此前拉升阶段也会有大幅下滑。

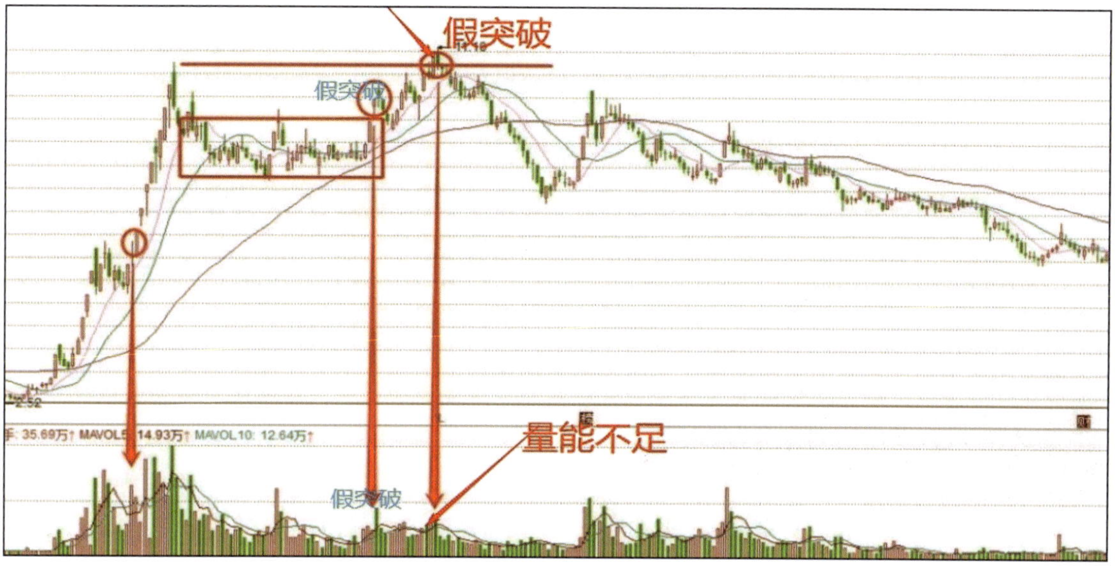

股价经过长周期上涨进入横盘状态，其后两次突破阶段高点都呈现出疲弱状态，量能相比此前有很大收缩。突破新高后短期即回落到突破位5%以下，阶段顶部信号出现后，股价相当长的时间都是调整节奏。

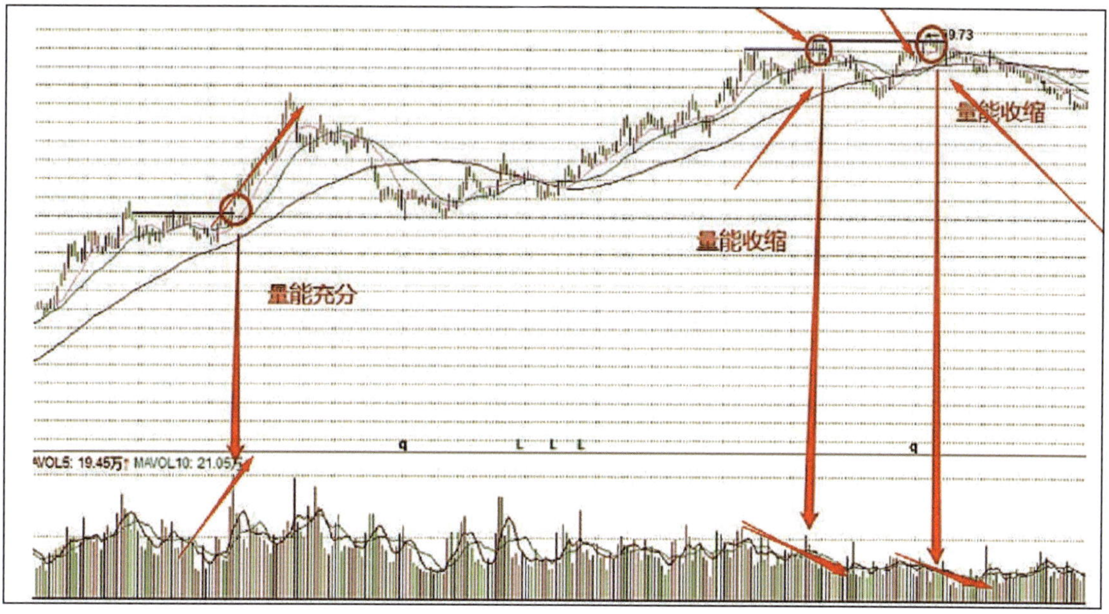

三、主力做盘原理与交易者的应对策略

1. 主力做盘原理

股价经历持续拉升后，已有很多行业龙头出现，行业天花板明显。主力吸引散户入场，由于前期已经有大量筹码在拉升中抛出，再次拉升吸引散户接盘，其自身将剩余筹码抛出，但体现在量能上会有明显不足。需要明白的是主力出货是漫长的过程，一次做盘大部分筹码都会在拉升中抛出，剩余仓位不足以影响大局。

2. 交易者的应对策略

波段行情结束后，及时做减仓操作，此时后续可能依然存在小机会，但是整体上主力做盘的一整个周期已经结束，所以要尽可能保护此前产生的利润。

波段重要均线指标如下。

20日均线：波段强势股生命线

60日均线：波段强势股回春线

此类标的出现强势特征后，跌破20日均线出现了时间较长的调整。触碰60日均线发生反弹，出现横盘迹象，后续又出现了新的波段。

新波段依然以20日均线为支撑拉升，跌破后出现中期调整。再次触碰60日均线没有持续横盘整理，后续继续拉升的可能性降低。

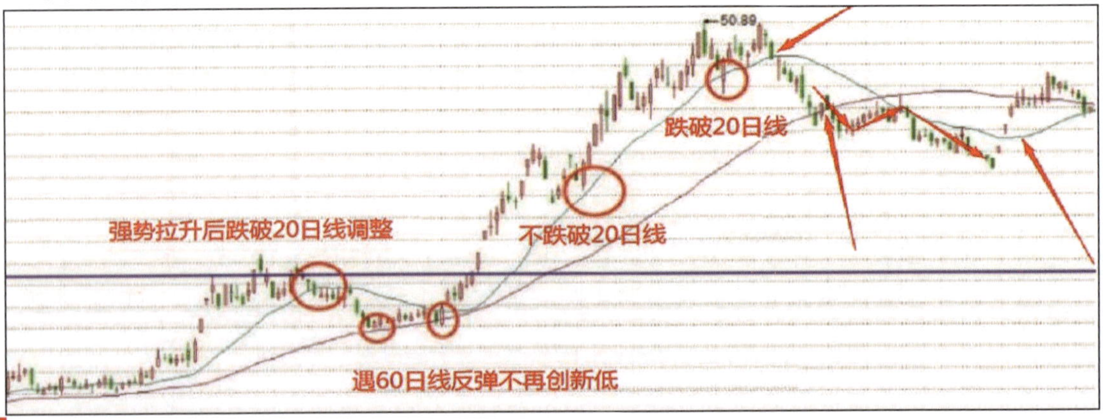

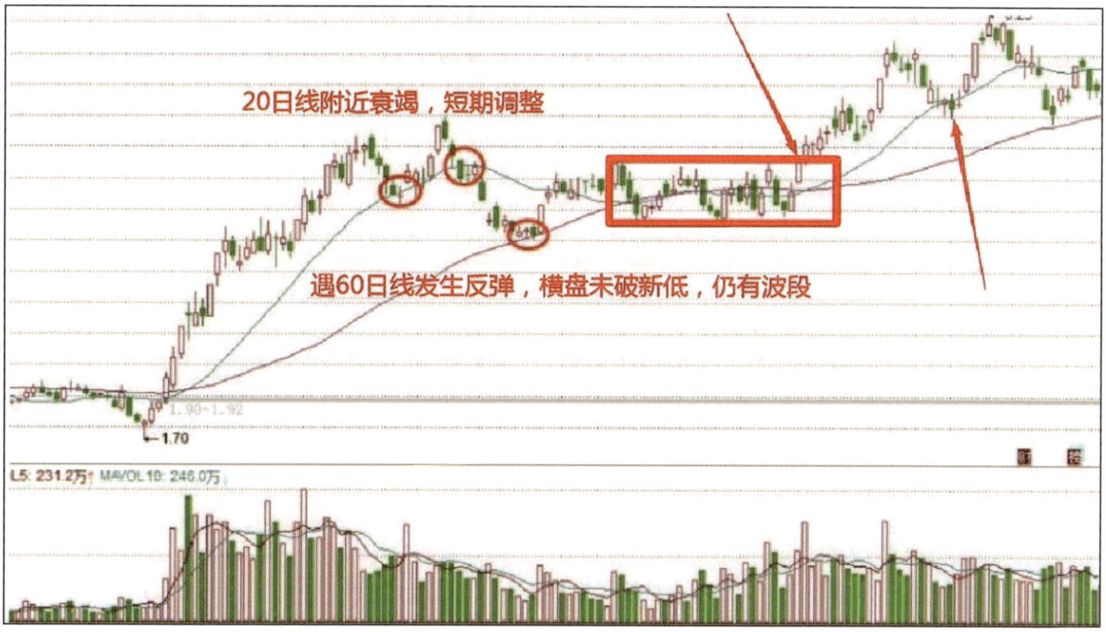
20日线附近衰竭，短期调整
遇60日线发生反弹，横盘未破新低，仍有波段
1.70

操作过程中，20日均线可以作为短期小波段的见顶信号。波段操作的优势有很多，其弊端表现在不能提早发现绝对顶部，只能判断相对顶部。

部分个股会在加速上涨后出现高位跌停，这个特征可以作为波段强势股短期调整的信号，但中期调整依然需要以20日均线作为依据。

四、强龙破空战法

1. i问财语句

股价创60日新高；上升趋势；主力资金控盘；近一周股价上涨超过10%；上影线小于5%；主板；非ST。

2. 分时涨停战法

9:30—9:40或者9:30—10:00

i问财语句：前一日涨停；股价在分时均线之上；量比大于1.5；股价小于10元；非ST；主板。

第二十二课　课后练习

1.波段股票相对触顶的均线检测系统是以10日均线作为支撑线观察。这种说法是否正确？

正确（　）错误（　）

2.波段型或趋势型股票的向上突破，以下哪种形态称为有效突破？（　）

A.只要突破前高，创出新高就算

B.突破是需要对压力位有明显的突破动作，且创出新高

C.突破前高的时候，量能温和放大就行

D.突破前高的时候，量能需要显著放大，越大越好

3.股价放量突破站稳压力位的多少，视为有效突破？（　）

A.3%　　B.5%

C.6%　　D.1%

4.下列关于假突破的说法，错误的是？（　）

A.如果股价突破之后不能持续在压力位上方运行，则有可能发生假突破

B.股价突破时如果量能不足，有可能是假突破

C.股价突破新高后短期回落至突破位5%以下，可能步入调整

D.股价没有假突破一说

5.以下哪条均线可以作为短期小波段的见顶信号？（　）

A.5日均线

B.10日均线

C.20日均线

D.60日均线

第二十三课　急转直下破镜圆

一、下跌周期主力的运作

通过了解下跌周期主力的做盘方式来回避此类危险个股，如果股价出现本课所讲的特征时，要及时清仓离场。

有底部就有头部，底部信号用来做多，头部信号用于做空。

流通盘较小的股票，一般都是游资主导，所以头部形成较快。

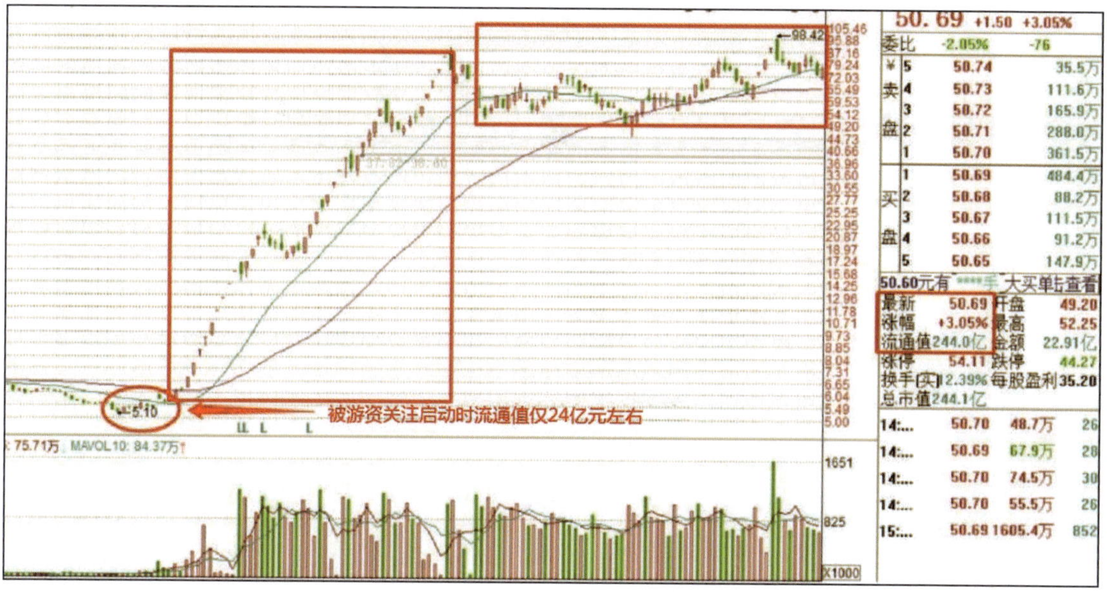
被游资关注启动时流通值仅24亿元左右
流通值244.0亿

此类短线强势股形成头部较为迅速，当前市值虽然超过100亿元，但其第一波拉升时小于50亿元流通盘，属于游资主导行情。

流通盘较大的股票筑顶时间往往较为漫长，但顶部一旦确立，后续出现的多是做空机会（清仓信号）。

二、做空清仓信号

1. 大阴线向下突破箱体（做空、清仓信号）

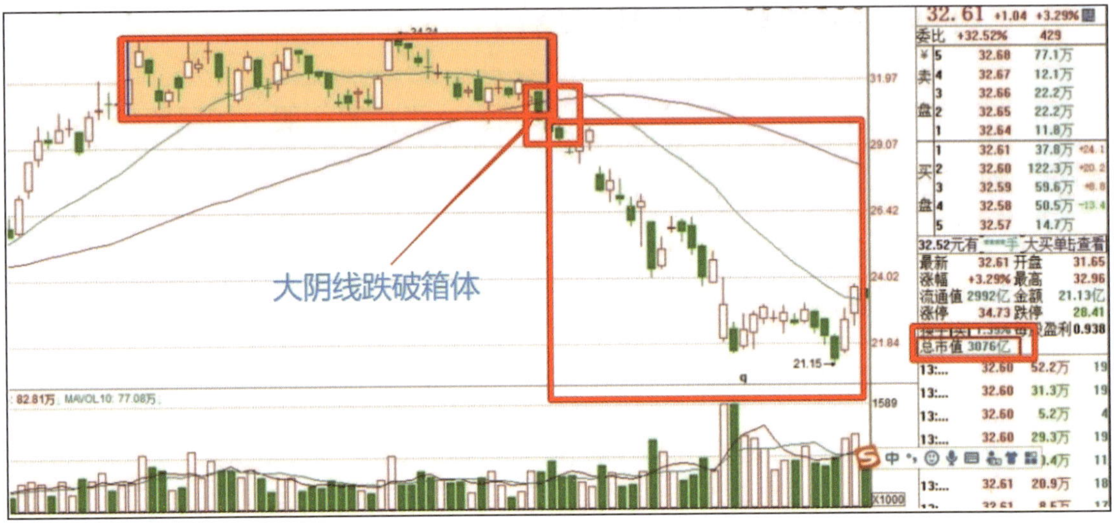

2. 案例总结

以上案例中个股的流通盘都较大，主力做盘周期也比较长，通常下跌周期会超过6个月，甚至更久。由于时间成本也是交易者应关注的重要因素，所以在出现大阴线下跌的时候，要及时清仓。

三、主力做盘原理

1. 大阴线跌破箱体

跌幅5%以上即可判定为大阴线，大阴线跌破箱体时，并不一定放量。发生此类情况可能是突发性利空形成长期利空，主力集中抛售所致，但后续主力不再将筹码买回，所以股价很难再出现强力反弹。

2. 下跌中继

很多个股下跌后出现阶段横盘迹象，如果出现向下突破的信号，这类个股未来依然存在继续下跌的可能，不要抱着抄底的想法提前介入，如果有仓位，要及时离场。

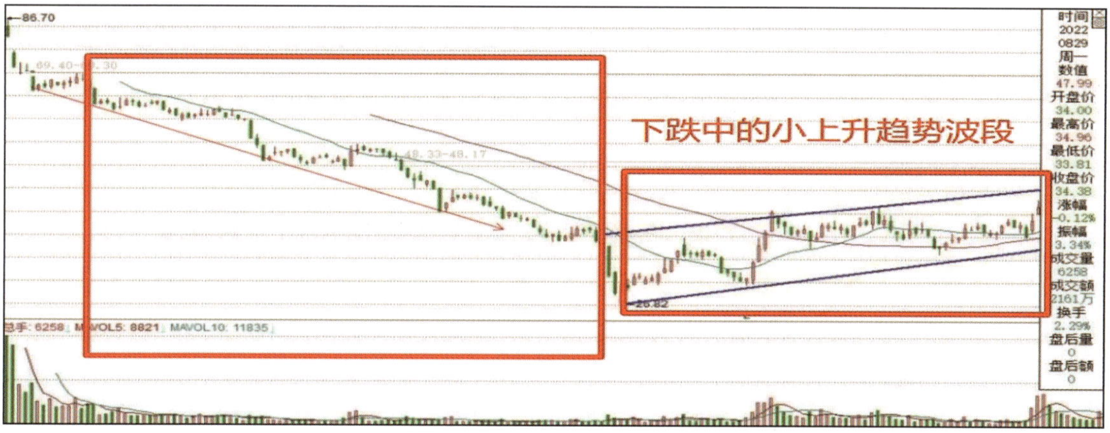

中间一旦出现跌破上升的趋势，未来下跌的可能性也要考虑到。

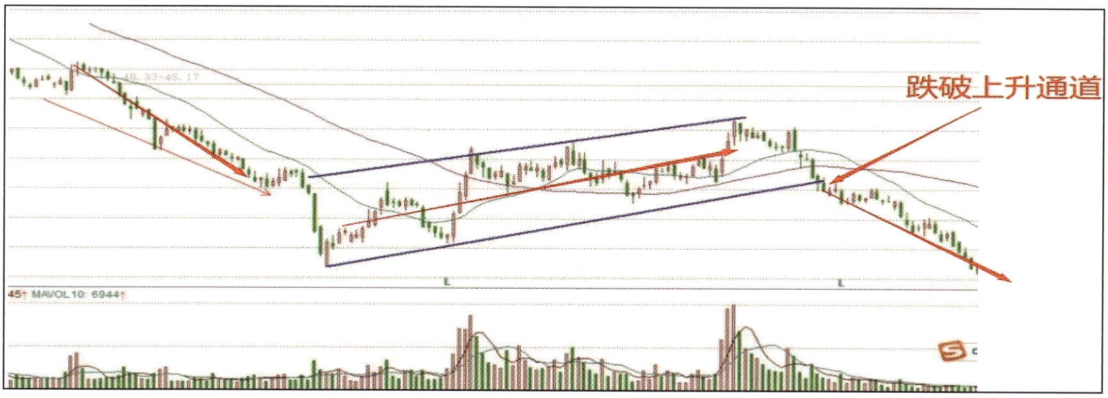

与上升通道相似，通道内呈现上涨放量、下跌缩量的状态。唯一的不同点在于：此类下跌途中出现的通道整理，就是下跌中继。

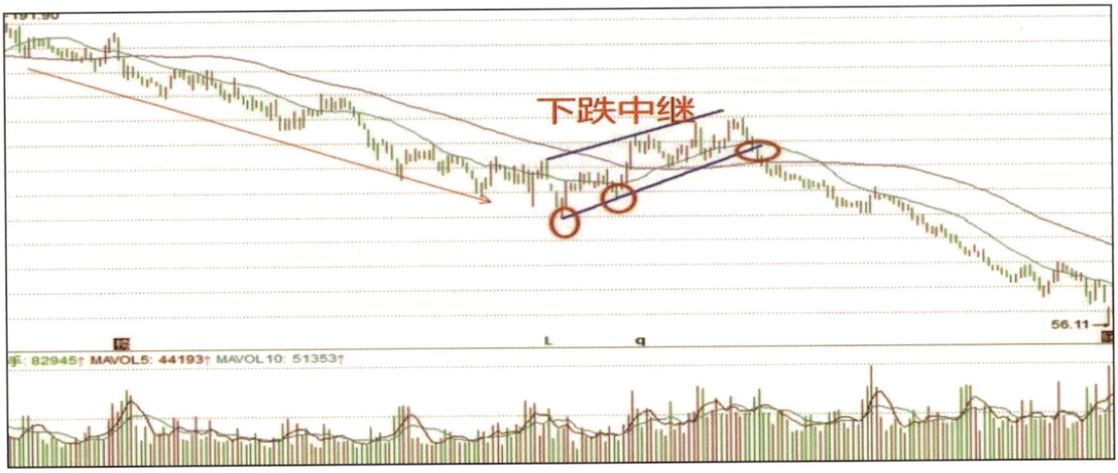

3. 下跌趋势中的箱体震荡、上升通道

下跌趋势当中形成的上升通道极具迷惑性，而下跌趋势当中的箱体震荡也同样需要警惕。虽然个股可能迎来底部，但是在底部没有走出来之前，提前猜底是十分危险的。

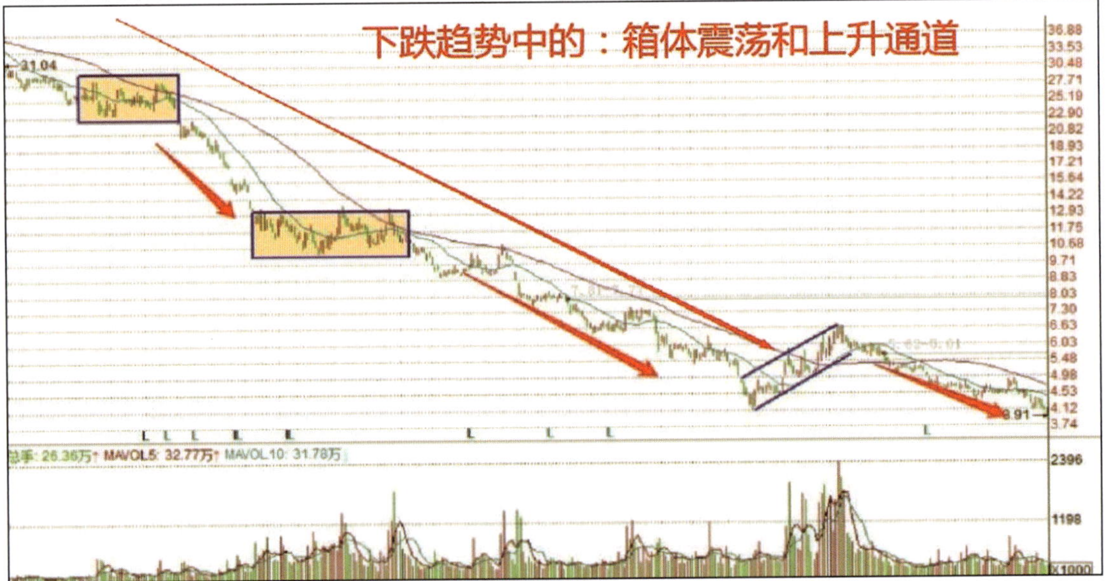

下跌中的股票更多的是箱体和上升通道的整理，很少出现一跌到底的下跌通道。

（1）个股在经历一轮下跌之后，成交额持续萎缩。主力用少量的资金就能将股价稳定在一个区间，这时主力并不想要吸筹，而是在横盘当中慢慢抛出此前剩余的筹码。

（2）主力前期做盘一旦获利超过一倍，经过大幅减仓，剩余仓位不论如何亏损，都不会损失之前的盈利了。横盘后吸引足够的投资者接盘，而主力重复买、卖、买、卖的动作，最后一次卖出不再买入，股价自然继续下行。

（3）有些公司存在长期主力，跌幅达到一定程度会再次吸筹；而在涨跌循环当中，最容易捕捉到的是上涨大行情中不断出现的机会，在下跌途中的小恩小惠，放弃也罢。

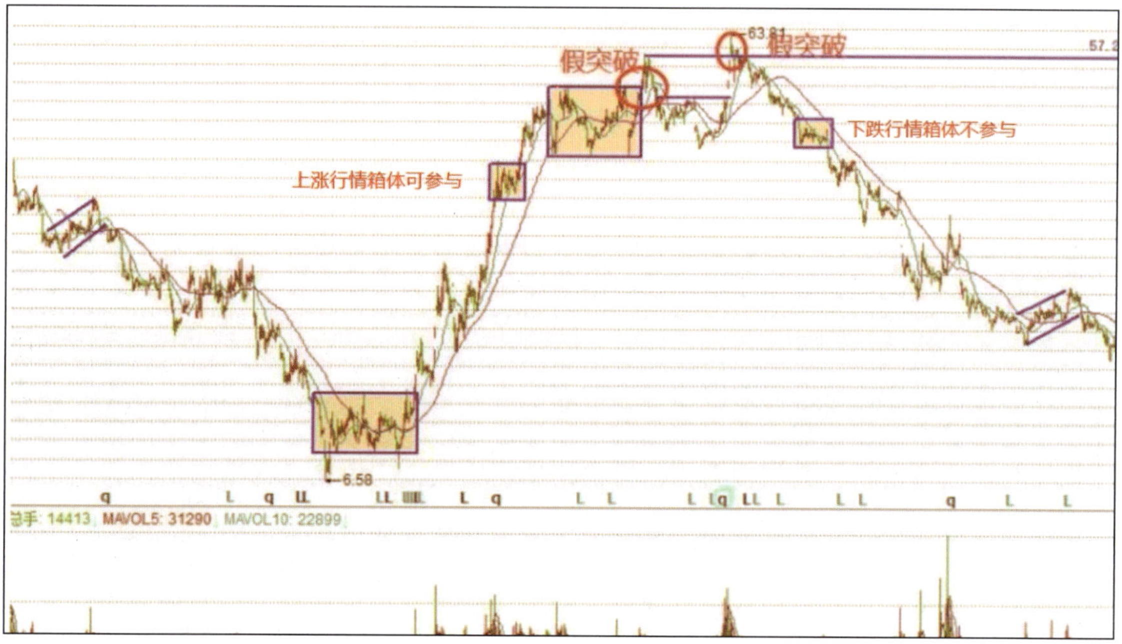

上升趋势：箱体可参与。

下跌趋势：箱体不建议参与。

四、涨停封单问财秘句

涨停封单i问财语句：大单封涨停从大到小排名前10；股价小于15元；股价位于5日均线之上；MACD大于0；MACD量柱增加；非ST。

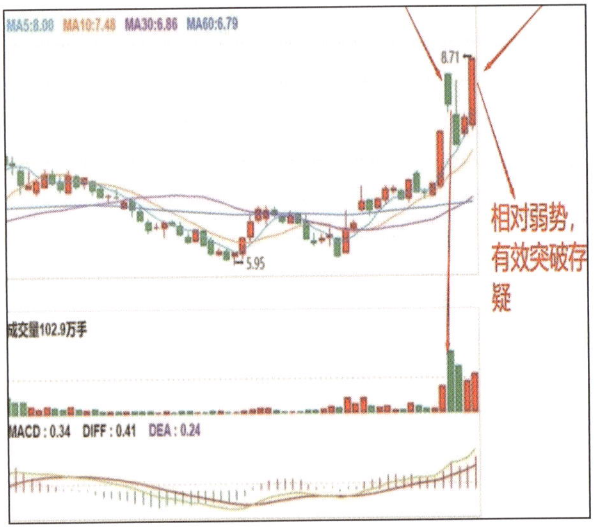

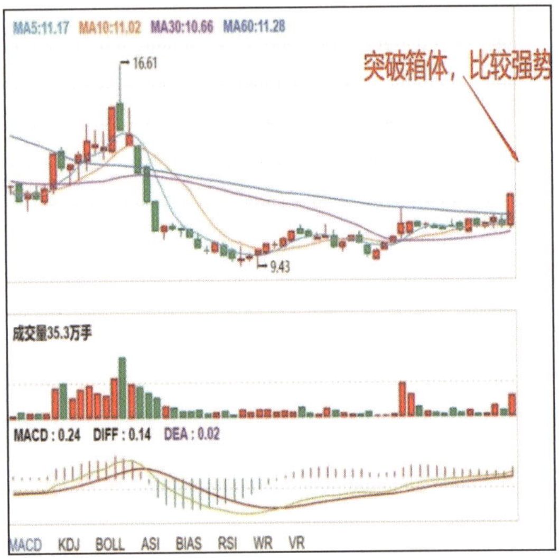

分时图急速拉升。

首板成交量足够大，相对强势。

首板成交量相对之前不是特别大，强度小一些。

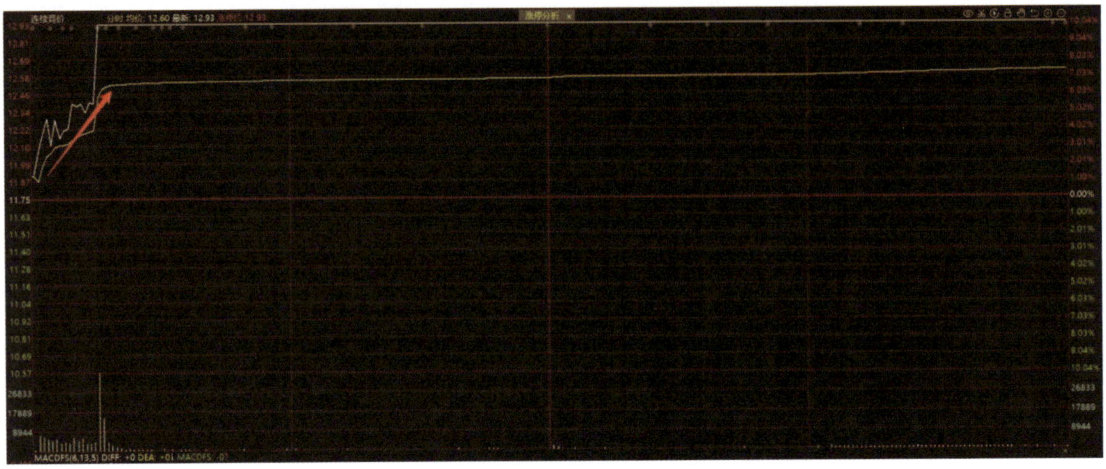

分时图急速拉升，分时线在均线之上。

涨停封单选股i问财语句：主力资金高度控盘；涨停；涨停封单量排名；涨停封成比大于10%；收盘价突破近两周最高价；尾盘无炸板；非ST；非新股。

问财　主力资金高度控盘；涨停；涨停封单量排名；涨停封成比大于10%；收盘价突破近两周最高价；

条件说明　添加条件

问财通过精准语义解析和关键词匹配，将您的问句解析为如下条件。

日涨停封单量从大到小排名(48个)　涨停封单量占成交量比>10%(35个)　最高价:后复权创近2周新高(226个)

主力控盘比例>60%(39个)　主力资金流向(5024个)

选出A股 5

+加自选　+加板块　导数据 NEW　搜索：我的自选股　我的板块股　设置表头

序号	股票代码	股票简称	现价(元)	涨跌幅(%)	涨停封单量(股)	涨停封成比(%)	a股流通市值(元)
1	60	联通	4.08	9.97	1.37亿	27.42	1,263.27亿
2	00	股份	2.94	10.11	3,263.03万	276.87	26.14亿
3	60	科传	8.73	9.95	436.70万	29.91	69.01亿
4	00	股份	10.77	10.01	435.91万	22.56	24.00亿
5	60	药业	28.18	9.99	118.65万	29.46	37.36亿

第二十三课　课后练习

1.出现下跌中继的核心原因是什么？（　　）

A.反弹的持续度不够

B.趋势未扭转

C.反弹的角度太缓

D.反弹突破经常是假突破

2.下跌中继的图形，图中有几个？（　　）

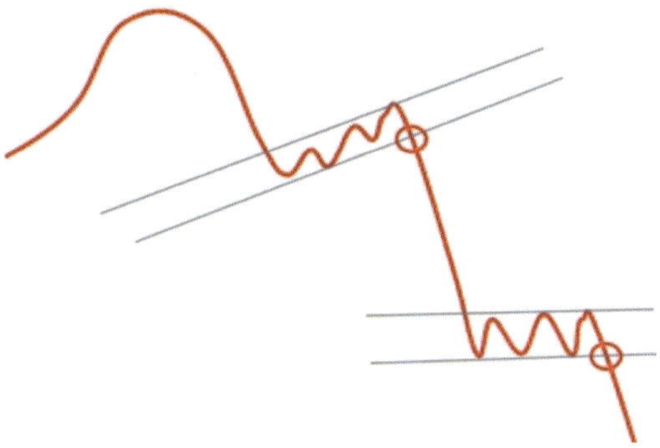

A.1个　　B.2个

3.主力做盘原理：跌幅百分之几以上即可判定为大阴线？（　　）

A.3%　　B.5%　　C.7%　　D.10%

4.当处在上升趋势时，箱体是否可以参与？（　　）

A.可以　　B.不可以

5.有些公司存在长期主力，跌幅达到一定程度会再次做什么？（　　）

A.吸筹　　B.砸盘

第二十四课 枯木逢生又一春

一、四种股票交易仓位建议

1.妖股和龙头股

妖股和龙头股相似性比较强，区别在于，妖股更多是游资发力，龙头股更多是市场合力所为。

2.趋势股

跌停概率比较小，找好压力位、支撑位。

3.波段股

上涨趋势做波段更安全，下跌趋势做波段不可取。

4.仓位建议

龙头股：仓位控制在25%。

妖股：仓位控制在25%。

趋势股：仓位控制在40%。

波段股：仓位控制在10%。

二、长阳定底波段战法

1.战法简介

长阳定底是指股价经过一段时间持续下跌后，在某天出现一根大阳线筑底，大阳线通常为光头大阳线，股价当日涨停最佳。

2. 长阳定底波段战法的构成要点

（1）股价必须经过一段时间的持续下跌，并且近期出现急速下跌行情。

（2）股价出现上涨时必须是一根大阳线，并且通常是光头阳线。

（3）收出光头大阳线后，第二交易日跳空高开，且下探的低点不能低于前一根大阳线的1/2位置。

（4）大阳线上涨当日的成交量，一般比前一天杀跌的成交量少。

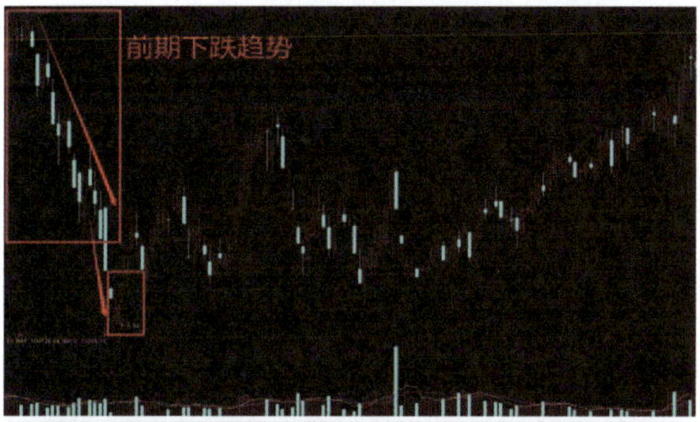
前期下跌趋势

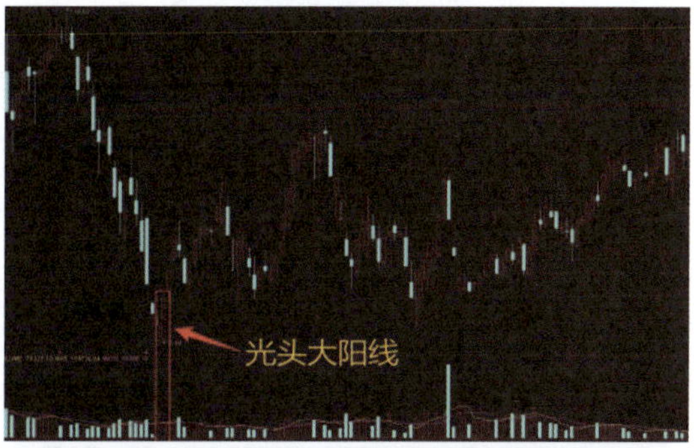
光头大阳线

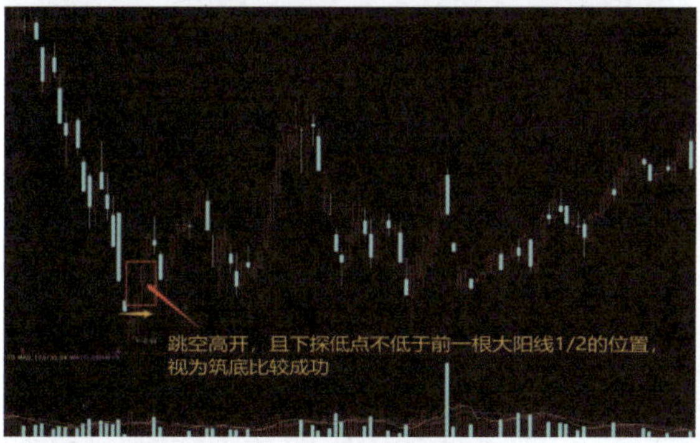
跳空高开，且下探低点不低于前一根大阳线1/2的位置，
视为筑底比较成功

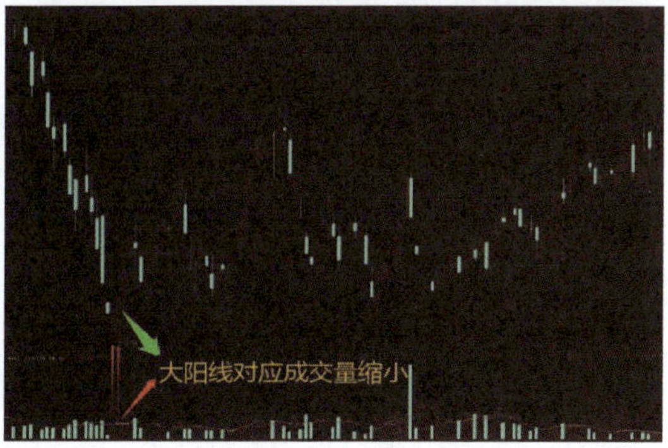
大阳线对应成交量缩小

3. 投资交易逻辑

股价在连续下跌后出现一根光头大阳线，尤其是涨停的阳线，很容易刺激市场人气，吸引更多投资者关注并买入。

4. 买点

（1）出现长阳定底当天，在股价强势上涨阶段，基本可以确定收盘，收成长阳实体K线时，可以考虑买入。

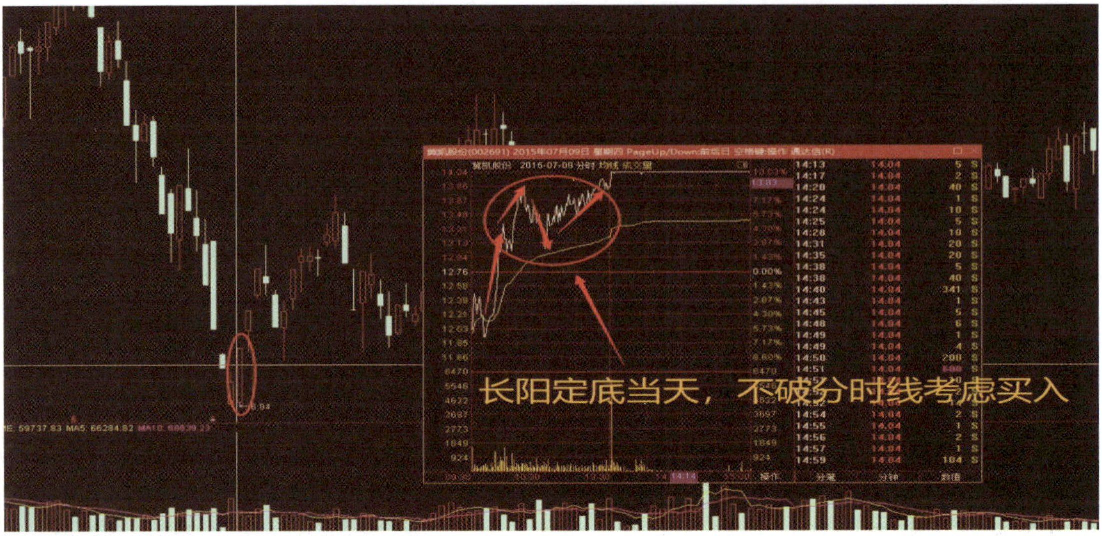

（2）出现长阳定底的第二天，开盘后股价低开高走或高开高走时买入。如果盘中股价出现回落，可以在回落不超过前一天长阳定底1/2的位置买入；如果下跌超过 1/2位置，则不要买入，以防前一天的长阳定底失败。

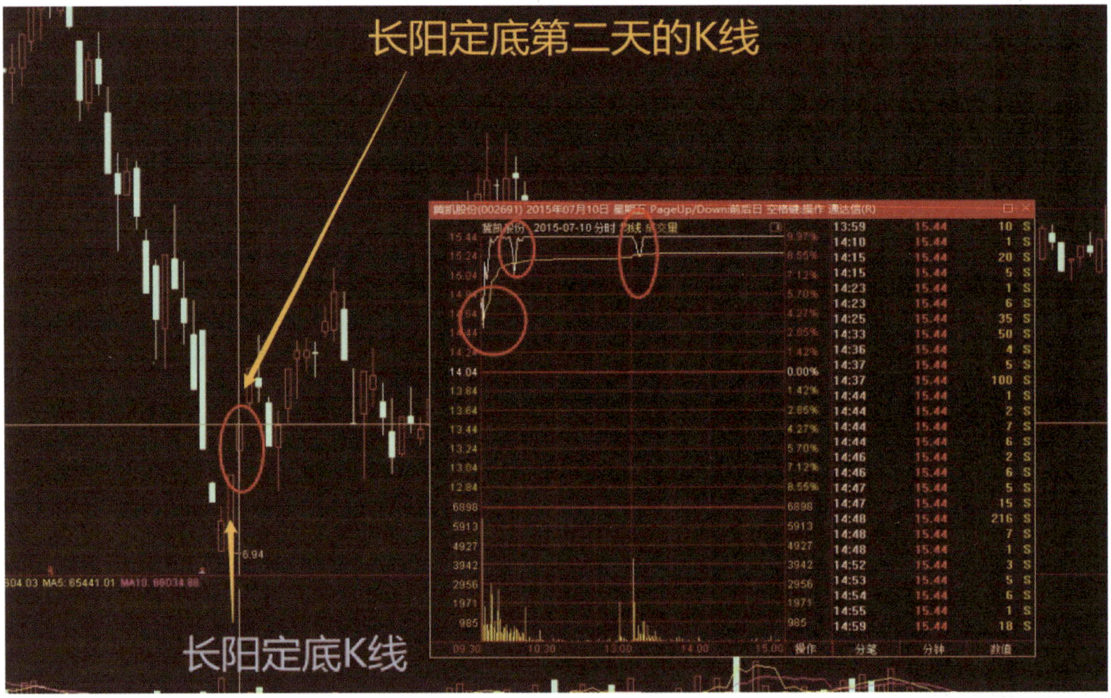

长阳定底战法属于小波段获利，一般持有1～2天，收益在10%以内，即可见好就收。

三、单针探底波段战法

1. 战法简介

单针是指单根带长下影线、实体又较短的K线，可以是阳线也可以是阴线，是行情止跌反转的信号。

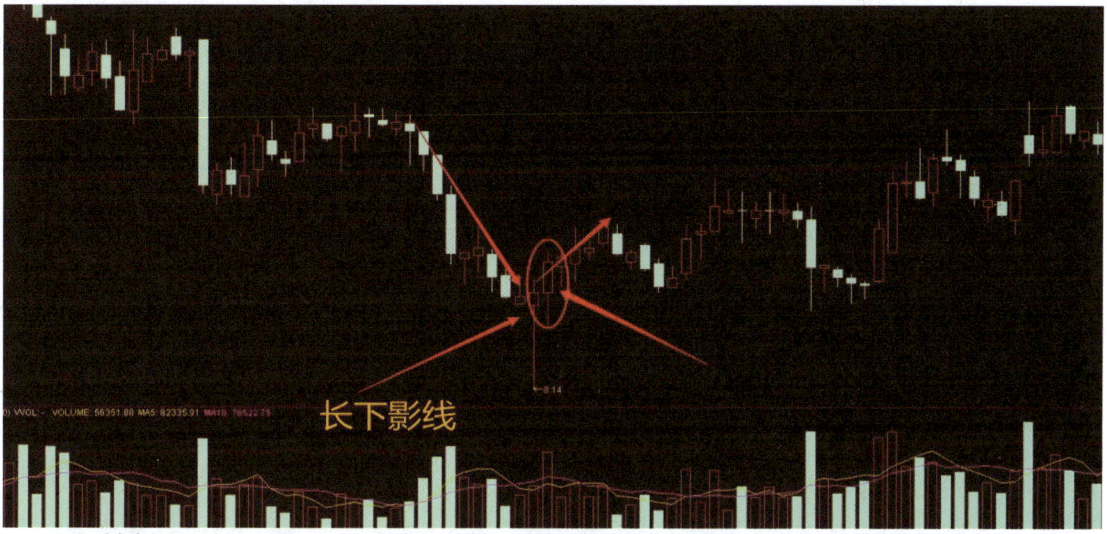

当单针探底形成后，多头市场逐渐掌握主动权，后市将逐步展开上涨行情。

2. 单针探底波段战法的构成要点

（1）股价前期必须经过一段时间的持续下跌趋势。

（2）股价当日开盘出现大幅下跌后震荡回升，收盘出现长下影线的K线，下影线越长，定底效果越强。

（3）单针探底K线形成后的第二天，股价下跌的低点不能低于单针探底前一天阴线下跌的低点。如果第二天股价放量上涨，则探底效果更强。

（4）股价形成单针探底当天的成交量，一般不会过大，形成股价低点见地量状态为最佳。

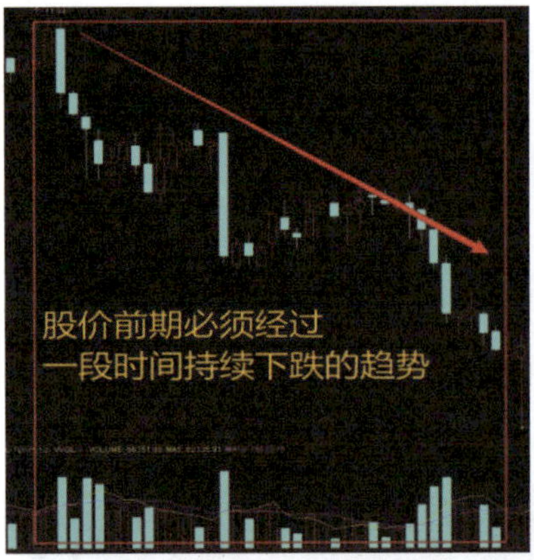
股价前期必须经过
一段时间持续下跌的趋势

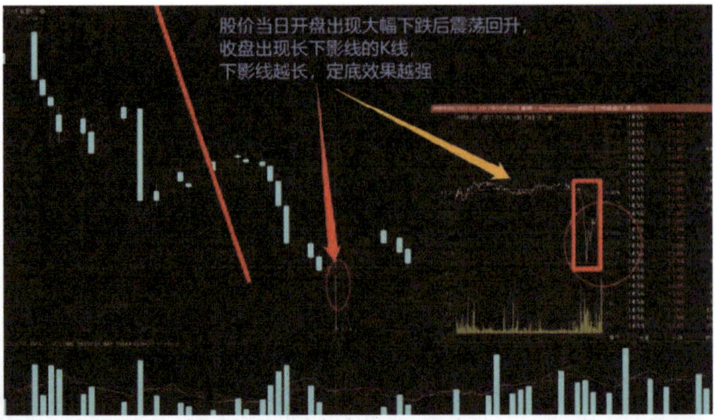
股价当日开盘出现大幅下跌后震荡回升，
收盘出现长下影线的K线，
下影线越长，定底效果越强

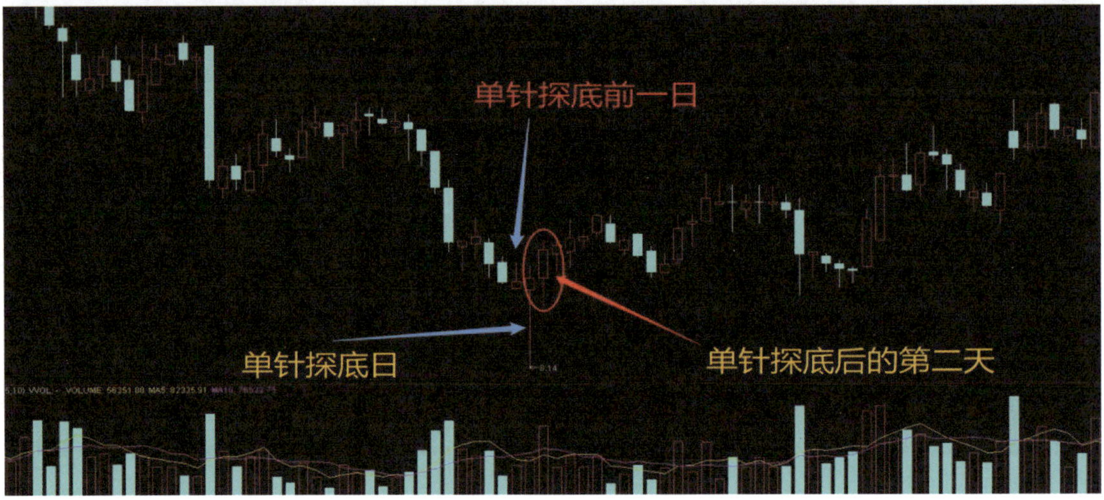
单针探底前一日
单针探底日
单针探底后的第二天

3. 单针探底波段战法注意要点

一般2～3天止盈，15%左右的收益，及时获利了结。

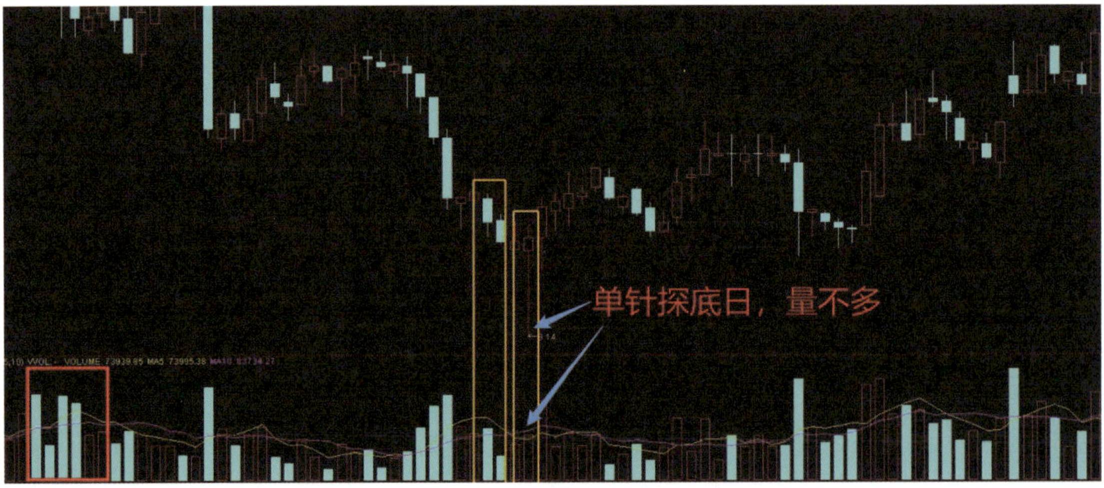
单针探底日，量不多

4.单针探底波段战法的买入时机

（1）出现单针探底当天，在尾盘阶段基本可以确定：收盘收成带长下影线的实体K线时，可以考虑买入。

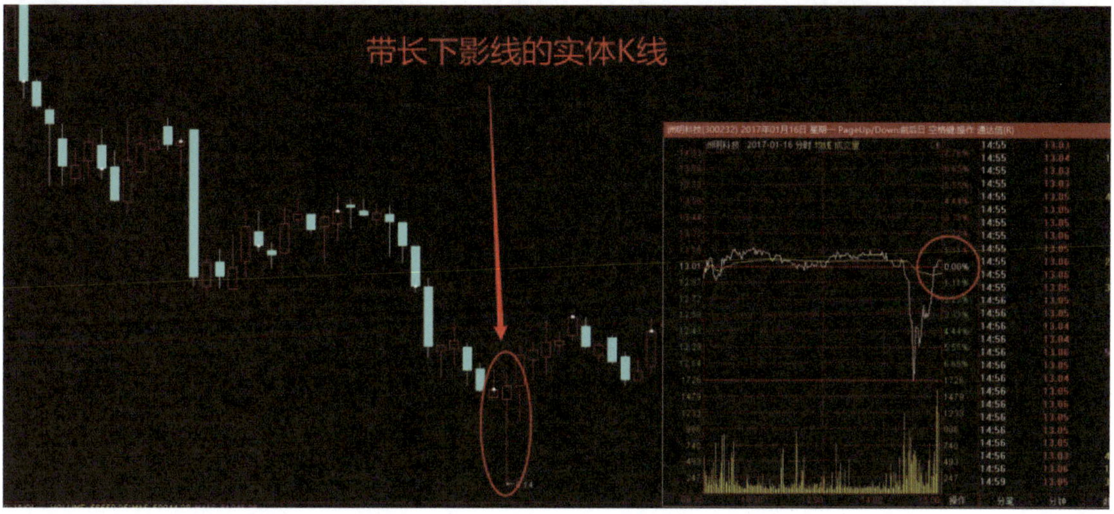

（2）出现单针探底的第二天，开盘后股价低开高走或高开高走时，可以考虑进场。

如果盘中股价出现回落，可以在股价回落不超过前一天单针探底下影线的1/2位置买入；如果下跌超过1/2位置，则不要买入，以防前一天的单针探底失败。

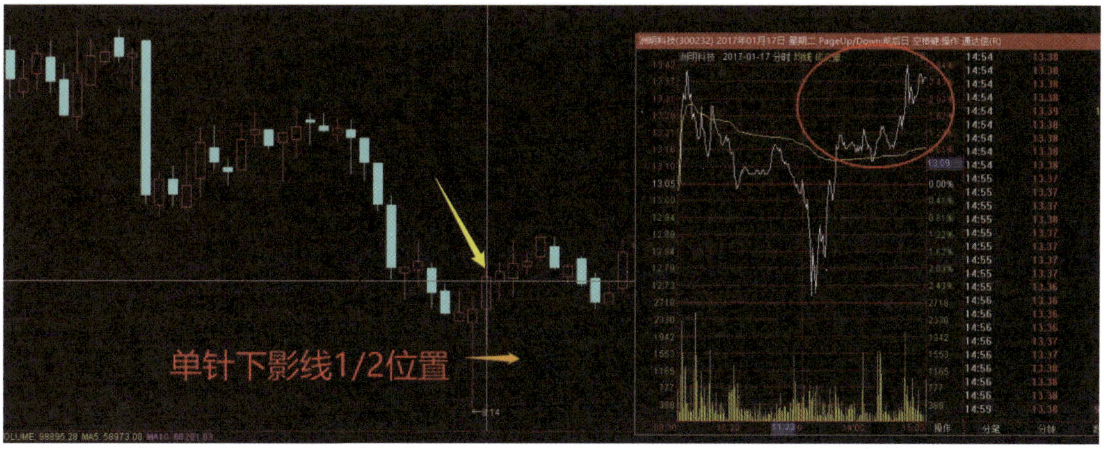

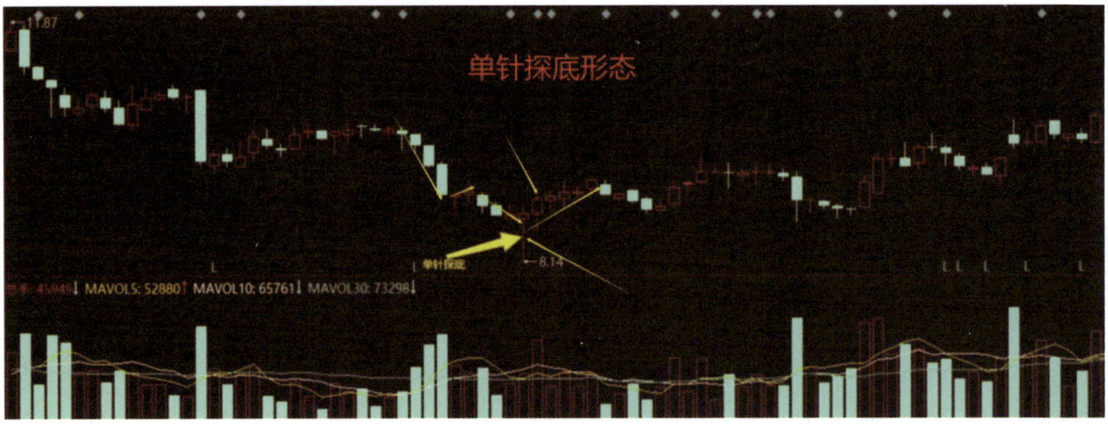

股价经过一段时间的连续下跌，在微幅低开后开始缓慢上涨，股价上涨途中受到强大的抛盘压力，导致股价反转快速下跌。

当股价大幅下探后，买盘迅速增加，使得股价又快速回升，收盘时收出长下影线阳K线，图形上看起来就像一根长针扎在那里，形成单针探底形态，其后在短期内股价呈逐步上涨走势。

四、空中加油战法

i问财语句：二波回调后放量；股价在5日均线之上；强中选强；近一周股价上涨超过5%；主板；非ST。

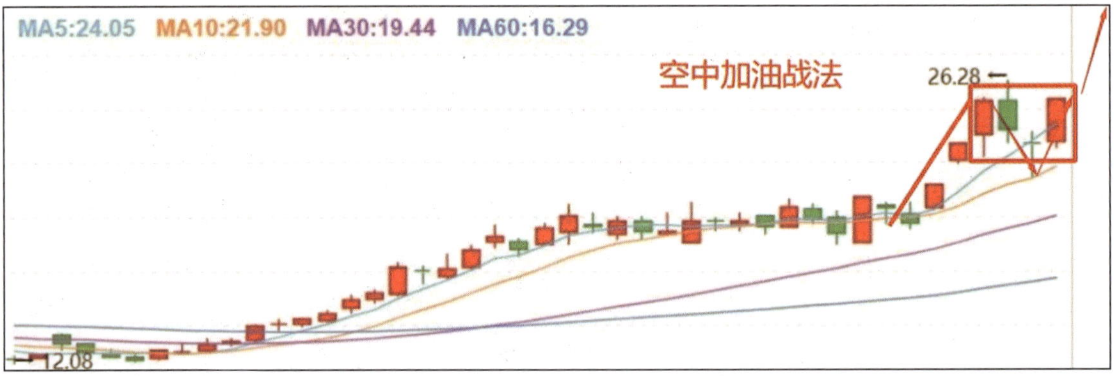

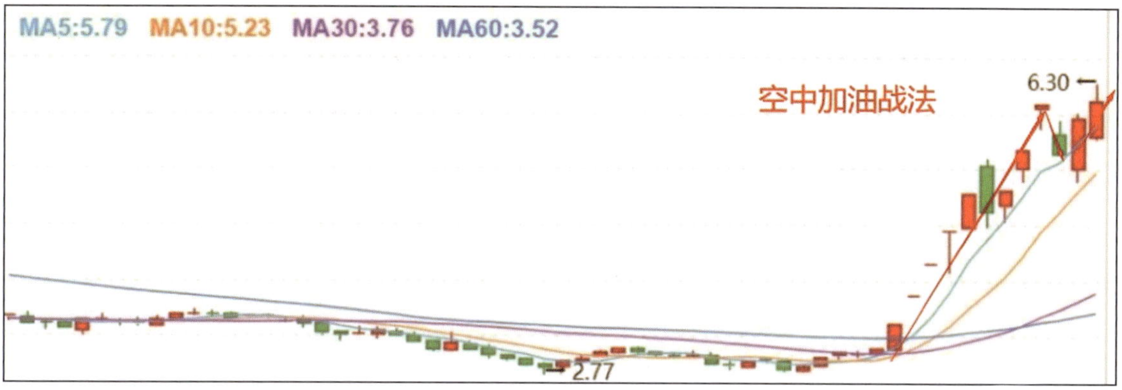

五、涨停分时战法

1. 早盘主力定涨

股票是否涨停是第二天主力资金说了算，在9:30—9:45筛选，时间越早越好。

2. i问财海选

前一日涨停；股价在分时均线之上；量比大于1.5；股价小于10元；非ST；主板。

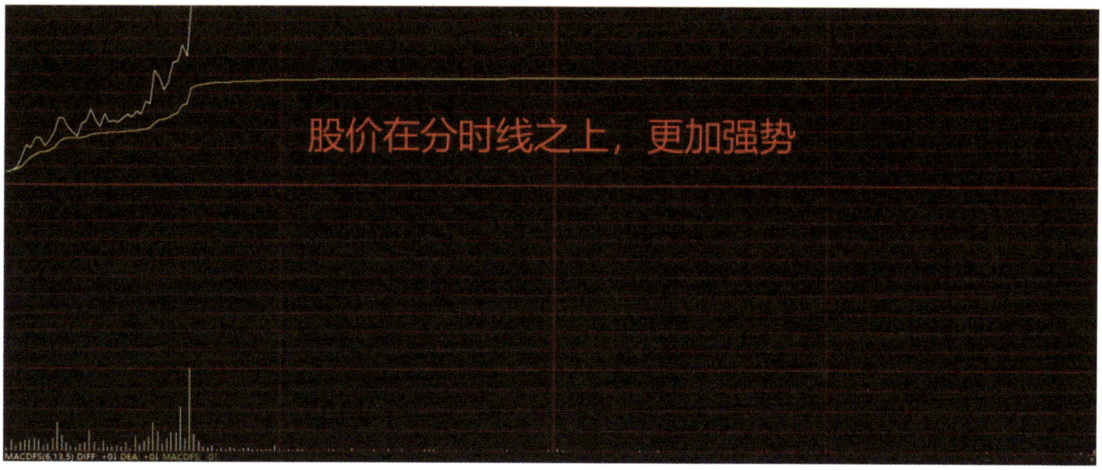

第二十四课　课后练习

1.交易龙头股的仓位应控制在？（　）

A.25%　　B.30%　　C.35%　　D.40%

2.下列关于长阳定底战法构成要点的描述，错误的是？（　）

A.股价必须经过一段时间的持续下跌，并且近期出现急速下跌行情

B.股价出现上涨时必须是一根大阳线，并且通常是光头阳线

C.收出光头大阳线后，第二个交易日跳空高开，且下探的低点不能低于前一根大阳线的1/3位置

D.大阳线上涨当日的成交量，一般比前一天杀跌的成交量少

3.下列关于单针探底波段战法买入时机的描述，错误的是？（　）

A.出现单针探底当天，在尾盘阶段基本可以确定

B.收盘收成带长下影线的实体K线时，可以考虑买入

C.出现单针探底的第二天，开盘后股价低开高走或高开高走时，可以考虑进场

D.如果盘中股价出现回落，可以在股价回落不超过前一天单针探底下影线的1/3位置买入

4.下列哪一个是空中加油战法的i问财语句？（　）

A.二波回调后放量；股价在5日均线之上；近一周股价上涨超过5%；主板；非ST

B.二波回调后放量；股价在5日均线之上；强中选强；主板；非ST

C.二波回调后放量；股价在5日均线之上；强中选强；近一周股价上涨超过5%；主板；非ST

D.二波回调后放量；股价在5日均线之上；强中选强；近一周股价上涨超过5%；主板

5.下列哪一个是涨停分时战法的i问财语句？（　）

A.前一日涨停；股价在分时均线之上；量比大于1.5；股价小于10元；非ST；主板

B.前一日涨停；股价在分时均线之上；量比大于1；股价小于20元；非ST；主板

C.前一日涨停；股价在分时均线之上；量比大于1.5；股价小于20元；非ST；主板

D.前一日涨停；股价在分时均线之上；量比大于1；股价小于10元；非ST；主板